Angelika Zaunmüller
Meischenfeld 30
52076 Aachen

VERDIENEN SIE SOVIEL, WIE SIE VERDIENEN?

Jürgen Hesse / Hans Christian Schrader

VERDIENEN SIE SOVIEL, WIE SIE VERDIENEN?

Von Geld, Geltung und Gerechtigkeit

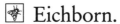 Eichborn.

Die Autoren

Jürgen Hesse, Jg. 1951, Diplom-Psychologe im Büro für Berufsstrategie, Geschäftsführer der Telefonseelsorge Berlin e.V.
Hans Christian Schrader, Jg. 1952, Diplom-Psychologe am Krankenhaus Am Urban (Abt. Psychotherapie/Psychosomatik) in Berlin

Div. gemeinsame Veröffentlichungen, u.a.: Die Neurosen der Chefs; Krieg im Büro; Das neue Test-Trainings-Programm; Bewerbungsstrategien für Führungskräfte; Bewerbungsstrategien für Frauen; Assessment Center; Optimale Bewerbungsunterlagen; Das erfolgreiche Vorstellungsgespräch; Arbeitszeugnisse; Bewerbungsstrategien für Hochschulabsolventen (alle im Eichborn Verlag).

Anschrift der Autoren
Hesse/Schrader
Büro für Berufsstrategie
Stubenrauchstr. 10
12161 Berlin (Friedenau)
Tel. 030 / 8 51 92 06
Fax 030 / 8 51 92 61

Die Deutsche Bibliothek - CIP-Einheitsaufnahme

Hesse, Jürgen:
Verdienen sie soviel, wie sie verdienen? : von Geld, Geltung und Gerechtigkeit / Jürgen Hesse/Hans Christian Schrader. -
Frankfurt am Main : Eichborn, 1996
  ISBN 3-8218-1404-7
NE: Schrader, Hans Christian:

© Vito von Eichborn GmbH & Co. Verlag KG, Frankfurt am Main, Oktober 1996
Umschlaggestaltung: Christina Hucke
Lektorat: Waltraud Berz
Satz: Fuldaer Verlagsanstalt GmbH, Fulda
Druck und Bindung: Söderström, Finnland
ISBN 3-8218-1404-7

Verlagsverzeichnis schickt gern:
Eichborn Verlag, Kaiserstr. 66, D-60329 Frankfurt am Main

Inhalt

Fastreader
Orientierung für Leser in Eile 9

I. Auftakt
VERDIENEN SIE SOVIEL, WIE SIE VERDIENEN?
Wer verdient schon, was er verdient 11

    Geld – die neue Ersatzreligion 16

II. Vertiefung
Zur Psychologie des Geldes
Geld (e)regiert die Welt 25

    Geld auf der Couch 26
    Kein Auskommen mit dem Einkommen – ein Bericht 34
    Geld-Typen 37
    Geld in der Kindheit 42
    Geld in der Partnerbeziehung 44
    Geld, Glück, Neid, Frauen und Banken 45
    Geld in der Arbeitswelt 53
    Geld oder Leben – Schwarzgeld, Schmiergeld, Schutzgeld 60

III. Zahltag
Wer verdient was?
Arm und Reich im Vergleich 69

    Beamte und Angestellte im öffentlichen Dienst 71
    Politik 75
    Freie Wirtschaft 80
    Gesundheitsberufe 85
    Kirche 87
    Sport 87
    Kunst 89

Literatur 90
Journalismus 90
Ausblick auf die Armut 92

IV. Verdeutlichung
Entlohnung – Theorie und Praxis
Gibt es einen gerechten Lohn? 95

Lohn-Systeme: Für welchen Lohn lohnt es sich? 97
Mitarbeiter-Beteiligung: Würden Sie Ihrem Chef Ihr
schwerverdientes Geld anvertrauen? 114
Arbeitszeit-Modelle: Maßanzüge oder Zwangsjacken? 132

V. Bewertung
Geld, Geltung und Gerechtigkeit
Von der Gerechtigkeitsphilosophie zur
Selbstbedienungsmentalität 145

Subjektive Gerechtigkeit 146
»Objektive« Gerechtigkeit 148
Wie wird ungleiche Bezahlung gerechtfertigt? 152
Das einkommensschwache Geschlecht 157
Sparen und Gerechtigkeit 160
Über die Spezies Politiker 165
Quod est iustitia? 168
Die Meinung der Vorstände – eine Umfrage 170

Keiner bedient Sie so gut, wie Sie sich selbst
SB-Tanken im Schlaraffenland 175
Dicke Diäten 175
Was Nettes obendrauf 184
Shareholder Value 185
Stock Options 187
Der Bereicherungs-Trieb – zur Unersättlichkeit der Gier ... 194

Strategien gegen die Ungerechtigkeit 197
Jenseits des Geldes 200

VI. Anhang
Gehaltsverhandlung
Über Geben und Nehmen reden 203

Anmerkungen 232

Namens- und Stichwortverzeichnis 240

Fastreader

Orientierung für Leser in Eile

Willkommen in der Welt des Geldes.
Hier ein topaktueller Denk- und Handlungsanstoß zu dem Thema Nr. 1 in der Arbeitswelt, das jeden betrifft und betroffen macht. Wichtig: Jedes Kapitel kann für sich allein gelesen werden. Beginnen Sie mit dem, was Sie am meisten interessiert – zum Beispiel:

- wer was verdient – von der *ALDI*-Kassiererin über die Ministerpräsidenten zum Vorstandsvorsitzenden (S. 69);
- warum Geld so mächtig ist, die Leute hinter dem Geld jedoch so schwach und Reichtum nicht richtig glücklich macht, und was Geld mit Liebe, Aggression, Narzißmus und Selbstschädigung zu tun hat (S. 25);
- was es mit den verschiedenen Lohn-Systemen, Formen der Mitarbeiter-Beteiligung und Arbeitszeit-Modellen auf sich hat (S. 95);
- welche skandalösen Auswüchse der Selbstbereicherungs-Trieb in Politik und Wirtschaft angenommen hat (S. 165/175);
- ob es überhaupt so etwas wie Gerechtigkeit in der Gehaltsfrage gibt und was die gängigsten Rechtfertigungslügen sind (S. 145);
- worauf es wirklich ankommt, bevor Sie und wenn Sie Ihr Gehalt neu bzw. erneut verhandeln (S. 203).

Lesen Sie, was Jesus Christus, der Autovermieter Erich Sixt, Bundespräsident Herzog, der alte Freud, der »Kleine-Prinz-Autor« Saint-Exupéry und viele andere zu dem Thema zu sagen haben, und lesen Sie außerdem

- wie die Vorstandsvorsitzenden der 100 Top-Unternehmen in Deutschland auf die Frage nach der Offenlegung ihrer Bezüge reagieren (S. 170);
- wie sich ein Steuerprüfer schmieren läßt (S. 65);
- was Manager und Bettler gemeinsam haben (S. 184);

- warum der angesehene Würzburger Wirtschaftsprofessor Wenger zu der These gelangt, daß Pläne des Vorstands der Deutschen Bank als größter Bankraub in die Geschichte eingehen könnten (S. 193);
- daß die Vorstandsmitglieder des *Daimler-Benz*-Konzerns nach dem Rekordverlustjahr 1995 (5,7 Milliarden Mark) in Anbetracht ihrer Arbeitsbelastung und Leistung noch eine Zulage in Höhe von 600 000 DM erhielten (S. 190).

Fast wie ein vorweggenommenes Schlußwort: Die Erde bringt genug hervor, um den Bedarf eines jeden Menschen zu decken – nicht aber jedermanns Gier (*Mahatma Gandhi*).

I. Auftakt

VERDIENEN SIE SOVIEL, WIE SIE VERDIENEN?

Wer verdient schon, was er verdient

> Denn wer da hat, dem wird gegeben.
> *Lukas 8,18*

Wir arbeiten, um zu (über)leben. Einige von uns scheinen auch zu leben, um fast ausschließlich zu arbeiten. Ein Hauptantrieb ist das Geld – eingestanden oder uneingestanden. Es macht zwar nicht glücklich, aber es beruhigt. Es ist kein Kinderwunsch gewesen (Sigmund Freud), aber später oftmals Ersatz für vorenthaltene Liebe.

Über Geld spricht man nicht, man hat es einfach. Und viele von uns haben es vor allem nötig. Geld ist nicht alles, aber in unserer Gesellschaft scheint doch alles seinen Preis zu haben. Wenn es darum geht, unsere Arbeitskraft und Lebenszeit am »Markt« anzubieten und über die Entlohnung zu sprechen, wird es häufig schwierig, peinlich, unangenehm, fehlen Verbalisierungsstrategien und Selbstbewußtsein. Allzuoft bestimmen Neid, Furcht und Verunsicherung das Selbstwertgefühl im doppelten Wortsinn, bei allem Gelt(d)ungsbedürfnis.

Bei Geld hört die Freundschaft auf. Und oftmals auch das Gespräch. Aber: Sprechen kann helfen. Also sprechen wir darüber und auch über die wesentlichen psychologischen Hintergründe.

Geld – ein Symbol der Macht. Sichtbar in der Unterbezahlung von Frauen wie in der Ersatzerotik alternder Vorstandsmillionäre. Die

Bandbreite: vom Lohn der *ALDI*-Kassiererin (ca. 2 900 Mark im Monat* bis zu den Bezügen des Vorstandsvorsitzenden des *Daimler-Benz*-Konzerns (ca. 230 000 Mark).

Dämon Geld. Ein Stoff, aus dem Träume, aber auch Alpträume entstehen. »Das Wichtigste am Beruf ist, daß die Kasse stimmt«, sagen 67 % Prozent der bundesrepublikanischen Bevölkerung.[1] Nichts aus der Welt der Ökonomie erregt die Gemüter so sehr wie die Themen Geld, Geltung und Gerechtigkeit. Geld kommt gleich nach der Liebe als größte Quelle der Freude – und gleich neben dem Tod als größte Quelle der Angst, erklärt uns der Wirtschaftswissenschaftler John Kenneth Galbraith.

*

Diesseits und jenseits von Angebot und Nachfrage steht Geld für Segen und Sünde, für Ausbeutung und Samaritertum, für Kalkül und Emotion. Geld hat die Kraft zu schaffen und zu zerstören. Im Namen des Geldes wird geliebt und gehaßt, und egal, ob wir es raffen oder verschleudern, vergötzen oder verfluchen, es ist und bleibt eine der herausragenden Erfindungen der menschlichen Zivilisation.

Uns interessiert neben der Psychologie des Geldes und diverser neurotischer Umgangsstile mit Geld vor allem auch die aktuelle wirtschafts- und sozialpolitische Brisanz des Themas.

Ein aktuelles Beispiel: Während die Angst um den Arbeitsplatz umgeht und Arbeitgeber Nullrunden propagieren, machen sich deutsche Vorstandsmitglieder mit einer Selbstbedienungsmentalität neuer Dimension Gedanken darüber, wie sie ihre Bezüge, orientiert am Aktienkurs noch steigern können. Allen voran Hilmar Kopper von der *Deutschen Bank* (Jahreseinkommen an die 3 Millionen DM) und *Daimler Benz*-Boß Jürgen Schrempp (auch mit *Fokker*-Rekordpleite ein Jahreseinkommen von 2,7 Mio. DM) (vgl. S. 80). Damit befin-

---

* Soweit nicht anders vermerkt, sind alle Gehaltsangaben Bruttoeinkommen.

den sie sich in bester Gesellschaft mit Politikern, die sich ihre Diäten erhöhen und gleichzeitig ihrem Wahlvolk predigen, den Gürtel enger zu schnallen.

So wie Politiker mit diesem Vorgehen Politikverdrossenheit verstärken, schaffen Wirtschaftsbosse mit Massenentlassungen sozialen Sprengstoff, den der katholische Sozialethiker Friedhelm Hengstbach auf die Formel bringt: »Unser Hauptproblem: Reichtum und Arbeit gerecht verteilen.«

Immer wenn von »einschneidenden Maßnahmen« geredet wird, geht es ausschließlich um einschneidende Maßnahmen gegen die unteren Einkommensschichten, Arbeitslose, Sozialhilfeempfänger. Wer seinen Gürtel ohnehin schon eng schnallen mußte, soll ihn künftig noch enger schnallen. In die Debatte um die Zukunft des Sozialstaates gehören nicht immer nur Argumente von oben, sondern auch von unten.

Über die Einkommens- und Vermögensverteilung muß neu nachgedacht werden. Immer mehr Vermögen konzentriert sich in immer weniger Händen. Es ist an der Zeit, die Sprachlosigkeit angesichts dieser Situation zu überwinden.

*

Von 1980 bis 1990 stiegen die Arbeitnehmereinkommen nach Abzug von Steuern und Sozialversicherungsbeiträgen um deutlich weniger als 1% im Jahresdurchschnitt. Von 1990 bis 1995 gab es nicht mal mehr ein kleines Plus, sondern ein Minus von etwa einem halben Prozent.

Der Druck auf die Einkommen wird zunehmen. Der Konkurrenzkampf, so die Unternehmen, zwinge sie, die Kosten zu drücken und damit auch die Kosten für die Arbeit. Denn – diese Litanei kennen wir schon zur Genüge – die Löhne sind zu hoch, der Standort Deutschland unattraktiv.

Während im öffentlichen Dienst beim Poker um die noch sicheren Bezüge um Zehntel gefeilscht wird, wandert die Arbeit im Wirtschaftswunderland Deutschland zusehends aus. Zurück bleiben rund acht Millionen Bundesbürger, von denen die Hälfte die deutlichen Auswirkungen bereits am eigenen Leib schmerzlich zu spüren bekommt.

Während die andere Hälfte und ein besorgter Dunstkreis von mindestens noch einmal so vielen Menschen mit Beklemmung bis tiefer Angst der Arbeitslosigkeit entgegensieht, gibt es bestimmt acht Millionen, wenn nicht mehr, die Arbeit für zwei »verbrauchen«, ob freiwillig oder gezwungenermaßen, als Workaholics oder von Auftraggebern ausgepreßt wie Zitronen. So gesehen, lautet das aktuelle Gegensatzpaar: »Ich habe keine Arbeit« versus »Ich habe keine Zeit«.

Im Lande selbst bleibt bei einigen wenigen dennoch reichlich viel Geld. Dieses wird arbeiten geschickt. Getreu dem *Sparkassen*-Slogan: »Ihr Geld hat keinen 8-Stunden-Tag.«

Solange Firmen wie z. B. der *Siemens*-Konzern als einer der größten Arbeitgeber unseres Landes zwei Drittel seiner Gewinne nicht mit dem Verkauf seiner eigenen Produktpalette vom Staubsauger über die Turbine bis zum Atomkraftwerk erzielen, sondern mit reinen Geldvermehrungsgeschäften auf den internationalen Finanzmärkten, ist es nicht verwunderlich, wenn immer mehr Arbeitsplätze abgebaut werden.

Ein Menschenrecht auf Arbeit fordern derzeit nur die beiden großen Kirchen in ihrem Papier zur wirtschaftlichen und sozialen Lage. Dabei geht es ihnen um mehr als nur das knappe Arbeitslosengeld oder die stets geringer werdende Sozialhilfe. Für Einkommenseinbußen mag es Kompensation geben, für den Verlust der Würde wird man die Betroffenen nicht entschädigen können, schreibt die *Süddeutsche Zeitung* in Anspielung auf Voltaire unter der Überschrift »Und jeder macht sich nützlich auf seine Weise«, mit dem Untertitel: »Vorauseilende Gedanken zum Menschenrecht auf Arbeit«.[2]

Die schönen Unternehmensgewinne vieler Konzerne werden der Öffentlichkeit nicht breit bekanntgegeben: Allen voran ist die *Commerzbank*, die ihren Gewinn allein im ersten Halbjahr 1996 um fast 60% auf 1,32 Mrd. Mark steigern konnte.[3] Aber auch *Siemens, RWE, Hoechst, BASF* haben 1995 Milliardengewinne erzielen können.[4] Dies sei ihnen von Herzen gegönnt, denn wenn es den Unternehmen gutgeht, hat das auch positive Auswirkungen auf ihre Beschäftigten. Aber gerade da liegt der Hase im Pfeffer. Der Personalabbau, der schon furchtbar gewütet hat, geht auch in diesen Unternehmen weiter.

An der Spitze jedoch kann von Nullrunden keine Rede sein. Ob in Wirtschaft oder Politik, man langt zu, nach dem Motto: Man gönnt sich ja sonst nichts... Wenn da nicht ein Störenfried gekommen wäre, der den bisher größten Bonner Diätencoup aufdeckte (vgl. S. 182). Die jährliche Gesamtvergütung von Geschäftsführern größerer Unternehmen stieg 1995 um 3 bis 6% und beträgt durchschnittlich 361 000 Mark.[5]

»Nieten in Nadelstreifen schädigen die Volkswirtschaft an einem Tag mehr als alle Blaumacher in den letzten zehn Jahren«, so DGB-Chef Dieter Schulte.[6] Die Praktiken des pleite gegangenen Bauspekulanten Schneider, des verhafteten und auf Kaution freigelassenen *Vulkan*-Managers Hennemann und anderer nur auf den eigenen Vorteil bedachten Bosse gelten in unserer monomanisch geldorientierten Gesellschaft beinahe als Kavaliersdelikte.

*

Auf der anderen Seite die Welt des kleinen, braven Lohnsteuerzahlers mit immer weiter schrumpfendem Realeinkommen und Monat für Monat schlechteren Chancen auf dem Arbeitsmarkt: Für ihn ist ein Lottogewinn oder gar die Hoffnung auf den vollen Jackpot wie für den Durstigen in der Wüste eine Fata Morgana.

Endlich raus aus der subjektiv fast schon als Elend erlebten Mittelmäßigkeit. Mit einem märchenhaften Goldschatz ließen sich die als erstrebenswert erscheinenden Privilegien der oberen 10 000 mühelos erobern, so die Hoffnung: das luxuriöse Eigenheim mit Swimmingpool und passendem Auto in der Garage, Reisen um und Logieren in der ganzen Welt, vor allem der Traum, nie wieder lohnabhängig zu arbeiten – dafür aber die Puppen mal so richtig schön tanzen zu lassen.

Der Spiegel konstatiert einen sozialen Wandel: »Das Streben nach Gewinn muß sich nicht länger maskieren; es kann sich, ob am

›Glücksrad‹ oder an der Börse, schamlos und öffentlich zur Schau stellen.«[7] Denn, so das Hamburger Nachrichtenmagazin, »Habgier ist von der Gesellschaft abgesegnet (…), hält das große Rad der wachstumsorientierten Weltwirtschaft in Gang. Und seit mit dem Fall der Mauer der Kapitalismus seine ideologischen Gegenspieler verloren hat, nimmt der Run aufs Geld immer entschiedenere und immer bizarrere Formen an.«[8]

Wo das Geld zur ranghöchsten Chiffre für Glück geworden ist, lassen sich auch Menschen finden, die bereit sind, für Geld alles zu tun. Geld scheint zum Maßstab aller Dinge zu werden. Fast nur der Preis allein kann noch eine Vorstellung vom Wert der Dinge vermitteln. Er ist der kleinste gemeinsame Nenner unserer geldfixierten und -abhängigen Gesellschaft. Von Moral ist meist nicht mehr die Rede, wenn nur die Kohle stimmt. Leider stimmt sie nur für wenige, und so wollen wir auf den folgenden Seiten diesen unseren gemeinsamen Nenner und seine Vielfachen einmal genauer unter die Lupe nehmen.

Geld – die neue Ersatzreligion

Geht es ums Geld, entwickeln die meisten Deutschen geradezu schizophren anmutende Züge. Einerseits sind sie Weltmeister im Sparen, häufeln kleine und bisweilen auch recht stattliche Vermögen an, gehen aber trotzdem weiter brav arbeiten. Und das, nur damit ihr Bankkonto noch mehr wächst. Kaum aber haben sie den Arbeitsplatz verlassen, die Bürotür hinter sich zugemacht, verfallen sie in nahezu trostlose Ratlosigkeit: Was mit dem Geld bloß Sinnvolles anfangen? Der sorgsam zusammengesparte Mammon entpuppt sich als zentnerschwere Last.

*

Bereits das alte Testament ist voller Warnungen vor den mit dem Geld verbundenen Gefahren und Versuchungen. Im neuen Testament fordert die Bergpredigt eine ultimative Entscheidung von seinen Lesern:

Geld – die neue Ersatzreligion

»Niemand kann zwei Herren dienen; entweder, er wird den einen hassen und den anderen lieben oder er wird dem einen anhängen und den anderen verachten. Ihr könnt nicht Gott dienen und dem Mammon.« (Mt. 6,24) Der böse Götze Mammon steht oft im Zentrum religiöser Kritik, und so werden die Wechsler von Jesus aus dem Tempel getrieben. Heiliger Zorn oder bereits politischer Protest?

So anachronistisch die Bibelhinweise vielleicht anmuten mögen, die hier sichtbar werdende distanzierte Einstellung zum Geld findet sich auch heute noch – scheinbar losgelöst von allen religiösen Wurzeln – in der Welt der Kultur und des Geistes wieder.

*

»Geist oder Geld« lautet der Gegensatz, der die traditionell kritische bis feindselige Haltung von Künstlern und Intellektuellen dem Mammon gegenüber charakterisiert.

Arm wie eine Kirchenmaus – so das Klischee vom genialen, aber von seiner Zeit verkannten Künstler und Denker, der, das Geld verachtend, über seine Verhältnisse lebt, immer allzu früh stirbt und einen Batzen Schulden hinterläßt.

Sind die wirtschaftlichen Verhältnisse eher üppig, wird nach außen gerne der gegenteilige Eindruck suggeriert, wie z. B. von Heinrich Heine, dem es in Paris gut gelang, auf seiner »Matratzengruft« das Bild zu vermitteln, völlig mittellos zu sein, obwohl er in Wirklichkeit wohlhabend war.

Wer im modernen Alltag als Diener der schönen Künste und des Geistes gelten will, legt Wert darauf, der Umwelt seine Verachtung des Mammons deutlich vorzuführen. Nicht selten wird dabei um so lauter getönt, je höher das Einkommen den gegenteiligen Verdacht aufkommen lassen könnte.

Ein Gegenbeispiel scheint der bayerische Kaufmann Erich Sixt, Deutschlands Top-Autovermieter (Jahresumsatz 1995 knapp 1,7 Mrd. DM, Umsatzplus knapp 15 %)[9] zu bieten. Werbespruch: »Die beste Werbung für unsere Autos sind die Preise der Konkurrenz.«

Sixt, Großaktionär, Vorstandsvorsitzender und Hobbyphilosoph, wurde von der *Wirtschaftswoche*[10] als »härtester Unternehmer« porträtiert und zum Thema Geld befragt, hat »nichts übrig für gute Taten. Er würde nie, wie sein bayerischer Unternehmerkollege und Süßwarenfabrikant Theo Schöller, Millionen von Mark für Kliniken oder Drogenabhängige stiften. ›I spend nix‹, murrt er, ›sowas brauch i net.‹ Basta.... ›Bei mir steht der Profit im Mittelpunkt‹, insistiert der Aufsteiger hart und gefühllos...

Wenn der Herr über Menschen und Mobilien allerdings erklären soll, was ihn im Leben leite, dann nennt er weder viel Geld (›Das reizt mich nicht‹) noch Gott (›Ich bin ein Heide‹), dann wird er plötzlich zum Philosophen. Dazu kommt der Rebell unversehens mit Vorbildern heraus, die er bewundert: ›Sokrates, der gewußt habe, daß er nichts weiß‹...«[11]

*

Geld oder Liebe – beim Streben nach Profit geht es eigentlich primär um Machtbesitz und -ausübung. Die Psychoanalyse lehrt uns, daß das während der analen Phase der Libidoentwicklung dominierende Interesse des Kindes an der Defäkation, an seinen ersten Produkten, im Verlauf des Erwachsenwerdens durch das Interesse am Geld abgelöst wird. »Wir haben uns gewöhnt«, schreibt Sigmund Freud, »das Interesse am Geld, soweit es libidinöser und nicht rationeller Natur ist, auf Exkrementallust zurückzuführen und vom normalen Menschen zu verlangen, daß er sein Verhältnis zum Gelde durchaus von libidinösen Einflüssen frei halte und es nach realen Rücksichten regle.«[12]

Diesem bei Nichtfreudianern immer noch Widerstände auslösenden Befund kann nur mit dem Hinweis auf das Märchen vom »Dukatenscheißer« begegnet werden. Auch die scheinbar beruhigende Erkenntnis »Pecunia non olet« untermauert im Gewand der Verneinung die psychoanalytische Kurzformel Geld gleich Kot.

Folgerichtig: Über Geld spricht man nicht. Kein Wunder also, daß »bessere, edlere« Menschen, Intellektuelle, Künstler, aber auch die Religionsvertreter, den direkten Umgang mit Geld ablehnen, sich nicht »die Hände schmutzig machen wollen«.

Geld, so gesehen, als Gegenpol zu allem Edlen und Vornehmen, als Gegenstand und Ziel niedriger Triebe, scheint dennoch die Kraft zu haben, zum Maßstab für alles zu werden. »Jedes Ding und am Ende auch der Mensch erhält seinen in Geld ausgedrückten Wert. Kurzum: Geld macht gemein. Im doppelten Sinne dieses Wortes hebt der gemeinsame, alleinige Maßstab aller Dinge die Unterschiede nach Klassen und Berufen auf, der Wert eines Menschen bestimmt sich ausschließlich nach der Position in der Rangliste des jährlichen Einkommens.«[13]

*

Vor der vereinnahmenden Kraft des Geldes ist nichts sicher. Weder die Beziehung zu Gott – im Tanz um das goldene Kalb als Symbol des Götzendienstes – noch andere höhere Werte. »Die bürgerliche Gesellschaft ersetzt die Omnipräsenz Gottes durch die Omnipotenz des Geldes«, schreibt Niklas Luhmann. Haste was, biste was, weiß der Volksmund.

Und so wird Geld zur Ersatzreligion, zum Ersatz für Liebe, als »technisches Gegenstück zur Liebe« zu einer Art Prothese. Die Liebe ist das »gegenläufige Prinzip zum Geld« (Luhmann). Daß Geld an allen Übeln dieser Welt schuld ist, weiß auch der Nestor der katholischen Soziallehre Oswald von Nell-Breuning zu berichten und bringt es etwas schwer verdaulich auf den Punkt:

»Ist Geld das Tauschmittel, mit dem man sich alles, wonach man verlangt, verschaffen kann und überdies als Recheneinheit der Maßstab und Ausdruck des wirtschaftlichen Erfolges oder Mißerfolges, so besteht die Gefahr, daß es als Repräsentant, zugleich Symbol aller irdischen Güter, mit deren vereinter Anziehungskraft das menschliche Begehrungsvermögen lockt. Seiner Abstraktheit entsprechend stellt sich die menschliche Habsucht und Raffgier gerade ihm gegenüber völlig nackt und kraß heraus. So machen wirtschaftspolitische wie moralpsychologische Erfahrungen begreiflich, daß das Geld geradezu als der Inbegriff des Bösen in der Welt verflucht werden konnte.«[14]

Der hämisch-zynische Geizhals, auf seinen Geldsäcken hockend, ein beliebtes Motiv in Märchen wie Comics, unterstreicht die allgegenwärtige Übelfunktion des Geldes in dieser schlechten Welt.

Folgerichtig scheint somit die Idee, daß mit der Abschaffung des Übels Geld die wahre Heilung und Rettung der Welt einhergehen würde. So skizziert Thomas Morus in seinem Entwurf einer besseren Gesellschaft (1516):

»Welche Last von Verdrießlichkeit ist in diesem Staate abgeschüttelt, welche gewaltige Saat von Verbrechen mit der Wurzel ausgerottet, seit dort mit dem Gebrauch des Geldes zugleich die Geldgier gänzlich beseitigt ist! Denn wer sieht nicht, daß Betrug, Diebstahl, Raub, Streit, Aufruhr, Zank, Aufstand, Mord, Verrat und Giftmischerei, jetzt durch tägliche Bestrafung mehr nur geahndet als eingedämmt, mit der Beseitigung des Geldes alle zusammen absterben müssen und daß überdies auch Furcht, Kummer, Sorgen, Plagen und Nachtwachen in demselben Augenblick wie das Geld selbst verschwinden müßten?

Ja, selbst die Armut, deren einziges Übel doch im Geldmangel zu liegen scheint, würde sogleich abnehmen, wenn man das Geld künftig überhaupt beseitige.«[15]

Über die Jahrtausende immer wieder angefeindet, hat das Geld alle Versuche, es abzuschaffen, offenkundig überlebt. Und wo von Staats wegen der Versuch unternommen wurde, seine wirtschaftliche und individuelle Bedeutung soweit wie möglich zu minimieren, hat es sich behauptet und als mächtiger denn alle Verbote erwiesen.

War es auch den Herrschern im sog. real existierenden Sozialismus gelungen, die nationalen Währungen jeglicher Attraktivität zu berauben – man denke an die legendären »Alu-Chips« in der ehemaligen DDR –, so lag die Rache des Geldes darin, sich in Gestalt von Währungen »aus dem kapitalistischen Ausland« quasi in einer Art Schattenwirtschaft auszubreiten und auf den Lauf der Dinge Einfluß zu nehmen.

Wie ist es zu erklären, daß Geld trotz aller gesellschaftlichen Wandlungsprozesse und gegen jeden ideologischen Widerstand überlebt, ja sich überlegen gezeigt hat und das Wirtschaftsleben von heute mehr denn je prägt? Worin liegt der Nutzen für die Gesellschaft? Was macht

Geld so überlegen, daß es allen Formen des Naturaltausches vorgezogen wird?

Der Geldforscher Georg Simmel betont in seinem Buch »Philosophie des Geldes« (1900) neben der problematischen Entpersönlichung, die durch die Verwendung von Geld in die wirtschaftlichen Beziehungen der Menschen gebracht wird, vor allem seinen fundamentalen Beitrag zur Durchsetzung der individuellen Freiheit.

Im mittelalterlichen England durften von einem Grundherrn abhängige Bauern ohne dessen besondere Erlaubnis kein Vieh verkaufen. Der Zweck dieses Verbotes bestand darin, dem Abhängigen kein Geld zukommen zu lassen, das ihm zu einem eigenen Gestaltungsspielraum bis hin zu einer gewissen Mobilität hätte verhelfen können. Die Verpflichtung, alle Abgaben an den Grundherrn in Form von Naturalien leisten zu müssen, beinhaltet neben dem wirtschaftlichen Tribut ein personales Abhängigkeits- und Machtverhältnis. So ist dessen spätere Umwandlung in ein finanzielles Abhängigkeitsverhältnis nach Auffassung von Simmel die »Magna Charta der persönlichen Freiheit im Gebiete des Privatrechts«. Als prägnantes Beispiel dafür nennt er die Ablösung des »Ius primae noctis« (Das Recht der ersten Nacht) durch ein Braut- bzw. Ehegeld.

In der Teilentlohnung des Arbeiters durch die von ihm selbst im Betrieb hergestellten Produkte lebt die mittelalterliche Form wirtschaftlicher Abhängigkeit noch weiter. Ob Bier, Zigaretten, Strom, Kohlen oder Jahreswagen, das Deputat erfreut sich immer noch gewisser Beliebtheit.

*

Die Verfügungsmöglichkeit über konvertibles Geld ist die Voraussetzung für eine über die Landesgrenzen ausgedehnte Reise. Je diktatorischer ein Regime, desto planmäßiger wird das Mittel der Devisenbewirtschaftung auch dafür eingesetzt, die Bewegungs- und Reisefreiheit der Untertanen einzuschränken. Für »Devisenschiebereien« droht das totalitäre Regime mit hohen Sanktionen bis hin zur Todesstrafe und macht damit über den wirtschaftlichen Zweck hinaus seinen Machtanspruch auf Leib und Leben seiner Untertanen deutlich.

Dostojewskis nicht zufällig im Gefängnis erworbene Erkenntnis, daß Geld »geprägte Freiheit« sei, bringt diesen Hintergrund pointiert zum Ausdruck.

Geld an sich jedoch ist noch kein Garant für Freiheit. Wesentliche Bedingung für seine Magie und Potenz ist die dem Geldwert zugeschriebene Stabilität. Instabiles, inflationär gebeuteltes Geld kann die erwünschten wirtschaftlichen Funktionen nicht befriedigend erfüllen und leistet nur einen schlechten, weil geringen Beitrag zu individueller Freiheit.

*

»Die Bedeutung des Geldes liegt entscheidend darin, daß es eine Brücke zwischen Gegenwart und Zukunft herstellt«, schrieb 1936 John Maynard Keynes, einer der einflußreichsten Ökonomen dieses Jahrhunderts. Unter diesem Aspekt ist Geld ein Instrument, mit dem Unternehmer ihre Zukunftserwartungen umsetzen. Bei Zuversicht und positiver Stimmung wird investiert, überwiegt der Zukunftspessimismus, wird das Geld gehortet.

Geld ist Objekt von Vertrauen oder Mißtrauen. Dominiert das Vertrauen, kann Geldbesitz Zukunftsängste dämpfen helfen. Ein Vertrauensverlust jedoch in die Stabilität des Geldwertes bewirkt eine Flucht in andere materielle Werte, z. B. Immobilien, Schmuck etc. Ausschlaggebend dafür ist die Währungspolitik. »Der Zustand des Geldwesens eines Volkes«, schreibt Joseph A. Schumpeter, »ist ein Symptom aller seiner Zustände... Nichts sagt so deutlich, aus welchem Holz ein Volk geschnitzt ist, wie das, was es währungspolitisch tut.«

Und nichts ist den Deutschen wichtiger als ihre Geldwertstabilität. Diese nimmt – besonders im Zusammenhang mit dem Maastrichtvertrag und der geplanten Euro-Währung – nach Auffassung des französischen Philosophen André Glucksmann geradezu den Charakter einer »Währungsreligion« an. Je näher der Termin für den Beginn der europäischen Währungsunion rückt, um so deutlicher wird den Menschen bewußt, daß es hier um weit mehr als nur den reinen Austausch nationalen Geldes gegen eine einheitliche Europawährung geht.

Mit der Ankündigung des Endes nationaler Währungen stellt sich für die Betroffenen die Vertrauensfrage in die Zukunft und in den Geldwert. Da ist es nicht zufällig, daß auch religiös motivierte Beschwörungen formuliert werden, wie z. B. von dem portugiesischen Ministerpräsidenten Guterres auf dem Madrider Gipfeltreffen der Staats- und Regierungschefs 1995: »Als Jesus Christus sich entschloß, eine Kirche zu gründen, sagte er zu Petrus: ›Du bist Petrus, der Fels, und auf diesem Fels werd' ich meine Kirche bauen.‹ Heute können wir sagen: ›Du bist Euro, und auf dieser neuen Währung Euro werden wir unser Europa errichten.‹«

Die Deutschen aber haben Angst um ihre schwer erarbeiteten Märker auf den Sparbüchern und unter den Kopfkissen. Bezeichnenderweise lautet der Titel einer Werbebroschüre für die neue gemeinsame europäische Währung: »Der Euro – hart wie die Mark«.

II. Vertiefung

Zur Psychologie des Geldes

Geld (e)regiert die Welt

> Mit Geld bist du ein Drache, ohne Geld ein Wurm.
> *Japanisches Sprichwort*

Neben Liebe, Arbeit, Gesundheit und Tod gehört Geld in die Reihe der Hauptwörter des Lebens. Und das sogar ganz weit vorn.

Es vergeht wohl kein Tag, an dem wir uns nicht intensiv mit dieser Thematik beschäftigen: sei es im Ärger über die erneut gestiegenen Preise für Lebens- und öffentliche Verkehrsmittel, Telefon, Porto, Benzin, über die Ankündigung erhöhter Steuern und Abgaben, die Zumutung, für ein schon zu lange als lächerlich gering empfundenes Gehalt zu arbeiten, der Unmut über die Propagierung von Nullrunden trotz hoher Unternehmensgewinne, die Wut über die Selbstbedienungsmentalität im Rahmen der Diätengestaltung bei gleichzeitiger allgemeiner Aufforderung, den Gürtel enger zu schnallen. Nicht zuletzt: Wie im engsten Umfeld in Partnerbeziehung und Familie mit Geld umgegangen wird, ist häufig Anlaß für enormen Ärger und Streit.

Was sind psychologische Hintergründe, was Ursachen für die zentrale Rolle des Geldes in unserem Leben?

Geld auf der Couch

Geld macht geil, ist selbst geil, weiß der Volksmund. Wir sprechen von schmutzigem Geld, das gewaschen werden kann, von Schmiergeld und Geldgier und versichern uns, daß Geld nicht stinkt. Das Orale, Anale und Phallische der Geldsprache ist auch für Nicht- oder Anti-Freudianer wohl kaum zu übersehen.

Die Psychoanalyse hat zu diesem Themenkomplex interessante Beiträge parat. Zentraler Aspekt ist der von Sigmund Freud entdeckte Bezug des Geldthemas zu einer bestimmten psychischen und physischen Entwicklungsphase des Kindes. Das weithin bekannte entwicklungspsychologische Modell mit der Einteilung in die orale, anale und phallische Phase bietet reichhaltige Erklärungsansätze und Verständnismöglichkeiten.

Viele umgangssprachliche Formulierungen zum Thema Geld lassen sich vor dem Hintergrund des ersten Entwicklungsabschnitts des Kindes verstehen. Dieser wird wegen der Dominanz von Einverleibungsvorgängen (erstes Lebensjahr) *orale Phase* genannt.

Man spricht von »Geld-Gier«, sagt, daß jemand »den Hals nicht voll genug kriegen kann« oder daß man jemandem »etwas in den Rachen wirft«, wir kennen die bezeichnenderweise gerade von korpulent-gutsituierten Politikern täglich wiederholte Aufforderung an die Bevölkerung, man möge »den Gürtel enger schnallen«.

Nach der oralen Phase folgt – etwa im zweiten und dritten Lebensjahr – die *anale*, in der der Hauptakzent auf der Reifung des Muskelsystems des Kindes liegt. Hier setzt der Schwerpunkt der psychoanalytischen Geldtheorie an.

In dieser zweiten, der analen Phase geht es also im Zusammenhang mit den Ausscheidungsvorgängen und der Sauberkeitserziehung um die besondere Lust-, Macht- und Willensqualität, die durch Aktionen wie »Festhalten/Zurückhalten« und »Loslassen« gekennzeichnet und für die Charakterentwicklung des Menschen von besonderer Bedeutung ist.

In diesem Entwicklungsstadium beginnt das immer noch sehr abhängige Kind, großen Wert auf seine Autonomie zu legen, und mit den ersten »Neins« versucht es, sich in der Durchsetzung seines Willens zu erproben.

Das Kind macht in dieser analen Phase für sich vier wichtige Entdeckungen:

1. Defäkation kann mit Lustgewinn verbunden sein;
2. promptes Erledigen des »großen Geschäftes« findet positive Aufmerksamkeit bis hin zur konkreten Belohnung durch die Eltern;
3. durch eine zunächst zurückgehaltene und erst später erfolgende Defäkation läßt sich der Lustgewinn steigern;
4. durch das Zurückhalten der Fäkalien, also durch Eigenwilligkeit und Eigensinn bis hin zum Trotz, lassen sich bei anderen Menschen (Eltern) negative Affekte (Wut, Ärger, Entrüstung, Sorge) provozieren.

So verstanden, ist der Kot des Kindes das erste Geschenk an die Eltern, eine von ihm (entweder pünktlich oder unpünktlich) erbrachte erste Leistung und mit zunehmendem Alter ein wichtiges Produkt. Freud gelangte unter diesem Aspekt zur Gleichung Kot gleich Geld – wie Erich Fromm dazu anmerkte, eine »implizite, wenn auch unbeabsichtigte Kritik des Funktionierens der bürgerlichen Gesellschaft und ihrer Habgier.«[1]

Märchen, Sprichworte und der Volksmund bestätigen auf überzeugende Weise die Kot/Geld-Gleichung und die anale (Be-)Deutung der Geldthematik:

Man denke an die Formulierung »beschissen« worden zu sein oder aktiv jemanden »zu bescheißen« oder an das Wort von einer »schönen Stange Geld«. In der Charakterisierung eines geizigen Menschen (sog. analer Charakter) als »hartleibig«, im Ausruf »Scheißgeld« sowie im Sprichwort »Geld stinkt nicht«, bei dem die Verneinung die Kotnähe geradezu ängstlich abwehren soll, ist die anale Bedeutungsebene nicht zu übersehen.

So spricht man von »harter« und »weicher« Währung, als ob es sich um die medizinische Begutachtung von Stuhlgang handele. Die Reichen »stinken vor Geld«. Oder: Hat jemand einen enorm großen

»Haufen« Schulden, »steht ihm die Scheiße bis zum Hals«. Von Friedrich Wilhelm, König von Preußen, dem sog. Soldatenkönig, ist im Zusammenhang mit einer Geldforderung der folgende Ausspruch überliefert: »Eure Bitte kann ich nicht gewähren. Ich habe hunderttausend Mann zu ernähren. Gold kann ich nicht scheißen.«[2]

Während die ersten beiden der aufgeführten vier Entdeckungen des Kindes in der Zeit der analen Phase (s.o.) im Erwachsenenalter in lustbetonter Abstoßung von Wertobjekten ihre Fortsetzung finden können (»riesengroße Geschäfte« machen, aber auch mit Freude verschenken), führen die letzten beiden Entdeckungen zu einem lustbetonten Zurück- und Festhalten von Wertobjekten (Sammelfreude bis -wut, Sparsamkeit bis hin zum extremen Geiz).

Auch ein lustbetonter Widerstand gegen die Forderungen anderer Personen kann hieraus resultieren (z.B. in Gestalt des Versuches, sich Lohn- und Steuerforderungen zu entziehen, oder im Ankämpfen gegen Gewerkschaften und Mitbestimmung).[3]

Aus der *phallischen* – der dritten psychoanalytischen Entwicklungsphase – finden wir deutlich sexualisierte Alltagsbezüge zum Thema Geld. So kennen wir alle den Ausdruck des »Nicht-flüssig-Seins«, die Titulierung »alter« oder »reicher Geldsack«, die Einschätzung bezüglich eines »potenten« Kunden/Käufers. Auch bei der Bezeichnung »Schmiergeld« ist der sexuelle Akzent für phantasie- und assoziationsbegabte Menschen nicht zu übersehen.

Diese phallische Bedeutung des Geldes wird ganz besonders deutlich, wenn man nach Frankfurt blickt und hier die rivalisierenden Turmbauten der verschiedenen führenden deutschen Geldinstitute miteinander vergleicht.

»Wer hat den längsten?« ist unter Frankfurter Bankern die süffisantbange Frage. Ein regelrechter Wettbewerb zwischen der *Deutschen Bank* und anderen Instituten scheint jetzt zum Vorteil der *Commerzbank* auszugehen. Mit 259 Metern überragt sie die (im Volksmund als »Soll und Haben« bezeichneten) Türme der *Deutschen Bank*, die lange Zeit die höchsten hatte, um mehr als 100 Meter.[4] Eine »schöne Stange Geld« kostet das die Banker und ihre Klientel, wobei auch in dieser Formulierung die unbewußte phallische Bedeutung mitschwingt.

Der prägnanteste Ausspruch zur sexuellen Symbolik des Geldes stammt aber von einem Geldfachmann, Ex-Bundesbankpräsident Karl Blessing: »Geld ist scheu wie ein Reh und geil wie ein Bock.«
Unter dem Aspekt der drei entwicklungspsychologischen Phasen (der oralen, analen und phallischen), ergibt sich, wie aufgeführt, eine Vielzahl symbolischer Geld-Bedeutungen, die der Psychoanalytiker Otto Fenichel in seinem Aufsatz über den »Bereicherungs-Trieb« zusammenfaßt:
Geld kann im unbewußten Seelenleben alles symbolisieren, »was man überhaupt nehmen oder geben kann«: »Milch, Nahrung, die Mutterbrust, Darminhalt, Fäzes, Penis, Samen, Kind, Potenz, Liebe, Schutz, Fürsorge, Passivität, Eigensinn, Eitelkeit, Stolz, Egoismus, Indifferenz gegenüber Objekten, Autoerotik, Geschenk, Opfer, Verzicht, Haß, Waffe, Erniedrigung, Potenzverlust, Beschmutzung, Degradierung, sexuelle Aggression, analer Penis.«[5]

Zur Liebesersatz-Funktion des Geldes. Dem ausgeprägten Streben nach Geldbesitz liegt häufig der unbewußte Wunsch zugrunde, sich Liebe und Anerkennung zu verschaffen. So verstanden, kann Geld unmittelbar, aber auch in Gestalt der durch Geld erworbenen (Konsum-)Güter, zu einer Art Ersatzbefriedigung für in der Kindheit und auch gegenwärtig nicht erfüllte Liebeswünsche werden. Etwa nach der Formel: Wenn ich schon nicht geliebt werde, will ich wenigstens viel Geld haben, reich sein.
Die Doppelbedeutung des Wortes »Zuwendung« illustriert diesen psychologischen Zusammenhang. Aber auch eine erfolgreiche Fernsehsendung wie »Geld oder Liebe« bringt auf den Punkt, daß es hier um zwei Seiten einer Medaille geht.

Zur aggressiven Funktion des Geldes. Die Handhabung von Geldangelegenheiten kann auch dem Bedürfnis dienen, feindselige Impulse abzureagieren. Hier ist wiederum die (Umgangs-)Sprache drastischer Beleg: Jemanden »bescheißen«, »übers Ohr hauen«, »abzocken«, »abkochen«. Auch beim sog. »Beutelschneider« sind aggressiv-kastrierende Tendenzen deutlich nachvollziehbar. Wenn der

Vorstandssprecher der *Deutschen Bank*, Hilmar Kopper, in einem *Spiegel*-Gespräch über Firmenpleiten, Managergehälter und die Zukunft des Geldgewerbes von einer »unübersichtlichen Gefechtslage im hiesigen Bankgeschäft«[6] spricht, ist der aggressiv untertönte Akzent nicht zu überhören.

Ausbeutung von Arbeitnehmern in Gestalt von Unterbezahlung und Ausnutzung von Notsituationen und Abhängigkeitsverhältnissen mögen durch noch so ausgeklügelte betriebswirtschaftliche Argumente rationalisiert werden – auch hier ist ein Bodensatz von Feindseligkeit nicht zu übersehen. Das gilt natürlich auch für Wirtschaftskriminalität und Steuerhinterziehung.

In Ehe und Partnerbeziehung ist das Geldthema sehr häufig Mittel zum Zweck für aggressive Auseinandersetzungen und wechselseitige Schuldzuweisungen. Der eigentliche Hintergrund derartiger Streitigkeiten – das Gefühl, vom anderen nicht ausreichend versorgt und geliebt zu werden – bleibt dabei meist verdeckt.

Auch bei noch zu Lebzeiten testamentarisch verfügter Enterbung sowie bei unmittelbar nach dem Ableben von geschätzten Angehörigen einsetzenden Erbschaftsstreitigkeiten zeigt sich die Sprengkraft des Themas Geld und der von Nietzsche so treffend benannte wahre Beigeschmack des Wortes Familienbande.

Zur narzißtischen Funktion des Geldes. Geld hat die Funktion und Kraft, das Selbstwertgefühl desjenigen zu stabilisieren, der es besitzt. Die »dicke Marie«, die prall gefüllte Brieftasche, aus der die großen Scheine »herausblitzen« oder, noch ausdrucksstärker, das lose nach Zuhältermentalität in der Hosen- oder Jackettasche verstaute Geldscheinbündel symbolisieren das narzißtisch aufgeblähte machtvolle Selbst (getreu dem Motto: »Was lacostet die Welt, Geld spielt keine Rolex«).

Auch die Redensart »Geld macht nicht glücklich, aber es beruhigt«, verweist auf die stabilisierende Funktion. Geldbesitz kann auch Beruhigung gegen die (meist in das Unbewußte abgeschobene) Angst vor dem Tod verschaffen. Kleinbürgerlich kultiviert spiegelt sich diese Urangst in der verbreiteten Neigung zur Lebensversicherung, die ja eigentlich eher den Namen »Todesversicherung« verdient, damit aber wohl unverkäuflich wäre.

In Zeiten zunehmender existentieller Ängste scheint Geld der einzig verläßliche Schutz gegen gesellschaftliche Beben – wenn da nicht wieder auch die Furcht vor der Inflation wäre und damit die Frage, wie man sein Geld richtig anlegen soll.

Zumindest schön viel Geld zur Verfügung zu haben, ist für viele Hoffnung und einzige Stütze in der gegenwärtigen Gesellschaft, in der man sich auf seinen Lebenspartner, die Kinder, die Verwandtschaft, Freunde und Nachbarn anscheinend kaum noch verlassen kann.

Dem Streben nach Geldbesitz und anderen materiellen Formen des Reichtums liegt also auch das Motiv zugrunde, narzißtische Gratifikation zu erlangen, d.h. das Selbstwertgefühl aufzuwerten. Hintergrund dafür ist ein tiefes Gefühl von Ohnmacht, Minderwertigkeit und allgemeiner Insuffizienz. Dazu noch einmal Otto Fenichel: »Man kann in unserer Kultur Schutz gegen Hilflosigkeit und gegen Gefühle von Unwichtigkeit oder Demütigung auch dadurch finden, daß man nach Besitz strebt, insofern als Reichtum Macht und Ansehen verleiht.«[7] Mit dem Besitzstreben sollen Ängste vor Verarmung, Entbehrung und Abhängigkeit von anderen abgewehrt werden. Dabei kann sich das Besitzstreben so verselbständigen, daß die Ernte der Bemühungen, der Genuß des erreichten Besitzes völlig unterbleibt. Aus lauter Sorge, zwanghaft weiter und noch mehr Geld verdienen zu müssen, ist die Genußfähigkeit zerstört.

»Das ursprüngliche Triebziel«, sagt Otto Fenichel, »sind nicht die Reichtümer, sondern ist der Wunsch, Macht und Achtung anderer Menschen und seiner selbst zu genießen. Erst eine Gesellschaft, in der Macht und Achtung auf Geldbesitz beruhen, macht aus diesem Bedürfnis nach Macht und Achtung ein Bedürfnis nach Reichtum.«[8]

Ähnlich formuliert die Psychoanalytikerin Karen Horney: »Das Verlangen nach Liebe ist ein in unserer Kultur häufig benutzter Weg, sich Beruhigung gegen Angst zu verschaffen. Die Sucht nach Macht, nach Anerkennung und Besitz ist ein anderer Weg.«[9]

Weder ist der Wunsch, geliebt zu werden, noch der nach Einfluß und Ansehen an sich neurotisch. Während jedoch das normale Streben nach Einflußnahme und Macht aus einer persönlichen Überlegenheit, aus schöpferischer Kraft und Stärke gespeist wird, entspringt das neurotische Macht- und Besitzstreben immer einem tiefliegenden Gefühl der Schwäche, einer aus der Kindheit stammenden Gefühlsmischung von Angst, Haß und Minderwertigkeit.

»Neurotische Bestrebungen nach Macht, Ansehen und Besitz dienen nicht nur als Schutz gegen die Angst, sondern auch als ein Kanal, durch den unterdrückte Feindseligkeit sich ableiten läßt.«[10]

Gerade das Machtstreben soll die subjektiv erlebte Hilflosigkeit – eine Komponente der Angst – verbergen und als Schutz gegen die Gefahr dienen, von anderen für unbedeutend gehalten zu werden. Die Sucht nach Macht äußert sich im Versuch, andere zu beherrschen, die Mitwelt zu beeindrucken, möglichst immer recht zu behalten, seinen Willen durchzusetzen, in genereller Ungeduld sowie in der Unfähigkeit, nachgeben zu können. Statt sich selbst situationsgerecht anzupassen, gemäß seiner ausgeprägten Ichhaftigkeit, hat der Neurotiker den Anspruch, daß alle Welt sich nach ihm richten solle.

Aufgrund seiner übermäßigen Empfindlichkeit reagiert der neurotische Mensch auf kleinste Kränkungen mit narzißtischer Wut, hinter der er sein Verletztsein, seinen Schmerz verbirgt. Das führt häufig zu einem Circulus vitiosus von ständig neuer Feindseligkeit und neuer Angst.

Auf den Punkt gebracht: Die Bestrebungen nach Macht, Anerkennung und (Geld-)Besitz dienen nicht nur der Beruhigung eigener Ängste, sondern sind auch ein Mittel, feindselige Gefühle in der Benachteiligung anderer auszuagieren. Das Streben nach Besitz soll die reale oder phantasierte Gefahr der (Liebes-)Entbehrung bannen.

Zur Selbstschädigungs-Funktion des Geldes. Es gehört zum Janusgesicht der Aggression, daß sie sich nicht nur gegen andere Menschen, sondern auch gegen die eigene Person richten kann. Wie Geld als Vehikel dient, über den Weg der Ausbeutung oder in Form von extremem Geiz, aggressiv mit anderen umzugehen, so gibt es auch eine Form der Selbstausbeutung durch ausgesprochen selbstschädigenden Umgang mit Geld.

Beispiele dafür dürften einer Mehrheit der Leser bestens vertraut sein: Da wird schlecht gewirtschaftet, z.B. erheblich mehr ausgegeben, als man einnimmt. Man verausgabt sich, und die daraus resultierende Schuldenlast droht einen zu erdrücken, läßt einen nachts nicht mehr ruhig schlafen und den einen oder anderen Wirtschaftsbankrotteur sogar zum Strick greifen.

Nicht selten entwickelt sich in Wirtschaft und Politik die Gier der Raffkes nach immer mehr und mehr Geld zu einem (unbewußt selbst in den Weg gelegten) Stolperstein, der diejenigen, die den Hals nicht voll genug kriegen können, trotz eigentlich überaus saturierter Lebenssituation selbstschädigend entgleisen läßt. Getreu dem Motto »Wer anderen eine Grube gräbt, fällt selbst hinein«, mußte so mancher *Big Boss* seine Luxusvilla gegen eine karge Zelle mit schwedischen Gardinen eintauschen.

Ob Peter Graf oder Bernd Otto, *Vulkan*-Hennemann oder Baupleitier Schneider, ob der nur lokal bekannte Lotto-Millionär Michael S., der sich erschoß, oder das Topmodel mit dem berühmten Schriftstellergroßvater, Margaux Hemingway, deren Schönheit und Reichtum sie trotzdem in den tödlichen Selbstruin trieb – der Anreizstoff Geld, die Sucht nach der Droge Vermögen mündet allzu häufig in die Selbstschädigung oder gar Selbstzerstörung.

Es bliebe der Analyse der Biographien jeder dieser oder vergleichbarer Persönlichkeiten vorbehalten, herauszufinden, wem aus der frühen Kindheit diese nun gegen die eigene Person gewendete Aggression und Enttäuschungswut ursprünglich galt.

Noch einmal zusammengefaßt: Unser Umgang mit Geld wird bestimmt von vier fundamentalen seelischen Grundkräften:
- Liebe
- Aggression
- Narzißmus
- Selbstschädigung.

Ich kann Geld(-Geschenke) geben aufgrund einer durch das Gefühl der *Liebe* motivierten Handlungsintention, sei es in Form eines Brillantringes oder einer Spende für »Brot für die Welt«. Der Wunsch, dafür zurückgeliebt zu werden, schwingt dabei immer mit. Geld kann aber auch ein Surrogat, ein Ersatzstoff für Liebe sein, als »Zuwendung« im rein materiellen Sinne (»Hier hast du ... Mark. Geh und kauf' dir was Schönes...«).

Aggressionen und Geld, ein unendliches Thema: vom kleinen Ladendiebstahl über die Steuer- und Abgabenhinterziehung bis hin zu illegalem Waffenhandel oder Lösegelderpressung. Die Palette von Geld-Aktionen mit feindseligem Hintergrund ist in unserer Gesellschaft tagtäglich zu erleben. Das Aussparen der Reichen, das Einsparen bei den Armen – auch hier muß der sozialpsychologisch orientierte Betrachter feindselige Motive vermuten.

Haste was, biste was, sagt sich der *Narzißt* und versucht, seine innere Leere mit äußerem Reichtum zu füllen. Denn Reichtum wertet auf, alles scheint käuflich, auch Menschen. Die Macht des Geldes feiert Triumphe, und die tiefen Minderwertigkeitsgefühle und Selbstunsicherheiten werden durch die Droge Geld gedämpft. Wenn auch nur für kurze Zeit, denn ein Süchtiger braucht immer mehr.

Der Preis der Droge Geld kann der Ruin sein. Seelische und materielle *Selbstschädigung* gehen Hand in Hand, sich vor lauter Geldverdienen zu Tode arbeiten, oder sich via Herzinfarkt gesundheitlich zu ruinieren, vor lauter Geldsorgen und Schulden verzweifeln und krankwerden...

»Zeige mir, wie du mit Geld umgehst, und ich sage dir, wie du bist.« Der tägliche Umgang mit Geld gewährt tiefe Einblicke in die Psyche von Individuen und in den Zustand einer Gesellschaft.

Kein Auskommen mit dem Einkommen – ein Bericht
Oder: Wieso bleibt am Ende des Geldes immer soviel Monat übrig?

Wenn du den Wert des Geldes kennenlernen willst, versuche dir welches zu borgen. So Benjamin Franklin. Ich kann ihm nur zustimmen, denn ich saß in der Klemme, Einnahmen nicht in Sicht, und es war mal wieder soweit: Es war alle. Das Geld. Mein Geld. Leidvoll, aber wohlvertraut, erfuhr ich am Freitag – am Tag des Kontoauszugs –, daß Geld endlich ist und sich leider nicht von alleine vermehrt. Und so ernst wie diesmal war die Lage noch nie. Was also tun?

Mir fielen Leute ein, die so gewisse Strategien kennen und tierisch gut rechnen können. Da gibt es z.B. die Schnäppchenjäger, die nachgerade täglich durch Tageszeitungen surfen, um bei Sonderangeboten die absoluten Renner zu entdecken. Lebende Preislisten, unterwegs zu den aktuellen Spartips, immer auf dem neuesten Stand. Deren Geld vermehrt sich zwar nicht, aber sie haben für Wochen Putenbrust in der Tiefkühltruhe.

Oder diese Pfennigfuchser mit ihren Tricks, die genau wissen, bei welcher Versicherung, in welcher Versicherungsklasse, sie wieviel sparen. Die, die ihre Bank wechseln, weil sie eine andere entdeckt haben, bei der die Kontogebühren zwei Mark weniger im Monat betragen. Deren Geld vermehrt sich sicher auch nicht, aber es hält länger.

Dann gibt es noch Leute, die bei irgendwelchen Ämtern irgendwelche Anträge abgeben, weil sie dann für irgend etwas fünf Mark weniger zahlen müssen. Nicht, daß ich nicht zur Studentenzeit auch schon auf Ämtern gewesen bin. Für fünf Mark Telefongebührennachlaß habe ich mich mit einem Blick auf meinen Verlobungsring fragen lassen müssen, ob ich nicht einen festen Freund hätte, der mich finanziell unterstützt. So richtig mehr geworden ist mein Geld durch solche Aktionen auch nicht.

Geschickt sind die Experten der »Tage der offenen Tür« und andere professionelle Firmen- und Institutionsbesichtiger. Sie verbringen informative, unterhaltsame Stunden mit Gratisführungen, zwar eventuell hungrig und pleite, aber abgelenkt. Besser haben es da diejenigen, die ein kostenloses Mittagessen bei einer Verkaufsfahrt nach Irgendwo bekommen und abends zwar unendlich genervt, aber um einen kostenlosen Schraubenschlüsselset bereichert, wieder nach Hause kommen.

Alles ganz hübsch, doch nicht der große Wurf. Ich hätte gerne Geld im größeren Stil. Frei nach dem Motto: Über Geld spricht man nicht,

Geld hat man. Dahinter verbirgt sich die finanzielle Sorglosigkeit, das phantastische Gefühl, daß man nicht wissen muß, wieviel eine Mark genau wert ist. Ein sanftes Ruhekissen aus Geld, das einfach da ist. Ich will nicht verheimlichen, daß ich so einen Zustand zumindest kurzzeitig mal kennengelernt habe, aber irgendwie treibe ich immer wieder am Rande des Abgrunds. Vielleicht brauche ich ja den Kitzel?

Zurück zu meinem Problem. Wie gesagt, es war soweit. Mein Geld war verbraucht, nachhaltig und dauerhaft, mein Dispo überzogen, zu erwartende Einnahmen würden nicht mehr helfen, die heranrollende Welle von Zahlungsaufforderungen war zu groß. Man könnte sagen, mein Konto sah aus wie nach einer Naturkatastrophe. Das natürliche Spiel der Kräfte auf Jahre aus dem Gleichgewicht, ohne »Auslandshilfen« nichts mehr zu retten...

So habe ich denn Verhandlungen mit Freunden aufgenommen, damals noch ohne Benjamin F.'s Fingerzeig. Ich habe zunächst Leute mit Geld gefragt. Eben solche, die Geld einfach besitzen. Die so tun, als wäre ihnen das Geld ja so ganz und gar egal. Und was soll ich sagen? Was haben die potentiellen Geldgeber, wohlgemerkt lauter sogenannte gute Freunde, für Anstalten gemacht! Ich mußte mich doch tatsächlich fragen lassen, wie viele Kostüme ich in der letzten Zeit gekauft hätte...

Geld verdirbt den Charakter, wie wahr. Was sind das für Leute, die mal eben locker 400 Mark für einen Pullover hinblättern? Ich kenne davon einige, und was mußte ich feststellen? Oberflächlich großzügig und hintergründig geizig sind sie. Was ich denn mit meinem Geld gemacht hätte, wann ich es zurückzahlen wolle, ob ich wüßte, daß das Zinsen kostet, und warum ich nicht zur Bank gehe... Liebe Güte, 4000 Mark für vier Monate! Die beste Antwort war noch, »Ich bin zur Zeit selbst so knapp« (und das bei 5000 Mark netto im Singlehaushalt mit einer Katze!). Bei Geld hört die Freundschaft ja bekanntlich auf.

Schön, also zurück zu den guten Rechnern, den Schnäppchenjägern, Tricksern, Pfennigfuchsern und Verkaufsfahrtenspezialisten. Vielleicht haben die ja doch einen Tip für den Notfall. Meine Erfahrung mit den Pfennigen liegt einige Jahre zurück, es könnte sich inzwischen doch so manches verändert haben.

Nun, der Ausflug war recht kurz. Nach außen können sie jeden verstehen, der mit dem Geld ein Problem hat, nach innen sind sie noch karger als die, die Geld wie Heu haben. Sie stecken voller Neid und schielen ständig auf anderer Leute Portemonnaie. Von Montag bis Sonntag auf der Jagd nach mehr Geld im Patchworkverfahren. Aber mit jeder Mark wird das Innenleben enger, mit jedem ergatterten Preisvorteil erwirbt sich der Pfennigfuchser das materialisierte Unglück, sozusagen die geldgewordene Mißgunst. Mit jeder Mark mehr, ein Stück Lebensgefühl weniger. Welch seelische Wüste.

Wer hat mir schließlich mit Geld geholfen? Leute, die selbst so viel gar nicht haben, die jedoch weder arm noch reich sind, niemals über Geld jammern, mit denen die Freundschaft so eng nun gerade nicht war. Haben die einen guten Charakter? Ich weiß es nicht, ich weiß nur, daß sie allesamt mit ihrem Geld auskommen. Im Gegensatz zu mir. Und irgendein Geheimrezept müssen sie haben. Wenn ich nur wüßte, welches.[11]

Geld-Typen

Großmutters Spruch »Umgang mit Geld ist Charaktersache« mag banal klingen, enthält jedoch mehr an Wahrheit, als einem vielleicht lieb ist. Mit anderen Worten: Unsere Persönlichkeit formt aus unbewußten Tiefen auch unsere Einstellung zum Geld, und beides zusammen bedingt den Umgang mit selbigem und bestimmt somit ganz wesentlich, wie wir mit unserem Einkommen auskommen.

Umgekehrt gilt dann übrigens auch: Zeige mir, wie du mit Geld umgehst, und ich sage dir, welche Charakterstruktur du hast. Daß das Geld sogar noch den Charakter sekundär formen kann, wußte unsere Großmutter ebenfalls und hatte auch dafür einen gleichermaßen mahnenden wie warnenden Spruch parat: »Geld verdirbt den Charakter.«

Hier – in Anlehnung an die psychoanalytische Persönlichkeitstheorie – eine kurze Charakterkunde, die uns vor allem bezüglich des neuralgischen Punktes »Auskommen mit dem Einkommen« Einblicke gewähren soll. Wie immer bei Typologien treten häufig Mischformen auf. Wir skizzieren kurz, welchen Stellenwert Geld für die betreffende Persönlichkeitsstruktur hat, wie die Einstellung zum Einkommen und zum Ausgeben aussieht und wie sich Charaktereigenschaften auf die persönliche Einstellung zu Gehaltsverhandlungen auswirken können. Auf dieses Thema kommen wir übrigens im letzten Teil des Buches ausführlich zurück, wenn es um optimale Gehaltsverhandlungsstrategien geht.

Geld für Macht und Luxus – die narzißtische Persönlichkeit

Geld-Stellenwert. Für den Narzißten hat Geld einen sehr hohen Stellenwert: Es geht um die Realisierung eines ausgeprägten Macht- und Geltungsstrebens. Besonders wichtig aber sind für ihn teure Statussymbole und Prestigeobjekte, die er sich durch Geld kaufen kann. Das Streben nach dekorativen, besonders sichtbaren Reichtümern soll helfen, ein tiefliegendes Gefühl von innerer Leere, Ohnmacht, Selbstunsicherheit und Minderwertigkeit zu vertreiben.

Der materielle Wohlstand und das damit angestrebte Ansehen, verbunden mit Bewunderung, sollen das Gefühl, niemals oder zu wenig um seiner selbst willen geliebt worden zu sein, vergessen machen: Geld als Ersatzbefriedigung. Die herrschende Ideologie der Geschäfts- und Geldwelt entspricht der narzißtischen Charakterstruktur: »dynamisch-rücksichtslos-selbstbezogen-erfolgreich.«[12]

Einkommen. Der Narzißt hat es schwer, mit seinem Einkommen auszukommen, egal, wie hoch es sein mag – weil das, was er verdient, niemals ausreichen kann, die innere Leere zu füllen. Quasi ein Faß ohne Boden oder zumindest mit erheblichen Löchern. Gleichzeitig ist aber der hohe Geldbedarf ein permanenter Antrieb, Außerordentliches zu leisten, und so findet man diesen Typus nicht selten in einer Gehaltskategorie über 200 000 DM Jahresgehalt.

Ausgeben. Es geht vornehmlich um Imponiergehabe, ein demonstratives, nach außen gerichtetes Genießen, das Zur-Schau-Stellen, sich etwas Besonderes leisten zu können (Motto: Es war schon immer etwas teurer, einen besonderen Geschmack zu haben).

Gehaltsverhandlung. Eigentlich erwartet der Narzißt von seinen Geldgebern, daß diese seinen Wert, seine enormen Leistungen automatisch erkennen und von sich aus mit der Bitte auf ihn zukommen, doch mehr Gehalt anzunehmen. Da dies selten passiert, fühlt er sich häufig verkannt, oft auch schlicht nur von »Idioten« umgeben.

Geld auf Halde – die zwanghafte Persönlichkeit

Geld-Stellenwert. Für den Zwanghaften ist Geld etwas extrem Wertvolles, Kostbares, das er besonders liebt. So haßt er nichts mehr, als es leichtfertig aus der Hand zu geben oder gar zu verlieren. Er sammelt, hegt und pflegt seinen Geldbesitz und erfreut sich in aller Bescheidenheit allein an dessen Wachstum. Dabei kommt es ihm auf penible Kontrolle und planvolle Vermögensbildung und -verwaltung an.

Einkommen. Erstaunlich: Mit seinem Einkommen ist er meist aufgrund seiner Anpassungsfähigkeit und Gefügigkeit nicht unzufrieden, solange der Lohn seinem Gerechtigkeitssinn nicht völlig entgegensteht.

Ausgeben. Hier reicht die Bandbreite nur von Sparsamkeit bis zu extremem Geiz, und die für ein bescheidenes bis karges Leben unbedingt notwendigen Ausgaben werden pedantisch genau eingeteilt und buchhalterisch dokumentiert. Bloß keine Überraschungen in Geldfragen. Selten allerdings durchbricht er dieses Muster und überrascht sich selbst und seine Umwelt mit einer außergewöhnlichen Extra-Ausgabe, um dann wieder für lange Zeit das alte Verhaltenssystem (horten, horten, horten) weiter zu praktizieren.

Schulden kommen nicht in Frage. Verborgen macht Sorgen. Wenn er stirbt, hinterläßt er den (dann meist lachenden) Erben all das, was er ihnen zu Lebzeiten, vorenthalten hat.

Gehaltsverhandlung. Der Zwanghafte zögert diese bis zu einem Zeitpunkt hinaus, an dem für ihn die Ungerechtigkeit seiner Verdienstzumessung zum Himmel stinkt. Dann kann es leicht zu aggressiv gefärbten, rechthaberischen Auseinandersetzungen kommen.

Geld und Unglück – die depressive Persönlichkeit

Geld-Stellenwert. Daß Geld wichtig ist, sagt ihm sein Verstand, aber emotional spielt es in seiner generell eher freudlosen Welt keine besondere Rolle. Und doch hat es die Funktion, zu bestätigen, was der Depressive ohnehin schon weiß: Die Welt ist schlecht, das Leben ungerecht und die Menschen böse und obendrein unzuverlässig. Der Depressive ist zwar ständig auf der Suche nach dem Glück, steht sich selbst aber dabei am meisten im Wege.

Einkommen. Es reicht nicht. Entweder er arbeitet sehr viel und bekommt dafür viel zu wenig (*overworked and underpaid*), oder er arbeitet gar gänzlich für Gotteslohn, weil er nicht in der Lage ist, für sich angemessene Forderungen zu stellen.

Ausgeben. Wie gewonnen, so zerronnen, ist die häufig selbstschädigende Devise des Depressiven. Impulshafte »Frust«-Käufe haben den Charakter einer oralen Ersatzbefriedigung. »Man gönnt sich ja sonst nichts«, ist Lebensmotto und Rechtfertigung.

Bekommt er unverhofft Geld, wird er es genauso schnell wieder los oder in ständiger Sorge leben, daß er es auf irgendeine Weise alsbald wieder verlieren könnte.

Gehaltsverhandlung. Hier fehlen ihm gute Argumente, Überzeugungskraft ist nicht seine Stärke, und überhaupt fehlt es ihm an Antrieb, Mut und Entschiedenheit, dieses für ihn ganz besonders schwierige Thema angemessen vorzutragen. Wenn er es sich aber dann doch traut, schießt er bisweilen über das Ziel weit hinaus und hat somit wieder das unbewußt neu inszenierte Frustrationserlebnis mit dem Fazit: »Ich habe eben immer Pech, keiner mag mich, ich kriege immer das wenigste, hab' nichts verdient, bin nichts wert.«

Geld und Zuwendung – die hysterische Persönlichkeit

Geld-Stellenwert. Geld ist wichtiger Bestandteil der theatralischen Selbstinszenierung des Hysterikers. Es ist der Stoff, mit dem man bei anderen am schnellsten Resonanz findet und damit dem Bedürfnis näherkommt, im Mittelpunkt zu stehen: Geld als Mittel zum Zweck der Erzielung von Aufmerksamkeit und Zuwendung.

Einkommen. Prahlen und Stöhnen über das Gehalt können sich abrupt abwechseln. Da er für Show- und Aufmerksamkeitseffekte (»Hoppla, jetzt komm' ich«) immer recht viel ausgeben muß, ist meistens Ebbe im Portemonnaie.

Ausgeben. Hysteriker kennen beides: Sie leben gern über ihre Verhältnisse oder sind extrem hart gegen sich und andere. Nach ihrem Lebensmotto »Himmelhochjauchzend – zu Tode betrübt« neigen sie abwechselnd zu rauschhaften Geldausgabeexzessen wie zu gnadenloser Askese.

Gehaltsverhandlung. Großer, dramatischer Auftritt – ohne warnende Ankündigung oder gar sinnvolle Vorbereitung. Kündigungsandrohung, Türenknallen, Tränen.

Geld und Distanz – die schizoide Persönlichkeit

Geld-Stellenwert. Über Geld wird nicht gesprochen. Man hat es. Es wird zwar idealisiert, aber nur heimlich. Ebenso wie zwischenmenschliche Beziehungen scheint für den Schizoiden nach außen auch das Geld kaum emotional besetzt zu sein. In Geldangelegenheiten akzentuiert er Zahlen und Fakten, das Klare, Kühl-Rationale. Die Neigung zu Verschlossenheit, Mißtrauen und Arroganz läßt sich für ihn über das Medium Geld gut realisieren.

Einkommen. Auch darüber spricht der Schizoide nicht. Das Bedürfnis nach Unabhängigkeit und Autonomie setzt voraus, daß pekuniär genug zusammenkommt.

Ausgeben. Investiert wird möglichst nur in Sachwerte. Da weiß man, was man hat. Spaß macht das allerdings nicht sehr, weil das Kaufen einfach ein Zuviel an Kontakt mit anderen Menschen bedeutet. Wer es sich leisten kann, delegiert es deshalb.

Gehaltsverhandlung. Er wird diese strategisch gut vorbereitet und kühl durchziehen, meist mit dem gewünschten Erfolg. Andernfalls erfolgt eine Umorientierung oder ausgeprägte innere Kündigung.*

Geld in der Kindheit

»Glück ist die nachträgliche Erfüllung eines prähistorischen Wunsches. Darum macht Reichtum so wenig glücklich; Geld ist kein Kinderwunsch gewesen.« So ein klassisches Wort von Sigmund Freud zu unserem Thema.[13]

Glückliche Kindheit? Das Unglück beginnt mit der Geburt, und so weist Buddha darauf hin, daß Geburt und Geborenwerden Leiden

---

* Beachten Sie in diesem Zusammenhang unseren Buchhinweis: *Die Neurosen der Chefs* (s. Anzeigen).

seien. Die Probleme fangen mit der Vertreibung aus dem Paradies der intra-uterinen Existenz an, einem Zustand fragloser Geborgenheit und Versorgung (falls die Mutter nicht unter besonderem Dauerstreß litt, der sich psychobiologisch pränatal auf das Ungeborene übertrug).

Am Beginn steht die orale Versorgung. Bekommt man genug Nahrung und liebevolle Zuwendung, oder wird damit bereits ganz früh gespart bis gegeizt? Hier spielen Geld oder materielle Anreize noch keine Rolle, um so mehr aber Zeit, Aufmerksamkeit und Einfühlungsvermögen.

Mit steigender Zahl an Lebensmonaten setzt die Belohnungsmaschinerie für Entwicklungs- und sonstige Leistungen ein.

»Wenn du schön lieb und brav bist, bekommst du...« Häufig sind es zunächst Stofftiere, die als Liebesersatz trösten sollen. Später gibt es Spielzeug, das als Anreizsystem gezielt eingesetzt wird. Irgendwann, so um das dritte, vierte Lebensjahr, begreift das Kind, daß Wünsche an die Eltern nicht immer spontan erfüllt werden, häufig mit dem Hinweis auf das dafür nicht vorhandene Geld. Gleichzeitig lernt das Kind, sich für Geld, das es von den Eltern erhält, kleinste Naschereien zu kaufen, sich Wünsche zu erfüllen.

Beliebtes Rollenspiel: Kaufmannsladen, Einübung in das Geld-gegen-Ware-Tausch-System. Bald darauf beginnt die Taschengeldzeit und damit das mehr oder weniger gelingende Einüben in den Umgang mit erstem eigenem Geld. Für die Erfüllung bestimmter Wünsche muß gespart, Ausdauer und Frustrationstoleranz geübt werden. Und das Vergleichen beginnt: »Wieviel Taschengeld kriegst 'n du eigentlich?« Verteilungs-Ungereimtheiten tauchen auf, begleitet von Neidgefühlen anderen Kindern gegenüber, die mehr bekommen und es damit scheinbar besser haben.

Dann folgen erste Taschengeld-»Tarifrunden« mit den Eltern, und das Bewußtsein wächst, daß Geld im Elternhaus ein affektiv besonders besetztes Thema ist. Gleichzeitig beobachtet das Kind den elterlichen Geldumgangsstil und die damit nicht selten verbundenen Streitigkeiten (»Wo ist das Geld geblieben?«), Vorwürfe (»Du wirfst es mit vollen Händen zum Fenster raus!«) und Enttäuschungen (»Warum verdienst du nicht mehr?«).

Parallel beginnt die leidvolle Schulzeit, die permanent Leistungsbeweise erfordert, wobei diese je nach Elternhaus auch in Heller und Pfennig à la Prämiensystem honoriert werden (»Für einen Einser gibt's eine Mark, für einen Zweier...«). Neu: Tätigkeiten werden bezahlt, manchmal sogar das Aufräumen des eigenen Zimmers. Etwa: Mutters Mülleimer runterbringen, Vaters Auto waschen, später Ferienjobs oder Zeitungen austragen.

Ob *Bravo* oder *Mickey Mouse* – »Kauf dir deine verdammten Comics, die blöden Gameboy-Spiele und diese unmöglichen Klamotten gefälligst selbst – schließlich bekommst du ja Taschengeld. Und verdient hast du das überhaupt nicht, daß ich dir das kaufe...«

Geld in der Partnerbeziehung

Arbeit gegen Geld hat das Jagen, Sammeln und Tauschen abgelöst. Wenn die »Beute«, mit der man heimgekehrt, als zu klein bewertet wird, gibt es Streit, ist das Selbstwertgefühl schnell strapaziert.

Am schlimmsten sind die Folgen bei Arbeitslosigkeit, die auch die traditionelle Rangordnung in der Familie aus dem Gleichgewicht bringt und tiefe Abstürze in Depression und Alkohol verursachen kann. Das Unglück, nichts mehr zu verdienen, und das Gefühl, nichts mehr wert und zu nichts nutze zu sein, gehen häufig Hand in Hand.

Aber generell: Wenn es in der Partnerbeziehung knirscht und knackt, ist neben Sexualität und gegebenenfalls Kindererziehung ganz sicher das Hauptkonfliktthema Geld.

»Warum verdienst du auch so wenig?«
»Warum gibst du bloß immer so viel aus?«

sind die beiden Vorwurfspole, die Fixpunkte von stillem Leid und lauter Wut beim ewigen Zankapfel Geld. Wehe dem hier vermeintlich Schwächeren, der sich vorrechnen lassen muß, zu wenig auf die Waage zu bringen, im Verhältnis zu viel auszugeben. Kein Auskommen mit dem Einkommen ist ständiges Thema der zerrütteten Zweierbeziehung. Vom *Otto*-Katalog zur Schuldnerberatung ist oft nur ein kurzer Weg, der häufig genug beim Scheidungsanwalt vorbeiführt, um auch diese Kostenfalle nicht auszulassen. Scheiden tut weh, nicht nur seelisch, sondern auch finanziell.

Hinter dem Streit um das Thema Geld, hinter dem Vorwurf, der andere verdiene zu wenig, verbirgt sich auf einer tieferen Ebene oftmals etwas anderes: Enttäuschung über mangelnde Zuwendung (im doppelten Wortsinn) und Liebe, zu wenig an entgegengebrachter Wertschätzung. Ursache kann die neurotische, oral getönte Riesenerwartung sein, vom Partner allzeit verwöhnt zu werden, als Entschädigung und Wiedergutmachung für das elementare Gefühl, in der Kindheit zu kurz gekommen zu sein.

Der ebenso stereotype Vorwurf »Du gibst zu viel aus!« heißt übersetzt: Du nimmst mir was weg und gibst mir zu wenig dafür.

Wie in der Arbeitswelt gilt auch in der Zweierbeziehung das Gesetz der unbewußten Wiederholung von Geldumgangs-Erfahrungen in der Ursprungsfamilie. Die Kindheit dauert 100 Jahre und hat auch im monetären Bereich ihre unbewußte, oft tragische Auswirkung.

Geld, Glück, Neid, Frauen und Banken

Geld und Glück. Geld allein macht nicht glücklich, aber es beruhigt, sagt die alte Volksweisheit. Nun ist Beruhigung eine andere Seelenlage als Glück, und wenn man amerikanischen Untersuchungen Glauben schenken darf, sind die Reichen und Wohlhabenden nur unbedeutend glücklicher als der Durchschnittsamerikaner. Dies jedenfalls das Ergebnis einer Befragung durch das US-Wirtschaftsmagazin *Forbes*.

Erstaunlich, daß 37% der befragten Wohlhabenden in dieser Untersuchung sogar angaben, deutlich weniger glücklich zu sein als der Durchschnitt. Selbst Lottogewinne in Millionenhöhe machten ihre Gewinner nur kurzzeitig glücklich.

Und dennoch: Glück und Geldbesitz werden in der Regel zusammen assoziiert. Entsprechend fällt es denen, die über relativ wenig

Geld verfügen, schwer zu glauben, daß sie mit einem Mehr an Geld nicht glücklicher wären.

In einer amerikanischen Langzeitstudie mit 5 000 Erwachsenen fanden Psychologen interessanterweise eine Art des Glücklichseins als überdauerndes Grundgefühl. Wer sich von den befragten Personen am Anfang der Untersuchung als glücklich einschätzte, tat dies auch noch zehn Jahre später, selbst wenn er in der Zwischenzeit Tiefschläge und deutliche Veränderungen in seinem Lebensumfeld hinnehmen mußte.

Mit der Frage, was denn eigentlich die »Dauerglücklichen« von den eher weniger glücklichen Durchschnittsbürgern unterscheide, beschäftigten sich in einer anderen Untersuchung die amerikanischen Psychologen David G. Myers und Ed Diener und fanden vier gewichtige Unterscheidungsmerkmale:

1. Sich als glücklich bezeichnende Menschen verfügen über ein deutlich stärker ausgeprägtes Selbstwertgefühl. So erleben sie sich als intelligenter, gesünder und sozial kompetenter als ihre weniger glücklichen Mitmenschen. Besonders ausgeprägt ist der Zusammenhang zwischen Selbstwertgefühl und Glücklichsein in den (westlich geprägten) Gesellschaften, für die Individualität und Freiheit des einzelnen einen sehr hohen Stellenwert haben.

2. Wer der Meinung ist, mehr Einfluß und Kontrolle auf das eigene Leben oder Schicksal zu haben, erlebt sich glücklicher als andere. Gefühle von Kontrollverlust, Hilflosigkeit und Ausgeliefertsein lassen logischerweise keine Glücksgefühle entstehen und machen auf die Dauer (z. B. in der Depression) psychisch und physisch krank.

3. Glückliche Menschen sind Optimisten und stimmen Aussagen zu wie z. B.: »Wenn ich etwas in Angriff nehme, gelingt es mir auch meistens«. Eigentlich verblüffend, daß sich allein schon der Glaube an den eigenen Erfolg so positiv auf den tatsächlichen Erfolg auswirken kann. Kein Wunder, wenn sich so jemand als glücklicher einschätzt als andere, die, grundsätzlich eher pessimistisch orientiert, an ihren eigenen Fähigkeiten zweifeln.

4. Weitere Grundlage zum Glücklichsein ist die Extraversion, d.h. die Fähigkeit, Emotionen und Affekte unkompliziert nach außen richten zu können. Unabhängig davon, ob sie alleine oder mit anderen, auf dem Land oder in der Stadt leben, im Team arbeiten oder überwiegend allein, erleben sich Glückliche in ständigem lebhaften Kontakt mit ihrer Umwelt und den Mitmenschen. Introvertierte, sozial eher zurückhaltende Menschen fühlen sich weitaus häufiger unglücklich als Extrovertierte.

Neben den genannten vier Aspekten gehört zum Glücklichsein vor allem aber auch ein gut funktionierendes Netzwerk von stabilen sozialen Beziehungen. Glückliche Menschen können sich in Beruf und Freizeit ihren Aufgaben und Hobbys mit Freude hingeben und fühlen sich dadurch ausgefüllt und bestätigt. Sie sind häufiger als unglückliche Menschen religiös gebunden und erleben ihren Glauben als haltgebend und sinnstiftend.

Daß übrigens ein ordentliches oder sogar üppiges Einkommen glücklich oder doch wenigstens zufrieden stimmen soll, gehört in den Bereich der illusionären Verkennungen, erweist sich spätestens dann als Trugschluß, wenn man dieses erreicht hat.

So kann man der Vergütungsstudie 1996 des Münchner Geva-Instituts entnehmen, daß etwa 50% der außertariflich entlohnten Fach- und Führungskräfte mit einem Jahreseinkommen von 90000 bis über 500000 Mark mit ihrem Gehalt nicht zufrieden sind. Zwar verbessert sich der Zufriedenheitsgrad mit der Höhe des Einkommens leicht, aber immerhin sind bei den Spitzenverdienern im Geschäftsführungsbereich (Jahreseinkommen zwischen 180000 und über 500000 DM) immer noch knapp 30% unzufrieden.

Geld und Neid. Hand aufs Herz: Wer kennt nicht Neidgefühle bei sich und bei anderen. Aber wer gibt sie schon zu, gesteht sie sich selbst und seinen Mitmenschen gerne ein. Neid blüht im Verborgenen, wird auf mannigfache Weise maskiert und hart verleugnet. Unser Thema Einkommensverteilung und Gerechtigkeit ist wie kein anderes geeignet, Neidgefühle zu provozieren.

Auch wenn Neid ein ungewolltes Gefühl ist, er wird empfunden, drängt sich uns spontan auf, wenn auch nicht immer aus uns bewußten Quellen, oder schlägt einem mehr oder weniger offen feindselig von anderer Seite entgegen.

Damit sich Neid einstellt, sind vier Voraussetzungen wichtig: Etwas muß (1.) für uns besonders wertvoll und damit begehrenswert sein und (2.) jemand anderem gehören, zu dem (3.) eine gewisse Beziehung, eine Art soziale Nähe besteht. Ohne Eigentümer gibt es keinen Neid, und auch der Besitz alleine ist es nicht, der unseren Neid hervorruft. Der Neid entsteht erst durch unsere Phantasie über das vermeintliche Glück, das der Beneidete aus seinem Besitz bezieht.

Und noch eine Komponente ist wichtig: Der Neider empfindet (4.) einen schmerzlichen Mangel an genau dem, was er dem Beneideten neidet. Dabei ist das klassische Objekt der Begierde, der am leichtesten zu benennende Mangelzustand in unserer Gesellschaft das Geld. Der Vergleich mit dem anderen macht den eigenen Mangelzustand – eigentlich geht es um das Selbstwerterleben – schmerzlich bewußt und läßt gleichzeitig ein Gefühl der Ohnmacht aufkommen, das durch die Unerreichbarkeit dessen, was beneidet wird, entsteht.

Dieses schmerzlich nagende Gefühl des Neidens macht den psychischen Leidenszustand des subjektiv zu kurz Gekommenen nicht besser: »Wie das Eisen vom Rost, so wird der Neider von seiner Leidenschaft zerfressen«, diaganostizierte Atisthenes bildreich im vierten vorchristlichen Jahrhundert.

Oder mit den Worten Schopenhauers, der Neid prägnant als Unterlegenheit im Glück definiert (heute würde man von Unterlegenheit im Geld sprechen): »Denn daß der Mensch beim Anblick fremden Genusses und Besitzes den eigenen Mangel bitterer fühle, ist natürlich, ja unvermeidlich.«[14] »Weil sie sich unglücklich fühlen, können die Menschen den Anblick eines vermeintlichen Glücklichen nicht ertragen.«[15]

Der spanische Neidforscher de la Mora unterscheidet drei Objekttypen des Neides: Der Neid kann existientiell, sozial oder besitzbezogen sein, je nachdem, ob eine Person um ihre Eigenschaften und Fähigkeiten, ihre Stellung in der Gesellschaft oder wegen ihres Vermögens beneidet wird.[16]

Uns interessiert hier primär der Besitzneid, übrigens die angeblich am häufigsten vorkommende Neidform. Er basiert auf der Annahme, der andere sei glücklicher, weil er mehr verdient und mehr besitzt.

Fällt es uns auch schwer, eigene Neidgefühle einzugestehen, sind wir schnell mit dem stigmatisierenden Satz bei der Hand: »Du bist ja nur neidisch«. Das sitzt beim Gegenüber und würgt jede unbequeme Nachfrage und Diskussion ab. Neid ist immer das Problem anderer Leute.

So wird z. B. von Arbeitgeberseite einer kritischen Nachfrage nach der sozialen Gerechtigkeit in Sachen Spitzengehältern, bei Führungskräften häufig damit begegnet, daß der kritisch Nachfragende ja nur neidisch sei. Damit ist intendiert, den Frager und die Frage in einem Aufwasch zu diskreditieren und jede weitere Diskussion abzuwürgen. Aus psychoanalytischer Sicht drängt sich hier die Interpretation auf, daß derjenige, der dem anderen lediglich Neid unterstellt, seine eigene uneingestandene Neidstimmung auf den kritisch Hinterfragenden projiziert.

Sicherlich hat das Neidgefühl eine systemstabilisierende gesellschaftspolitische und wirtschaftliche Funktion, indem es zu einem wichtigen Motor des Leistungsprinzips wird. Entsprechend dem Motto des infantilen Futter- und Geschwisterneids (»Ich auch haben...«) entsteht der Wunsch, es dem idealisierten, beneideten Objekt gleichzutun und sich mit einem entsprechenden Ellenbogen- und Konkurrenzverhalten »ins Zeug zu legen«, um eventuell auch und doch noch ganz nach oben zu kommen, in die Chefetage...

Noch ein Blick in die Tiefen: Sigmund Freud entfaltet seine psychoanalytische Interpretation der Forderung nach Gerechtigkeit auf zwei Seiten seiner berühmten Schrift »Massenpsychologie und Ich-Analyse« aus dem Jahr 1921.

Für ihn ist die Forderung nach Gerechtigkeit eine Reaktionsbildung, d.h. eine unbewußte seelische Abwehr- und Umwandlungsmaßnahme gegen den aus der Geschwisterrivalität stammenden »anfänglichen Neid, mit dem das ältere Kind das jüngere aufnimmt«.[17]

Die neidvoll-feindseligen Impulse werden umgewandelt, chiffriert in der Forderung nach Gerechtigkeit, die ursprüngliche Ich-Haftigkeit und der Drang, allein im Mittelpunkt der liebevollen Zuwendung der Eltern zu stehen, wandelt sich in die Forderung: »Wenn man schon selbst nicht der Bevorzugte sein kann, so soll doch wenigstens keiner von allen bevorzugt werden.«[18]

Der Gemeinsinn, so Freud, könne »seine Abkunft vom ursprünglichen Neid«[19] nicht verleugnen: »Keiner soll sich hervortun wollen, jeder das gleiche sein und haben. Soziale Gerechtigkeit will bedeuten, daß man sich selbst vieles versagt, damit auch die anderen darauf verzichten müssen oder, was dasselbe ist, es nicht fordern können. (…) Das soziale Gefühl ruht also auf der Umwendung eines erst feindseligen Gefühls in eine positiv betonte Bindung von der Natur einer Identifizierung.«[20]

In einer Vorlesung faßt Freud später noch einmal zusammen: »Die Gerechtigkeitsforderung ist eine Verarbeitung des Neids, gibt die Bedingung an, unter der man ihn fahrenlassen kann.«[21]

Sigmund Freuds Leidenschaft: hinter die Fassade zu schauen, hinter den Gründen die Abgründe zu erkennen, nach den Erkenntnissen der Psychoanalyse das auch im Erwachsenen noch lebendig gebliebene kleine Kind mit seinen egoistischen, oral-bedürftigen, gierigen und oft mit gehöriger Feindseligkeit vermischten Impulsen.

Geld und Frauen. In einer Untersuchung zum Thema »Frauen und ihre Beziehung zum Geld« bekamen 15 berufstätige Frauen nach Beendigung einer zweijährigen Weiterbildungsmaßnahme in Betriebswirtschaftslehre und Management die Aufgabe, als Agentur-Mitarbeiterin einen Finanzierungsplan für eine große Benefizveranstaltung zu erstellen.[22]

Über die Hälfte der an dieser Aufgabe arbeitenden Frauen vergaßen, sowohl die anfallenden Agenturkosten als auch das eigene Honorar zu berechnen, und das, obwohl sie davon ausgehen konnten, bis zu einem Jahr mit der Vorbereitung dieses Projektes beschäftigt zu sein. Trotz ihrer gerade absolvierten betriebswirtschaftlichen Weiterbildung vergaßen sie bei der Erstellung des Finanzierungsplanes diese wichtigen Aufgabenpositionen. Schlechte Ausbildung oder gar Zufall? Sicherlich nicht.

Zahlreiche Untersuchungen belegen, daß die Beziehung von Frauen zum Geld von tiefsitzenden Berührungsängsten geprägt ist. Die bewußt als »Herzschmerz«- und Sozialprojekt verpackte Organisations- und Finanzierungsaufgabe – es ging um Kinder, Waisenhäuser und Afrika – verführte die Mehrheit der Frauen offenbar dazu, auf ihr eigenes Honorar und das der Agentur zu verzichten – im Bestreben, etwas Gutes für andere zu tun. Dieser Verzicht lief jedoch nicht einmal bewußt ab, sondern als Freudsche Fehlleistung im Sinne eines Vergessens eigener Interessen, Ansprüche und Bedürfnisse.

Ob es sich hier um ein spezifisch weibliches Problem handelt im Umgang mit dem Thema Entlohnung für eigene, selbst geleistete Arbeit, müßte man empirisch sicherlich in einer größeren Untersuchung mit einer Vergleichsgruppe von Männern überprüfen. Aber Hand aufs Herz: Können Sie sich eine Gruppe berufstätiger Männer vorstellen, die vergißt, ihr eigenes Honorar in Rechnung zu stellen?

Geprägt durch Fürsorglichkeit und die Ausrichtung auf die Bedürfnisse anderer, scheint die weibliche Sozialisation und Erziehung offenbar zu einer größeren Bereitschaft zu führen, eigene Bedürfnisse und Interessen hintanzustellen bzw. sogar zu verleugnen.

Das weibliche Geschlecht in Sorge für die anderen – Klischee oder immer noch Realität? Die Mutter für ihre Kinder, die Ehefrau für ihren Mann, die Krankenschwester für den Patienten – Frauen sind ja generell viel stärker vertreten in helfenden Berufen, engagiert für Hilfsbedürftige und Ratsuchende. Das »Aschenputtel«-Ideal, fleißig, bescheiden, geduldig zu sein und auf den reichen Prinzen zu warten (an den sich der eigene Versorgungswunsch dann richtet), ist offenbar im kollektiven Unbewußten von Frauen nach wie vor gut verankert.

Der nicht selten von Frauen ausgesprochene Satz »Ich muß mal wieder etwas für mich tun«, verweist auf ein immer noch frauentypisches Ungleichgewicht zwischen Geben und Nehmen. Häufig wird dies nur bewußt in schweren Krisensituationen, wie z.B. bei einer Krebserkrankung.

Frauen, so ein Untersuchungsergebnis der Wiener Organisationsberaterin Roswitha Königswieser, wollen mit der männlichen Welt des Geldes im allgemeinen nichts zu tun haben. Für sie sei Geld eher abstrakt, unpersönlich, kalt und symbolisiere Macht und Potenz. Eine Frau mit eigenem Geldbesitz erscheint als schlecht, böse, verabscheuungswürdig, insbesondere dann, wenn sie sich zum Ziel setzt, einflußreich, mächtig, erfolgreich und unabhängig zu sein. Zur Strafe bekommt sie auch keinen Mann, weil sie nicht begehrenswert ist, denn gute Frauen geben ihr Geld schnell aus, wenn schon nicht für sich, dann für andere oder die gute Sache.[23]

»Männer«, so der Psychologe Oskar Holzberg, »sorgen dafür, daß Geld die Welt regiert, und verhungern emotional in einer von gewaltigen Finanzinteressen bestimmten Welt. Frauen beharren dagegen psychologisch noch weitgehend darauf, daß Geld doch stinkt.«[24]

Die Nürnberger Psychologin Hannelore Hermann zeigte in einer Untersuchung, daß eine Partnerschaft nicht darunter leiden muß, wenn die Frau mehr verdient als ihr Partner. 56 Unternehmerinnen und 49 Ärztinnen wurden befragt, die weniger, gleich viel und bis zu 3500 Mark mehr verdienen als der Partner. Ihr Fazit: »Die Zeiten haben sich geändert. Männer akzeptieren es heute, wenn Frauen mehr verdienen. Viele kümmern sich dann sogar intensiver um die Bedürfnisse ihrer Partnerin und sind viel kompromißbereiter.«[25]

Millionen Frauen verfügen über eigene Ersparnisse und werden als Kundinnen von Banken heftigst umworben. Sie sind pflegeleicht, denn ein Feilschen um Prozente oder gar die Drohung, die Bank zu wechseln, kommt ihnen nicht so schnell über die Lippen. Dafür liegt das vom Mund Abgesparte auf niedrig verzinsten Sparbüchern, fast wie zu Großmutters Zeiten. Ein gutes Geschäft für Banken.

Tatsachen: Frauen verdienen immer noch rund ein Drittel weniger als Männer und sind in den neuen Bundesländern am stärksten von der Arbeitslosigkeit betroffen. Drei Viertel aller Rentnerinnen leben an der Grenze der Armut, mit nicht einmal 1 000 DM Rente monatlich (vgl. S. 69, 159).

Geld auf der Bank. Eigentlich ist die Sache mit dem Geld eine fixe Idee. Ein farbiges, bedrucktes Stücklein Papier, z. B. kackbraun, mit einer 1 und drei Nullen dran, läßt die Augen glänzen, die Puppen tanzen, das Herz höher schlagen, die Achselhöhle transpirieren und und und...

Angemessener formuliert: Geld ist eine Fiktion. Geld an sich entsteht nur durch den Glauben daran. Aber bekanntermaßen kann dieser ja Berge versetzen.

Ende 1995 besaßen die Bundesbürger auf Sparbüchern, Girokonten und als Termingeld angelegt 1,8 Billionen DM. Diese unvorstellbare Summe – eine Zahl mit 12 Nullen – anders ausgedrückt, 1 800 Milliarden DM – entspricht aber nicht im entferntesten der Zahl, die zur selben Zeit als Bargeld im Umlauf war. Lediglich 253 Milliarden DM waren als Papier- bzw. Hartgeld zu diesem Zeitpunkt verfügbar. Das bedeutet, die Menge des Bargeldes beträgt etwa $1/7$ der Geldmenge, die auf dem Papier verbucht ist. In der Konsequenz bedeutet das z. B., daß jemand, der seiner Bank 100 000 DM gegeben hat und dafür die entsprechende Zahl auf seinem Kontoauszug vorfindet, in Wirklichkeit, wenn es hart auf hart kommt und plötzlich alle an ihr Geld wollen, nur mit 14 000 DM rechnen kann.

In Krisenzeiten, wenn es Gerüchte über einen bevorstehenden Banken-Crash gibt, führt das zu dem fatalen Verhalten, daß viele Leute ihr Geld plötzlich und schnell abheben und damit den berühmten Stein erst richtig ins Rollen bringen. Der Absturz ist unausweichlich.

Keine Bank der Welt hat soviel Geld in den Tresoren, wie ihre Kunden ihr auf dem Papier anvertraut haben. Das Geld ist arbeiten und damit außer Haus. Wenn zu viele Menschen im gleichen und damit falschen Moment anklopfen, ist nichts da.

Geld in der Arbeitswelt

Auf die Frage, warum sie arbeiten gehen, antwortet die überwiegende Mehrheit der Befragten in verschiedenen internationalen Studien immer wieder mit dem Hinweis auf die Einkommenssicherung. Arbeiten gehen, um Geld zu verdienen, ist das Hauptmotiv. An zweiter Stelle rangieren die sozialen Aspekte der Arbeit: die Kontaktmöglichkeiten, der kommunikative Austausch. Erschreckend, wenngleich wenig verwunderlich: Nur wenige erleben die Arbeitsinhalte selbst als interessant und befriedigend.

Die Forderung aber nach einer interessanten, befriedigenden Tätigkeit steht auf der Wunschliste ganz weit oben. Wenn das fundamentale Bedürfnis der Einkommenssicherung halbwegs befriedigend gelöst ist, tritt die Bezahlung gegenüber dem Grad der Attraktivität der Tätigkeit etwas in den Hintergrund. Trotzdem: Die Entlohnung bleibt extrem wichtig, das Geld »muß stimmen«.

Wen wundert es: Wenn denn Geld in unserer Gesellschaft eine so zentrale Bedeutung zukommt, wird auch dem Einkommen eine entsprechende Priorität auf der persönlichen Werteskala eingeräumt.

Sage mir, was du verdienst, und ich sage dir, was du wert bist, scheint das Motto unserer Zeit zu sein. Manchester-Kapitalismus.

In Deutschland jedoch wird über das Thema Verdienst nicht gern offen gesprochen: Tabu-Thema Gehälter. Eine Hauptursache auf Arbeitgeberseite: Man wünscht keine Diskussion über das in vielen Branchen doch eher willkürliche, in seiner Bandbreite oft als ungerecht empfundene Entlohnungsgefüge.

Dennoch: Angebot und Nachfrage regeln auch auf dem Arbeitsmarkt den Wa(h)ren-Wert Arbeitskraft. Was kosten Sie, was nutzen Sie, bringen Sie ein? Das kühle Kosten-Nutzen-System bestimmt Denken und Handeln und letztendlich die Summe auf Ihrer Gehaltsabrechnung.

Was sind Sie wert? Sich und Ihrem Arbeitgeber. Geld und Bezahlung in der Arbeitswelt haben viel mit Selbst-Wert-Gefühl und Selbst-Bewußtsein zu tun. Geld und Geltung gehören zusammen, nicht immer ist die Gerechtigkeit mit von der Partie. Geld verschafft Geltung.

Geld und damit Bezahlung für Leistungen in der Arbeitswelt ist Chefsache. Sie ist immer noch Hauptinstrumente bei der Führung und Motivation von Mitarbeitern, wenn auch nicht mehr so ausschließlich wie vor zehn bis zwanzig Jahren.

In Zeiten einer angespannten Wirtschaftslage und hoher Arbeitslosenzahlen jedoch ist der Druck auf den Geldknopf (an/aus), das Drehen am Geldhahn (ob es fließt oder tröpfelt) ein beliebtes Mittel, von Arbeitgeber- und damit Geldgeberseite dirigistisch mehr oder weniger geschickt einzugreifen. Positiv: Lohnanreizmodelle, negativ: Sanktionen durch Nullrunden, Kürzungen bis hin zu Gehaltsverzicht.

Über Geldgeber. In unseren Seminaren zum Thema Geld und Gehaltsverhandlungen ist es immer wieder faszinierend zu beobachten, welche Parallelen zwischen Erfahrungen mit dem Thema Geld in der Kindheit und aktuellen Gehaltsfragen am Arbeitsplatz bestehen.

So schilderte eine Teilnehmerin im Seminar ausführlich, wie schlecht sie sich an ihrem derzeitigen Arbeitsplatz entlohnt fühle, zumal sie doch nachweislich gute, erfolgreiche und vor allem für den Betrieb Gewinne erzielende Arbeit leiste. Schon kurz nach der Einstellung vor etwa zwei Jahren war ihr völlig bewußt, daß sie sich »unter ihrem Marktwert verkauft« hatte. Zudem habe sie eine Kollegin, die quasi nur die Hälfte von ihrem Pensum schaffen würde, aber ungerechterweise nahezu das Doppelte verdiene.

Obwohl es ihr schwerfiel und sie lange zögerte, sprach sie ihren Chef nach anderthalb Jahren auf eine Gehaltserhöhung an. Er vertröstete sie mit dem Hinweis, sich etwas ganz Besonderes für sie ausdenken zu wollen, denn nur ein bißchen mehr Lohn, davon hätte sie netto ja doch nicht so viel. Seitdem war über ein halbes Jahr vergangen, und auch eine vorsichtige Nachfrage zu der in Aussicht gestellten Einkommensverbesserung zeigte keine Wirkung. Nichts war passiert.

Im Verlaufe des Seminars, als sich die Gruppenmitglieder mit den ersten bewußten Kindheitserlebnissen zum Thema Belohnungen und Taschengeld auseinandersetzten, gelang es ihr, eine gedanklich-emotionale Brücke herzustellen zwischen ihren jetzigen Arbeitsplatzerfahrungen und dem kärglichen, immer auf die Zukunft vertröstenden Belohnungsstil ihrer Eltern.

Auch diese neigten dazu, sie zu vertrösten, z.B. ihre Wünsche nach einem Taschengeld bis zu ihrem 12. Geburtstag hinauszuschieben. Selbst bei guten Schulleistungen in der für sie nicht ganz leichten Oberschulzeit wurde sie vertröstet: Für das Abitur – damals war sie erst in der 10. Klasse – stellte der Vater ihr eine nicht näher benannte, aber »ganz besondere« Belohnung in Aussicht. In der Familie, erzählte sie der Gruppe, habe sie vor allem gelernt, mit wenig Geld auszukommen. Was sie aber wohl leider nicht gelernt habe, fügte sie später hinzu: angemessene Forderungen stellen zu können und diese auch möglichst durchzusetzen. Ganz beiläufig erzählte sie von ihrer sieben Jahre jüngeren Schwester, die es mit den Eltern auch finanziell leichter gehabt habe als sie. Der Schwester war ihre Rolle als Vorkämpferin zugute gekommen.

Ganz offensichtlich neigen Menschen dazu, prägende Erfahrungen in der Kindheit unbewußt am Arbeitsplatz neu zu inszenieren. Das gilt auch für den Umgang mit Geld und dem Thema Entlohnung, wie der Bericht illustriert. Zwei Mechanismen spielen dabei eine entscheidende Rolle: Der sog. Wiederholungszwang und das Phänomen der Übertragung, d.h. Gefühle und Einstellungen, die primär den Eltern galten, werden an Personen in der Gegenwart neu abgehandelt und ausgetragen, vergleichbar der Neuauflage eines alten (Dreh-)Buches.

Auch das besondere Gefühl der Abhängigkeit, Ohnmacht und Hilflosigkeit gegenüber dem Vorgesetzten – auf welcher Ebene auch immer – enthält Wiederholungselemente aus der Kindheit und dem Erleben der mächtigen und alles bestimmenden Elternfiguren. Eltern damals und Chefs heute scheinen am längeren Hebel zu sitzen. Sie haben die Macht, einen am ausgestreckten Arm verhungern zu lassen.

Motivationsfaktor Geld. »Wie du mir, so ich dir«, lautet die klassische alttestamentarische Formel zum Thema Geben und Nehmen und enthält auch einen Hinweis zur Frage der Gerechtigkeit in aller Art von Tauschgeschäften.

Wie verhält sich das nun zwischen Arbeitgeber und Arbeitnehmer? Der Arbeitnehmer ist, so gesehen, eigentlich Arbeit-Geber, verkauft seine Arbeitsleistung und -zeit und nimmt bzw. tauscht dafür Geld, Entlohnung ein, etwa nach der (direkten Tausch-) Formel

$$\frac{\text{ich gebe ihm}}{\text{ich bekomme von ihm}} = \frac{\text{er gibt mir}}{\text{er bekommt von mir}}$$

Für die Arbeitsmotivation in einem Unternehmen ist eher der Vergleich, die indirekte Tauschbeziehung interessant. Was gibt der einzelne dem Unternehmen, und was bekommt er dafür, und was – verglichen damit – geben und erhalten andere? Hier spielt die subjektiv erlebte Gerechtigkeit für die Arbeitsmotivation die entscheidende Rolle.

Fühlt man sich im Vergleich zu anderen unterbezahlt, entsteht das wohlbekannte Gefühl der Benachteiligung, erhält man für seinen Einsatz übermäßig viel, kann das zu einem schlechten Gewissen führen, im besten Fall zu besonderem sozialen Engagement, meist in Form von Spenden, Sponsoring oder sonstigen Wohltätigkeitsaktivitäten.

Das oftmals postulierte Prinzip »Entlohnung nach Leistung« hat in der Arbeitswelt einen breiten Konsens auf allen Seiten. Vorgesetzte wie Mitarbeiter stimmen dieser Maxime sofort zu. Bei der Umsetzung jedoch scheiden sich sehr schnell die Geister, scheint die Gerechtigkeitsfrage unlösbar (mehr dazu ab S. 152).

Zwei Entlohnungstheorien kommen sich ins Gehege. Die eine basiert auf dem Prinzip »So viel wie möglich«, die andere auf der Formel »So gerecht wie möglich«.

Beiden Theorien liegt der Ausgangspunkt zugrunde, daß Geldverdienen an sich gut und noch mehr Geldverdienen besser sei. Woher kommt dieser allgemeine und unerschütterliche Glaube, daß mehr Einkommen auch glücklicher machen müsse?

Unter der Berücksichtigung, daß wir unseren Lohn als Gegenleistung für harte Arbeit bekommen und daß ein höherer Lohn somit gleichbedeutend wäre für noch härtere, anstrengendere Arbeitsleistung, die von uns zu erbringen ist, müßten eigentlich schneller größere Zweifel an der Gleichsetzung von höherem Einkommen mit mehr Glück und Zufriedenheit aufkommen.

Wer Ordentliches leistet, soll auch gut verdienen, wer noch mehr leistet, soll noch mehr verdienen, und mehr Verdienst ist per se besser, macht glücklicher. Stimmt das alles wirklich so?

»Jeder, der freiwillig für Geld arbeitet«, sagt der amerikanische Ökonomieprofessor Tibor Scitovsky, »bringt damit zum Ausdruck, daß sein Nutzen, den ihm das Einkommen bietet, größer ist als das

Leid, das ihn das Verdienen des Geldes kostet. Desgleichen bringt die Person, die die Arbeitsleistungen kauft, durch ihr Verhalten zum Ausdruck, daß die erhaltenen Leistungen ihr mehr wert sind als das Geld, das sie dafür bezahlt. Derartige Überlegungen berechtigen zur Annahme, daß der Nutzen des Einkommens größer ist als das Arbeitsleid, und daß der ›*Netto*gewinn‹ an Nutzen zwischen dem Arbeitenden und dem Nutznießer der Früchte dieser Arbeit geteilt wird.«[26]

Ob in unserer Arbeitswelt bei Jahreseinkommen über der 300 000-Mark-Marke wirklich ein Mehr an Leistung in Relation zu anderen Gehältern und ihren Leistungen erbracht wird, kann dennoch sehr wohl bezweifelt werden.

Ob das Mehr an zur Verfügung stehendem Geld zufriedener macht, könnte vorsichtig gesagt, nach der Nutzen-Illusion der zweite Trugschluß sein, der sich beim Nachdenken über diese Thematik als solcher entlarvt.

So kann man, wie schon erwähnt, der Geva-Vergütungsstudie 1996 entnehmen, daß bei den Spitzenverdienern im Geschäftsführungsbereich mit einem Jahreseinkommen zwischen 180 000 und 500 000 DM knapp 30 % mit ihrem Gehalt unzufrieden sind.

Aus verschiedensten Untersuchungen wußte man auch schon vor dem Bestseller »Mythos Motivation« von Reinhard Sprenger, daß Lohnanreizsysteme vor allem eines fördern, nämlich die Fähigkeit, Leistung gegenüber dem Entlohner nachzuweisen. Der eigentliche Motivationseffekt einer immer höheren Entlohnung geht gegen Null.

Zweifelsohne aber motivieren Spitzengehälter andere Arbeitnehmer, diesen hochbezahlten Idolen karrieristisch nachzueifern, um eines nahen oder leider doch ferneren Tages deren Gehaltsstufe zu erklimmen oder wenigstens doch in die Nähe zu rücken – quasi à la Hilmar Kopper, vom Banklehrling zum Vorstandssprecher, oder vom kleinen Schauspieler zum großen Präsidenten, vom Tellerwäscher zum Millionär.

Ohne uns jetzt hier im Dickicht der Bibliotheken füllenden Motivations-, Anreiz- und Leistungstheorien zu verlieren (die Spezialkapitel zum Thema Entlohnungs- und Mitarbeiterbeteiligungsmodelle folgen ab S. 95), bleibt die Frage ungelöst: Ist Geld in der Arbeitswelt wirklich der Hauptmotivator oder nicht?

Wenn diese Frage sich auch nicht generell beantworten läßt, gilt doch als sicher, daß Geld zu den ganz wichtigen, also Hauptmotivationsfaktoren gehört. Es stellt Anreiz, Be- und Entlohnung dar. Aber auch andere, nicht-monetäre Anreiz- und Belohnungsformen sind wichtig. Nach einer Unterscheidung des amerikanischen Organisationspsychologen Katz sind vier unternehmensbezogene und individuelle Formen der Belohnung zu unterscheiden:

1. *immateriell-unternehmensbezogen*
   z. B. das stolze Gefühl, einem Unternehmen mit hohem Image- und Prestigewert anzugehören;
2. *immateriell-individuell*
   z. B. das Gefühl, sich selbst bei und mit der Arbeit zu verwirklichen;
3. *materiell-unternehmensbezogen*
   z. B. Zusatzleistungen und Sondervergünstigungen für Mitarbeiter und Angehörige zu erhalten;
4. *materiell-individuell*
   z. B. der leistungsbezogene Lohn.[27]

Das Geldverdienen allein (Punkt 4) ist es wohl nicht, was die Arbeit für uns attraktiv werden läßt. Weitere Faktoren müssen hinzukommen, um Arbeitsmotivation und damit verbundene Arbeitszufriedenheit entstehen zu lassen: Da spielen neben der reinen Bezahlung die Arbeitsinhalte und -bedingungen, der organisatorische Rahmen sowie vor allem die sozialen und kommunikativen Aspekte eine sehr wichtige Rolle.

Erst die richtige Kombination dieser Faktoren schafft stabilen Anreiz und Motivation und nicht die monetäre Entlohnung allein.

Geld oder Leben –
Schwarzgeld, Schmiergeld, Schutzgeld

In seinem »Deutschen Anekdotenbuch« erzählt uns Heinrich von Kleist die Geschichte von einem Richter, der über einen kleinen Jungen entscheiden muß. Der kleine Junge hatte seinen Spielkameraden erstochen, als die beiden ›Metzger‹ spielten. Der Richter – in der einen Hand einen schönen roten Apfel, in der anderen Hand einen Taler haltend – stellt den Jungen mit der Frage vor die Wahl, was er denn wohl lieber von beidem hätte. Freudig greift der Junge nach dem Apfel und beißt genüßlich hinein. Daraufhin entläßt der Richter den Jungen straffrei.

Wie wäre die richterliche Entscheidung wohl ausgefallen, wenn der Junge nicht nach dem Apfel, sondern nach dem Geld gegriffen hätte? Wäre der Richter dann etwa zu dem Schluß gekommen, der Junge könne in seinem Alter bereits vorsätzlich gewinnstrebend, egoistisch oder habgierig handeln? Die Wahl des Apfels muß der Richter etwa in dem Sinne interpretiert haben, daß wohl kaum schon absichtlich töten kann, wer den Wert des Geldes noch nicht erkennt. Maßstab für den Reifegrad und damit die Schuldfähigkeit des Jungen war für den Richter offensichtlich die Einstellung zum Geld.

Das Bewußtsein vom Wert und den Möglichkeiten des Geldes markiert das Ende der Kindheit. Die Zeit der sog. Unschuld ist vorbei, und es beginnt die Schuldfähigkeit. Der Traum vom Milchmann Tevje aus dem Musical »Anatevka« bekommt immer mehr Anziehungskraft: »Wenn ich einmal reich wär...«

Die magische Verlockung des Geldes läßt nicht wenige ins Halblegale, manche ins Illegale abrutschen. Sie fängt verhältnismäßig harmlos an. Trotz Verbots weit verbreitet: die Schwarzarbeit. Warum nicht einem »billigen« Polen auch mal die Möglichkeit geben, etwas zu verdienen. Und bei den heutigen hohen Handwerkerkosten – da kann man doch sparen und sich beim Wohnungsrenovieren einer quasi sozialen guten Tat erfreuen. Nur von der Leiter darf er bitte schön nicht fallen.

Was ist aber mit den Großbaustellen, z.B. in Berlin, wo neben den

Geld oder Leben

Billiglohn-Bauarbeitern aus Irland, Portugal, Polen und anderen osteuropäischen Staaten mit Stundenlöhnen weit unter 10 Mark auch jede Menge Schwarzarbeiter ihr Handwerk verrichten, so daß es in Berlin über tausend arbeitslose Bauarbeiter gibt.

Möglicherweise wurden Sie schon mal nach einem unverschuldeten Unfall zu einem kleinen Deal überredet, der Ihnen oder Ihrem Auto zugute kam, der Versicherung eher weniger. Klar, daß die Versicherungs-Sachbearbeiter davon nichts wissen durften. Bleibt ja auch alles unter uns, sagt man grinsend und steckt das Geld oder die Reparaturmehrleistung ein.

Und im Großen: Wirtschaftskriminalitäts-Objekt Auto – vom professionell getürkten Unfall über Klau-Exporte im großen Stil bis hin zum Abfischen der besten Leute von der Konkurrenz. Im Idealfall gleich mit den wichtigsten gewinnversprechenden geheimen Unterlagen – ein Thema, über das sich *General Motors* und *VW* auseinanderzusetzen haben.

Ist es Ihnen auch schon passiert, daß Ihnen jemand ein großzügiges (Geld-)Geschenk angeboten hat, damit Sie einen Auftrag diesmal etwas zielgerichteter vergeben? Beim Frankfurter Flughafenausbau könnten Sie zusammen mit mehr als 1600 Personen an einer der größten »Selbsthilfegruppen« dieser Art partizipieren. Aber auch die geringfügige Umleitung einiger Fördermillionen à la *Vulkan* zeigt, was alles möglich ist, wenn es läuft wie geschmiert und Kontrolleure Tomaten auf den Augen haben.

Fließend sind die Übergänge. Bei entsprechenden zusätzlichen Störungen der Gewissensfunktion (Psychoanalytiker sprechen in diesem Zusammenhang von Über-Ich-Defekten) wird für Geld gekidnappt, erpreßt und gemordet. Geld gegen Gewalt und Gewalt gegen Geld. Bezahlt der Wirt sein Schutzgeld nicht, muß er mit unfreundlichem Besuch rechnen. Der Profikiller schafft den unliebsamen Mitmenschen gegen ein paar Zehntausender um die Ecke.

Wenn Wirtschaftsbosse wie Ferdinand Piëch anläßlich einer Pressekonferenz sagen, es herrsche Krieg zwischen den Automobilgiganten, aus dem er als Sieger hervorgehen werde, demaskiert diese Wortwahl das Aggressionspotential auch in der Wirtschaft.

Von allen Seiten, klagten Manager in einer Umfrage, komme der Druck, immer höhere Gewinne erzielen zu müssen. 80% von ihnen gaben an: »Um das Geforderte vollbringen zu können, muß man manchmal jeden schmutzigen Trick anwenden.«[28] Interessanterweise liegt diese Umfrage 30 Jahre zurück. Noch älter ist der Ausspruch von Lacassagne: »La societé a les criminels qu'elle mérite« (Die Gesellschaft hat die Verbrecher, die sie verdient). Wenn dies zutrifft, dann ganz besonders für die White-collar-Kriminalität.

Geld enthebt des Gewissens.

Schwarzgeld – wie Besserverdienende ihre Steuern selber steuern.
Die astronomische Summe von 105 Milliarden Mark (ein knappes Viertel des bundesdeutschen Gesamthaushaltes für 1997) – errechnet eine Studie angesehener Finanzwissenschaftler – ist den öffentlichen Kassen im Jahre 1994 durch die steuerhinterziehenden Bundesbürger (vornehm ausgedrückt:) vorenthalten worden.[29]

Steuerhinterziehung – ein Kavaliersdelikt? Der kleine lohnabhängig beschäftigte Arbeitnehmer, der Mühe hat, mit seinem Einkommen auszukommen, hat keine Chance – im Gegenteil: Statt einen ordentlichen Lohnsteuerjahresausgleich bei seinem Finanzamt geltend zu machen, erspart er sich Mühe und Frust angesichts der Undurchschaubarkeit bürokratisch verkomplizierter Antragsformulare und des undurchdringlichen Dickichts von Steuergesetzen und -verordnungen.

Um sich Schwarzgeld zu schaffen, muß man aus den roten Zahlen sein. Wer kein Auskommen mit seinem Einkommen kennt, scheidet aus. Der eher mittellose Kleinverdiener verfügt weder über den Apparat noch über die liquiden Mittel, an dieser illegalen Lotterie (klappt's – klappt's nicht?) teilzunehmen.

Besserverdienende dagegen sind in der Lage, mit Tricks und raffinierten Modellen der Steuervermeidung ihren Satz um bis zu 19 Prozentpunkte unter den eigentlich fälligen Spitzensatz zu senken.

Wildwuchs und Willkür kennzeichnen das immer komplizierter gewordene deutsche Steuerrecht, in dem selbst Experten wie z.B. Oberfinanzdirektoren öffentlich bekennen, kaum noch durchzublicken, aber Clevere immer neue Schlupflöcher finden. Immer mehr und immer höhere Steuern nagen schmerzlich an Einkommen und Zahlungsmoral. Etwa 40 Steuerarten – von der Kaffee- über die Versicherungs-, Kirchen-, bis hin zur Tabak-, Gewerbe-, Mineralöl-, Mehrwert- und Lohnsteuer – lassen den steuergepeinigten Bürger zur Ader.

Steuerhinterziehung und Schwarzgeld – eine Art selbstverordnetes Schmerzensgeld für eine als ungerecht und zu hoch empfundene Steuerbelastung?

Schmiergeld – wenn's wie geschmiert laufen soll. Manus manum lavat – eine Hand wäscht die andere, wußten bereits die alten Römer. Schmiergeldzahlungen schienen noch vor wenigen Jahren ein ausschließlich in lateinamerikanischen Bananenrepubliken, afrikanischen Dritte-Welt-Ländern, im sozialistischen Osteuropa und vielleicht im fernöstlichen Asien anzutreffendes Phänomen zu sein. Zunehmend aber kamen unsere unmittelbaren europäischen Nachbarn ins Gerede: die Italiener – na gut, die Belgier – ach; wie erstaunlich, die Franzosen – mon Dieu, bis auch in diesem unserem angeblich ordentlichen, blitzsauberen Lande massive Schmiergeldaffären den Glauben an den Fortbestand der traditionell-preußischen Dienstauffassung staatstragender Kräfte erschütterten. Bananenrepublik Deutschland.

In einem Land, in dem es nur so von Vorschriften wimmelt, wo das Bürokratenalphabet von A wie Aufenthaltsgenehmigung bis Z wie Zulassung für Kraftfahrzeuge mühsam täglich neu buchstabiert werden muß, entsteht in unserer schnellebigen Zeit der nachvollziehbare Wunsch, gewisse Dinge einfach zu beschleunigen, sich seines Ziels, dem Objekt der Begierde auf schnellere, besser noch schnellste Weise zu bemächtigen.

Und da in deutschen Amtsstuben der Schlüssel, der die Zugangstür zum Gewünschten öffnet, sich normalerweise nur sehr langsam dreht und Zeit bekanntlich Geld ist, wird aktiv nachgeholfen. Bargeld lacht. »Ob Müllmänner oder Polizisten, ob Staatsanwälte, Zollbeamte oder Bürgermeister – kaum eine Berufsgruppe ist noch im Stand der

Unschuld«, läßt uns *Der Spiegel* wissen.[30] Und spätestens seit der Flick-Parteispenden-Affäre erfahren wir jeden Montag aufs neue, wer was zu welchem Preis zu tun bereit ist.

Die öffentliche Hand, diagnostiziert der oberste Frankfurter Korruptionsermittler, Oberstaatsanwalt Wolfgang Schaupensteiner, verkomme zum Prinzip der »offenen Hand«.[31] Die Zahl der allein in Frankfurt ermittelten Fälle von Beamtenbestechung stieg von 361 Fällen im Jahr 1988 auf 1498 im Jahr 1994[32] – eine bemerkenswerte Steigerung von fast 400% in weniger als sechs Jahren.

Die enormen Gehaltsunterschiede zwischen Industrieetage und Amtsstube sind offenbar ein guter Nährboden für die Anfälligkeit, sich ein mehr oder weniger großes Stück vom angebotenen Kuchen in die eigene private Tasche zu stecken und sich so einmal außer der Reihe eine nette Gehaltszulage zu gönnen. Schmiergeld – eine Art Schmerzensgeld für das quälende Gefühl, nicht wirklich zu verdienen, was man verdient?

Immer mehr Bezieher von Durchschnittsgehältern – so Korruptionsspezialist Schaupensteiner – entscheiden über die Vergabe von Aufträgen in astronomischen Höhen oder haben über die Einhaltung von Umweltschutzvorschriften zu wachen, die, streng angewandt, die betreffenden Firmen fünf-, sechs- und siebenstellige Investitionen kosten würden.[33] Wie wenig wiegt dagegen das »Anfüttern« oder die nachträglich erwiesene Dankbarkeit, wenn etwas »rüberwächst«, oder wenn nicht so genau nachgefragt wird. In den Augen der Geldgeber eine sinnvolle Investition oder im schönsten Steuerdeutsch: »Nützliche Aufwendungen«.

Schlechte Beispiele in der großen Wirtschaft und Politik machen – wen wundert's – den Kleinen Lust auf Nachahmung. Solange Ministerpräsidenten wie Lothar Späth, Max Streibl oder Gerhard Schröder sich versorgen lassen mit Luft- und Lustreisen, hat auch ein kleiner Amtsmann weniger moralische Skrupel bei der einen oder anderen Gefälligkeit, die er annimmt und später jemandem angedeihen läßt.

In der Wirtschaft sind Schmiergeldzahlungen offenbar mittlerweile an der Tagesordnung und intern fester Bestandteil jeder Kostenrechnung, auch »bei feinsten Adressen wie Ford, VW und Audi. Ob der

Computerhersteller Nixdorf Druckaufträge vergibt oder die Kaufhof AG neue Werbeverträge abschließt – immer wieder fordern Bereichsleiter *Gewinnbeteiligung* und akzeptieren dafür, zum Schaden der Firma, auch überhöhte Rechnungen.«[34]

Wer etwas zu vergeben hat – z.B. einen Großauftrag –, kann auch vom potentiellen Auftragnehmer und -verdiener etwas fordern. Wer etwas Besonderes haben will, muß etwas Zusätzliches anbieten. Geben und Nehmen im klassischen Austauschprinzip vor dem Hintergrund des gemeinsamen psychologischen Nenners: Unzufriedenheit, den Hals nicht voll genug kriegen können, die unstillbare Sucht nach immer mehr…

Die Trockenlegung des Schmiergeldsumpfes Frankfurter Flughafen war der bisher spektakulärste Fall des obersten Frankfurter Korruptionsjägers Schaupensteiner. Ob sich ihm schon einmal jemand in unredlicher Absicht genähert habe, wollte die *FAZ* von ihm wissen. »Ich warte immer noch auf den Tag, an dem ich weiß, was ich wert bin«, ironisiert der Oberstaatsanwalt und erzählte, daß ihm einmal der Anwalt eines Beschuldigten zehn Mark für die Kaffeekasse geben wollte. »Ich wies das Geld zurück, ich wollte nicht Anlaß geben für eine Anekdote.« Vielleicht sei das dann doch eine, bemerkt die *FAZ*.[35]

Subtilen Einblick in eine Schmiergeldverhandlung gibt das folgende Wortprotokoll, das *Der Spiegel* in einer Titelgeschichte über Korruption in Deutschland veröffentlichte:

»Erst mal Prösterchen« – Wortprotokoll einer Schmiergeld-Verhandlung. Betriebsprüfung in einem mittelständischen Unternehmen in Nordrhein-Westfalen. Beim zufälligen Zusammentreffen auf der Firmentoilette eröffnet der Steuerprüfer einem der Inhaber, dem Betrieb drohe eine Nachzahlung von mindestens 100000 Mark. Doch es lasse sich »was machen«, bedeutet der Beamte dem Unternehmer. Die beiden verabreden sich anderntags zum Essen. Das Treffen im Restaurant hat der Unternehmer heimlich aufgezeichnet. Das Band liegt dem *Spiegel* vor. Auszug:

Steuerprüfer: Und niemand hat was erfahren von unserem Treffen?
Unternehmer: Um Gottes willen, nein. Ich bin ja nicht bescheuert.
Steuerprüfer: Dann isses gut.
Unternehmer: Was halten Sie denn von Räucherteller als Vorspeise und als Hauptspeise Rehrücken?
Steuerprüfer: Ja, würd' ich auch sagen.
Unternehmer: Dann erst mal Prösterchen.
Steuerprüfer: Jetzt zu Ihrem Problem!
Unternehmer: Was meinen Sie denn, was da auf mich zukommt?
Steuerprüfer: Wenn wir das Ganze nehmen, was wir gefunden haben, die ganzen 200 000 Mark, dann wären ja 50 % fällig, als Steuern eben.
Unternehmer: O Gott!
Steuerprüfer: Ich wollte Ihnen, äh... Also was meinen Sie, was Sie eine andere Lösung kostet?
Unternehmer: Sagen wir mal so: Ich habe schon ein bißchen in die Richtung gedacht, ob da was geht.
Steuerprüfer: Geht denn was? Ich kenne ja Ihre finanziellen Möglichkeiten nicht.
Unternehmer: Als Sie mich gestern kurz ansprachen, dachte ich gleich: Prima, so eine Privatlösung wär' auch in meinem Sinne.
Steuerprüfer: Ich weiß ja nicht, über welche Summen Sie verfügen können und was unauffällig geht. Das müßte sich auch für mich, äh...
Unternehmer: ... das muß für beide Seiten interessant sein.
Steuerprüfer: Ja, dann wollen wir's mal versuchen.
Unternehmer: Wie würde denn das aussehen, unsere Privatlösung?
Steuerprüfer: Ein bißchen was muß ich der Firma schon berechnen. Sagen wir 6 000 Mark Nachzahlung.
Unternehmer: Gut, das muß ich sehen, wie ich das geregelt kriege. Ist ja besser als 100 000.
Steuerprüfer: Nicht wahr.
Unternehmer: Aber wie würde dann der zweite Teil aussehen, unsere private Lösung? Sie haben da eher eine Vorstellung als ich.
Steuerprüfer: Bei der Lösung für die Firma verdienen Sie ja auch privat

was, sagen wir mal 30000 Mark. Die teilen wir auf. Halbe-halbe? Oder gut, sagen wir: ein Drittel für mich.

Unternehmer: Da müßte ich dann 10000 Mark privat und später 6000 als Firma zahlen. Bei dem Privaten muß ich sehen, wo ich das Geld so schnell herkriege.

Steuerprüfer: Haben Sie denn privat nix? Oder jemanden, wo Sie einen Kredit aufnehmen können? Wie gesagt, ich hätte das gern vorher.

Unternehmer: Das ist klar. Aber wie bin ich abgesichert, daß es für die Firma wirklich nur bei 6000 Mark Nachzahlung bleibt? Ich will hinterher nicht das böse Erwachen haben, wenn Ihr Abschlußbericht kommt.

Steuerprüfer: Ganz einfach. Wir machen morgen die Abschlußbesprechung über meinen Bericht. Da ist Ihr Steuerberater dabei – der weiß doch wohl von nix, oder?

Unternehmer: Mein Gott, nein, der erfährt das auch nicht.

Steuerprüfer: Und der ist dann Ihr Zeuge für meinen Bericht. Danach kann ich nichts mehr ändern.

Unternehmer: Gut. Dann sorge ich dafür, daß wir hinterher unter vier Augen sind. Und ich gucke, daß ich das mit den 10000 bis morgen mit der Bank geregelt krieg'.

Steuerprüfer: Dann machen wir's morgen so. Alles klar?

Unternehmer: Alles klar! Dann können wir uns jetzt aufs Essen konzentrieren. Auch noch'n Bierchen?[36]

Schutzgeld – von Saftbombenlegern und anderen Gescheiterten. Wer seine Einkommenssituation nicht durch Steuerhinterziehung oder durch den Empfang von Schmiergeldzahlungen verbessern möchte, mag auch aufgrund eines anderen psychosozialen Hintergrundes auf noch drastischere Weise kriminell werden und eventuell Ideen in Richtung Schutzgelderpressung entwickeln.

Wir verlassen den Bereich der sog. *White-collar-* oder Wirtschaftskriminalität und wenden uns hier ganz kurz härteren Methoden zu, den sog. Kapitalverbrechen. Dabei lernen wir schnell die Angst der Superreichen kennen, der Reemtsmas, Schleckers, Oetkers und

Albrechts, allesamt Entführungsopfer und für extrem hohe Lösegeldforderungen mit sicherlich nicht geringen psychischen und physischen Folgeschäden gerade nochmal davongekommen. Macht Reichtum glücklich – oder ist das, was letztlich davon übrigbleibt, nicht auch nur eine Form von Schmerzensgeld?

Erpresser à la Dagobert oder Saftbombenleger im Volksdiscounter sind zu kurz Gekommene, Arbeitslose, Gescheiterte, die mit Macht das Steuer herumreißen wollen, in der Hoffnung, sich auf die vermeintliche Sonnenseite der Gesellschaft zu katapultieren. Eine Gesellschaft, in der viel mehr zählt, was du hast, als was du bist, in der immer mehr das Geld zum Maßstab aller Dinge wird, mit dem ungeschriebenen Gesetz, der Zweck heilige schon die Mittel.

Auf der Jagd nach dem Geld sind wir alle. Na gut, Nuancen mögen uns unterscheiden, mehr oder weniger. Kein Wunder also, daß Extremvarianten wie Dr. Schneider, Dagobert oder Edzard Reuter auf- und abtauchen – berühmt, bewundert, gefeiert und gefeuert.

Der eine läßt den berühmten kleinen Mann auf der Straße schadenfroh über die dumme *Deutsche Bank* grinsen, der andere steht für das pfiffige und technisch brillante An-der-Nase-Herumführen der Staatsgewalt, der dritte für enttäuschte Wirtschafts-Visionen mit Kapital- und Arbeitsplatzvernichtung in Rekordhöhe. Alle drei spiegeln auf ihre Weise den Zustand unserer Gesellschaft, das kompromiß- bis rücksichtslose Streben nach Geld, Geltung und Macht.

Es sei die These erlaubt: Etwas von ihnen steckt in jedem von uns.

III. Zahltag

Wer verdient was?

Arm und Reich im Vergleich

> Es ist leichter, daß ein Kamel durch ein Nadelöhr gehe, denn daß ein Reicher ins Reich Gottes komme.
> *Mt. 19,24*

> Als Gott die Gehälter der Mitarbeiter dieses Raumes sah, drehte er sich um und weinte bitterlich.
> *Bürospruch*

Die Höhe des monatlichen Einkommens ist das im Arbeitsleben am sorgfältigsten gehütete Geheimnis, das wir oft auch den besten Kollegen und Freunden nicht anvertrauen. Gleichzeitig ist dieses Tabu aber auch eines der faszinierendsten – denn wer wüßte nicht gerne, was die anderen im Vergleich zu einem selbst verdienen, auch um dadurch auf den eigenen (Arbeits-)Marktwert rückschließen zu können?

61 180 DM kann als statistische Richtgröße für diese Einschätzung gelten, denn soviel verdient ein Arbeitnehmer in der Bundesrepublik im Durchschnitt pro Jahr, brutto[*], versteht sich, also zwischen 4 700 und knapp 5 100 monatlich, je nachdem ob 12 oder 13 Gehälter gezahlt werden. Die Zahl ist allerdings mit Vorsicht zu genießen, da sie nur die Arbeitnehmer in den alten Bundesländern berücksichtigt und zudem nicht nach Frauen und Männern unterscheidet. Daß es hier gravierende Unterschiede gibt, zeigt die Rentenstatistik.

Mit der **Rente** sinkt das Einkommen für alle empfindlich ab, doch gibt es Unterschiede. So haben Männer im Westen Deutschlands eine

---

[*] wie alle folgenden Gehaltsangaben

Durchschnittsrente von 1 804 Mark, in den neuen Bundesländern 1 772 Mark. Frauen in den neuen Bundesländern erhalten eine durchschnittliche Rente von 1 084 Mark, wobei sie deutlich hinter denen der Männer zurückbleiben, und das, obwohl viele Frauen in der ehemaligen DDR ihr ganzes Leben lang berufstätig waren. Immerhin aber haben sie eine höhere Durchschnittsrente als ihre Geschlechtsgenossinnen im Westen, die im Schnitt nur 800 Mark beziehen.

Mit staatlichen Zuschüssen recht knapp gehalten werden die **Studenten**. 27,7 Prozent aller Studierenden im Westen und 43,1 Prozent aller Studenten im Osten (Absolute Zahlen: im Westen: 293 000 und im Osten: 62 000) werden nach den Kriterien des Bundesausbildungsförderungsgesetzes (kurz: Bafög) unterstützt, wovon sie später allerdings einen Teil wieder zurückzahlen müssen. Der Bafög-Höchstsatz für jene, die zu Hause wohnen, liegt derzeit bei 670 Mark, wer eine eigene Wohnung hat, kriegt bis zu 990 Mark. Die sogenannte Vollförderung erhalten aber nur 28,3 Prozent aller Bafög-Empfänger (Zahlen von 1994, neuere gibt es noch nicht).

Die **Auszubildenden** haben die Studenten finanziell deutlich abgehängt. 1995 lag die durchschnittliche Ausbildungsvergütung der Lehrlinge bei 1 036 Mark.[1]

Im Vergleich dazu das Einkommen derer, die keine Arbeit haben und trotzdem versuchen müssen, mit ihrem Geld auszukommen. Was bekommt im Durchschnitt ein **Arbeitsloser**? 1995 lag in den alten Bundesländern der Durchschnitt bei 1 424 Mark, in den neuen Ländern bei 1 124 DM im Monat. Arbeitslosenhilfeempfänger kommen im Schnitt nur noch auf rund die Hälfte ihres früheren Nettoeinkommens: 1 007 DM im Westen, 789 DM im Osten. Von 1993 bis 1995 mußte hier (bundesweit) eine Reduzierung von knapp 7 % in Kauf genommen werden.[2]

Durchschnittszahlen vom ebenfalls staatlich subventionierten Einkommen der **Sozialhilfeempfänger** gibt es keine, da deren Bedarf immer individuell ermittelt wird. Der Regelsatz liegt bei 541 Mark im Monat. Dazu kommen diverse Zusatzleistungen (für Kinder, Wohngeld, Kleidergeld, Hilfe in besonderen Lebenslagen), die beim Sozialamt extra beantragt werden müssen.

Nur wer im Kittchen sitzt, kriegt noch weniger: Durchschnittlich zehn Mark am Tag verdienen die **Strafgefangenen** in den Justizvollzugsanstalten in der Bundesrepublik.

Alle hier genannten Einkommensangaben sind statistische Zahlen, die über die finanzielle Realität des einzelnen nur wenig sagen. Der monatlich netto vom Einkommen zur Verfügung stehende Betrag ist sowieso zwischen 25 und 40% niedriger, je nachdem, welche Steuerklasse man hat und welchen Familienstatus.

Zwar gibt es Tarifverträge, in denen die Vergütung je nach Ausbildung, Erfahrung und Lebensalter des Arbeitnehmers exakt geregelt ist – doch ob tatsächlich analog zu diesen Eingruppierungen bezahlt wird, wissen nur die Betroffenen selbst. Viele Arbeitnehmer haben ein übertarifliches Einkommen und gleichzeitig die – oft im Arbeitsvertrag verankerte – Pflicht, über ihr Gehalt zu schweigen (s. Anhang, S. 224).

Beamte und Angestellte im öffentlichen Dienst

Am einfachsten ist die Bezahlung noch bei den Beamten und den Angestellten im öffentlichen Dienst geregelt. Letztere werden nach dem BAT, dem Bundes-Angestellten-Tarif bezahlt. Dabei handelt es sich um ein Regelungswerk, in dem sich jeder Angstellte des öffentlichen Dienstes – eingruppiert nach Alter, Familienstand, Qualifikation und Position – wiederfinden kann. Die Tabellen für die Angestellten im öffentlichen Dienst unterscheiden in römischen Zahlen aufgelistete Vergütungsgruppen von I bis X. In diese Gruppen werden die Angestellten je nach Qualifikation und Position eingestuft. Außerdem wird beim Gehalt noch nach dem Lebensalter differenziert, und zwar vom 21. bzw. 23. Lebensjahr bis zum 49. Lebensjahr. Alle zwei Jahre (immer dann, wenn der/die Angestellte einen ungeraden Geburtstag feiert) wandert er/sie in die nächsthöhere Stufe.

Ein Beispiel: Ein 33jähriger **Wissenschaftlicher Mitarbeiter** einer Hochschule wird in der Regel in der Vergütungsstufe BAT IIa eingruppiert. Sein Grundgehalt beträgt demnach 4502,42 DM. Hinzu kommt ein Ortszuschlag, dessen Höhe davon abhängt, ob er ledig, verheiratet, kinderlos ist oder eines bzw. mehrere Kinder hat. Sollte der junge Wissenschaftler verheiratet und Vater eines Kindes sein, stünde ihm ein Ortszuschlag von 1398,24 DM zu. Sein Bruttogehalt würde somit 5900,66 DM betragen. (In den neuen Bundesländern sind bis auf weiteres noch 16 Prozent abzuziehen.)

Ein **Studienrat** verdient je nach Alter und Dienststufe zwischen 6000 und 7000 Mark monatlich, eine Grundschullehrerin etwa zwischen 5200 und 6500 Mark, der Leiter eines Gymnasiums (**Oberstudiendirektor**) zwischen etwa 7200 und knapp unter 10000 Mark Endgehalt.

Früher brachten sie das Geld und mußten viele Treppen steigen, heute werden sie in Pilotprojekten zu Mini-Sozialarbeitern ausgebildet, denn **Briefträger** ist eine Vertrauensposition. Etwa 4000 Mark bringt er seiner Familie nach Hause.

Damit verdient er fast gleichviel wie ein **U-Bahn-Fahrer**, der in der Bundeshauptstadt nach acht Dienstjahren einen Grundlohn von 4160,72 DM erhält. Hat er zwei Kinder, gibt es noch einen Sozialzuschlag von 306,34 DM extra. Ähnlich ist der **Busfahrer** eingestuft. Nach acht Jahren erhält er 4305,96 DM Grundlohn. Nacht- und Feiertagszuschläge sind dabei noch nicht berücksichtigt.[3] U-Bahnfahrer, Busfahrer usw. werden regional unterschiedlich bezahlt, die Abweichungen sind aber nicht gravierend.

Ebenfalls exakt geregelt, aber durch unzählige Vorschriften und unterschiedliche Zuschläge reichlich verwirrend ist die Beamtenbesoldung. Die Beamtenpositionen unterteilen sich in Besoldungsgruppen von A 1 bis A 16, von B 1 bis B 11 und dann noch einmal von C 1 bis C 4 und R 1 bis R 10.

In der Besoldungsgruppe A tummelt sich vom einfachen Amtsgehilfen (A 1) über den Polizeiwachtmeister (A 5) bis hin zum Regierungsamtmann (A 11), dem Realschullehrer (A 13) und dem Oberstudiendirektor (A 16) eine große Bandbreite der deutschen Beamtenschaft.

Besoldungsgruppe B gilt den Direktoren und Präsidenten der verschiedenen Bundesbehörden. Das reicht vom Stadtdirektor (B 1) über den Ministerialdirigenten (B 6) bis hin zum Staatssekretär (B 11). Die

Besoldungsstufe B 11 ist übrigens auch die Grundlage für das Gehalt der Mitglieder der Bundesregierung, der Ministerpräsidenten und anderer Spitzenpolitiker.

B wie **Bürgermeister**: Auch sie werden nach der Besoldungsgruppe B bezahlt. Je nach Größe ihrer Stadt erreichen die hauptamtlichen Bürgermeister Gehälter zwischen 10 000 Mark (wie z.b. der Oberbürgermeister von Cottbus) oder 16 000 Mark wie der Oberbürgermeister von Stuttgart. Weil der Amtsinhaber Manfred Rommel aber schon mehr als eine Amtsperiode hinter sich hat, bekommt er mittlerweile ca. 17 000 Mark im Monat – vergleichbar einem Staatssekretär der Bundesregierung.

Die Besoldungsstufen C 1 bis C 4 sind dagegen den Professoren und Hochschuldozenten vorbehalten, während R 1 bis R 10 die Bezahlung von Richtern und Staatsanwälten festlegt.[4]

Hinter diesen Regelungen verbergen sich eine Menge zusätzlicher Vorschriften, Berechnungsgrundsätze, Zuschläge usw., die vor allem eines zur Folge haben: eine gewaltige Einkommenslücke zwischen den kleinen Beamten und »denen da oben«, zu denen man in diesem Falle getrost auch die Politiker zählen darf.

So verdient ein dreißigjähriger **Polizeiobermeister**, der verheiratet ist und zwei Kinder hat, mit allen Zuschlägen gerade mal 3 901 DM. Ein fünfzigjähriger **Polizeihauptkommissar** bringt es bei gleichem Familienstand auf 6 320 DM, obwohl er mit seiner höher bewerteten Tätigkeit vier Besoldungsstufen über der seines jüngeren Kollegen liegt.

Doch auch die lange Ausbildung zum Hochschullehrer läßt sich erst dann ordentlich versilbern, wenn es der Wissenschaftler auch zum **Ordentlichen Professor** (Besoldungsstufe C 4) bringt. Dann liegt sein Gehalt in der Endstufe knapp über 10 000 DM, nicht viel, wenn man bedenkt, daß der Position oft eine jahrzehntelange und wesentlich schlechter bezahlte Tätigkeit als Wissenschaftlicher Mitarbeiter und Privatdozent vorausgegangen ist.

Allerdings haben Professoren vielfältige Möglichkeiten, ihr Gehalt durch Nebeneinkünfte aufzubessern, und so mancher scheint dafür mehr Zeit aufzuwenden als für Forschung und Lehre. Sie schreiben

Bücher und Artikel, halten gutbezahlte Vorträge und beraten nicht selten Industrieunternehmen oder Parteien und Verbände auf Honorarbasis. Geradezu in schwindelerregende Höhen kann das Gehalt mancher Medizinprofessoren steigen, das uns später noch näher beschäftigen soll.[5]

Der Traumberuf vieler kleiner Jungen dagegen muß den erwachsenen Mann ernüchtern: Ein 30jähriger **Lokomotivführer** erhält nach zehn Dienstjahren gerade mal 3 000 DM. Ist er verheiratet und hat zwei Kinder, kommt er auf 3 500 DM. Auch die Beförderung zum Hauptlokomotivführer bringt nicht viel ein. Für den Kinderlosen wären es dann etwa 3 300 Mark, der Familienvater verbessert sich auf 3 800 Mark.

Die **Finanzbeamten** bekommen etwa genausoviel (bzw. -wenig) – auch jene, die versuchen, Steffi Grafs hinterzogene Steuermillionen aufzuspüren. Gerade die Finanzbeamten bringen dem Staat dabei geradezu doppelt Geld ein: zum einen, weil sie die Einkommen- und Lohnsteuererklärungen der Bürger bearbeiten und damit Steuerhinterziehungen verhindern sollen – und zum anderen, weil sie dafür auch noch billig arbeiten.

Warum, möchte man fragen, werden Finanzbeamte so knapp gehalten angesichts ihrer für den finanzschwachen Staat bedeutungsvollen geldeintreibenden Tätigkeit? Die Vermutung drängt sich auf, daß man annimmt, wer selbst so knapp ist, um so leichter und besser (weil hungriger) bei den etwas mehr Verdienenden abkassiert. Bei Spitzenverdienern jedenfalls werden diese Kurzgehaltenen nicht richtig zum Einsatz gelangen, denn hier verfügt man über einen gutbezahlten Steuerberater, der sich mit allen Tricks auskennt und Gelder seiner Mandantschaft entsprechend zu verteidigen weiß.

Nicht nur in der Stadt München häufen sich gerade in den letzten Jahren die Versetzungsgesuche kleiner und mittlerer Polizei- und Finanzbeamter, die lieber auf dem Land (und da vor allem mit erheblich billigeren Mieten) leben wollen. Überdies beklagen viele Behörden einen Personalmangel, da es die Finanzfachkräfte in die freie Wirtschaft zieht, wo sie deutlich mehr verdienen.

Politik

Kein Wunder also, daß es gerade die Staatsdiener in die Politik zieht. Fast die Hälfte (exakt: 48 Prozent) der **Abgeordneten** des Deutschen Bundestags sind Beamte und Angestellte des öffentlichen Dienstes. Verübeln kann man es ihnen wahrlich nicht: Ihr Risiko, es mit einer politischen Karriere zu versuchen, ist gleich Null, da sie jederzeit auf ihren alten Posten zurückkehren können. Und mehr Geld gibt es für die politische Tätigkeit in der Regel auch.

Die Bundestagsabgeordneten müssen nicht darben: 11 300 DM monatlich beträgt ihr Einkommen zur Zeit. Fast jeder Abgeordnete fügt übrigens an dieser Stelle hinzu, daß er »selbstverständlich kein 13. Monatsgehalt« erhält. Hinzu kommen jeden Monat noch einmal 6 142 DM als steuerfreie Kostenpauschale, von der die Abgeordneten in der Regel eine persönliche Hilfskraft bezahlen, die ihnen im Wahlkreis oder in Bonn zuarbeitet.

Richtig rosig aber sieht es für den Bundestagsabgeordneten aus, wenn er (oder sie) sich aufs Altenteil zurückzieht. Denn gerade im Alter sind die Mandatsträger in der Bundesrepublik wirklich gut versorgt. So erwirbt jede/r, der/die acht Jahre im Parlament war, bereits einen Rentenanspruch von 2 712 Mark im Monat. Es gilt also, mindestens zwei Legislaturperioden zu überstehen, sonst geht man leer aus. Wer »nur« acht Jahre im Bundestag war, kommt erst ab dem 65. Lebensjahr in den Genuß der Pension – egal ob Mann oder Frau. Durchhalten lohnt sich also, denn mit jedem weiteren Jahr Mandatsdauer sinkt das Renteneintrittsalter ebenfalls um ein Jahr – bis maximal auf 55 Jahre. Gleichzeitig steigt die zu erwartende Pension: Wer es auf 12 Jahre im Bundestag bringt, kann sich schon auf 4 068 Mark freuen, nach 23 Jahren auf den harten Bonner Abgeordnetenstühlen erreicht man den Höchstsatz von 7 797 Mark monatlicher Pension.[6]

Wenn die einfachen Abgeordneten schon so gut versorgt werden, dürfen die Spitzenpolitiker natürlich nicht benachteiligt sein. Die haben noch dazu den Vorteil, daß sie schon vor der Pension recht üppige Einkommen beziehen. Lediglich die Spitzenverdiener der deutschen Wirtschaft dürften sich über eine bessere Altersversorgung freuen.

Das Salär des Bundeskanzlers, der Bundesminister und der Staatssekretäre richtet sich – wie oben bereits erwähnt – nach der obersten Beamtenbesoldungsstufe B11. Der genaue Schlüssel, nach dem es berechnet wird, findet sich im Paragraphen 11 des Bundesministergesetzes.

Danach erhält **Bundeskanzler** Helmut Kohl ohne weitere Zulagen ein Grundgehalt von 30969,08 DM im Monat. Er erreicht das 8,4fache des Durchschnittseinkommens eines Arbeiters. Im internationalen Vergleich liegt damit der deutsche Regierungschef auf Platz drei, nach Singapur (56,2facher Satz des Arbeitereinkommens) und Südafrika (11,3) und vor Japan (8,2), Schweiz (6,7), Tschechien (6,5), USA (6,2), Thailand (5,7), Großbritannien (5,3), Frankreich (4,4), Schweden (4,2), Italien (3,1), Kanada (3,1) und Rußland (2,0).[7]

Die **Bundesminister** bringen es (ebenfalls ohne Zulagen) auf 25978,62 DM, die **Staatssekretäre** immerhin noch auf 18808,97 Mark.

Besser gestellt ist nur noch **Bundespräsident** Roman Herzog, der zudem eine der schönsten Amtswohnungen der Republik (nämlich Schloß Bellevue in Berlin) sein eigen nennen darf – jedenfalls solange er der ranghöchste Mann der Bundesrepublik ist. Er erhält zehn Neuntel der Einkünfte des Bundeskanzlers und damit 381940 DM pro Jahr. Hinzu kommt eine steuerfreie Aufwandspauschale von 11000 DM im Monat, die er für Hauspersonal, Kleidung und andere Ausgaben im Zusammenhang mit seinen Repräsentationspflichten verwenden kann (Jahresgesamteinnahme ca. 514 TDM).

Zusätzlich gibt es noch einen jährlichen Fonds in Höhe von 700000 Mark für »außergewöhnlichen Aufwand aus dienstlicher Veranlassung in besonderen Fällen«.[8]

Jetzt aber kommt der Clou: Nach Ausscheiden aus seinem Amt erhält der Bundespräsident auf Lebenszeit 100% seiner Amtsbezüge unter der Bezeichnung »Ehrensold«.[9]

Wenn auch die Aktivenbezüge akzeptabel erscheinen, so der Verwaltungswissenschaftler und Jurist Professor Hans Herbert von

Arnim, sind doch die 100%igen Altersbezüge einzigartig. Hinzu kommt eine Ausstattung mit Dienstwagen und Fahrer, persönlichem Referenten, Bürokraft und Erstattung der Sachausgaben für die Zeit danach.[10]

Das Thema Einkommen und Gehälter bewegt auch Bundespräsident Roman Herzog, der darauf bei der Eröffnung der Hannover-Messe Ende April 1996 zu sprechen kam:

»Wir werden (...) nicht um einschneidende Maßnahmen herumkommen, und – lassen Sie mich das in aller Deutlichkeit sagen – auch diese Maßnahmen müssen alle treffen: Beamte, Angestellte, zumindest von der Ebene des gehobenen Dienstes an, und Arbeiter, Richter und Professoren, Abgeordnete und Minister, Regierungschefs und Staatsoberhäupter. Ich lese da in der Zeitung, ich verdiene zu wenig, werde mich aber darauf nicht berufen. Im Gegenteil. Und ganz am Rande: Auch in den obersten Etagen unseres Wirtschaftslebens, Medienwesens, Wissenschafts- und Kulturlebens gibt es Gehälter, die mir unter den obwaltenden Umständen und auch bei mancher Beurteilung mancher individueller Leistung oder Nichtleistung nicht mehr ganz einleuchten.«[11]

Gut verdient auch **Bundestagspräsidentin** Rita Süssmuth. Ihr Gehalt ist am leichtesten zu berechnen; sie erhält schlicht und einfach die doppelten Abgeordnetenbezüge, also 22 600 Mark im Monat, zu denen ihre Aufwandspauschale als Abgeordnete (6 142 DM) hinzukommt. Die insgesamt vier Vizepräsidenten des Bundestages erhalten immerhin noch den eineinhalbfachen Satz des einfachen Abgeordneten.

Egal wie unterschiedlich das Amtsgehalt der Politiker berechnet wird: Ein sorgenfreier Lebensabend erwartet sie alle (zumindest finanziell). So bekommen ehemalige Regierungsmitglieder nach dem Ausscheiden aus ihrem Amt zunächst einmal ein Übergangsgeld bezahlt. Drei Monate lang erhalten sie weiter ihr volles Gehalt, danach die Hälfte – und das bis zu drei Jahren.

Und wer dann schon im entsprechenden Alter ist, kann es sich mit einer üppigen Pension gemütlich machen: Schon nach zwei Jahren Regierungszugehörigkeit erwirbt ein Minister Pensionsansprüche in

Höhe von 15 Prozent seiner Amtsbezüge. Nach drei Jahren sind es 20, nach vier Jahren 29 Prozent. Die Pensionsansprüche steigen stetig weiter bis sie nach 23 Jahren den Höchstsatz von 75 Prozent erreicht haben. Unter den Bundesministern hat das bisher allerdings erst Hans-Dietrich Genscher geschafft.

Das ist bei den **Ministerpräsidenten** der Bundesländer nicht anders. Für sie gelten ähnlich großzügige Pensionsregelungen, und die meisten von ihnen haben durch ihre langen Amtszeiten auch gute Chancen, kräftig zu kassieren. Ihr Einkommen berechnet sich ebenfalls aus der Staatssekretärsstufe B 11, auf die allerdings noch einmal 10 bis 20 Prozent draufgelegt werden. Hinzu kommen Ortszuschläge und Dienstaufwandsentschädigungen in unterschiedlicher Höhe, so daß die Gehälter der Länderfürsten so aussehen:[12]

Johannes Rau, SPD Nordrhein-Westfalen	27 005,93 DM (plus ca. 8 000 DM aus Abgeordnetenmandat)
Edmund Stoiber, CSU Bayern	28 029,14 DM (plus ca. 8 000 DM aus Abgeordnetenmandat)
Erwin Teufel, CDU Baden-Württemberg	ca. 25 000 DM (plus 5530 DM aus Abgeordnetenmandat)
Gerhard Schröder, SPD Niedersachsen	24 623,98 DM
Hans Eichel, SPD Hessen	22 902,27 DM
Kurt Biedenkopf, CDU Sachsen	19 313,15 DM
Kurt Beck, SPD Rheinland-Pfalz	21 875,95 DM
Eberhard Diepgen, CDU Berlin	ca. 23 500 DM

Reinhard Höppner, SPD Sachsen-Anhalt	18 436,76 DM
Heide Simonis, SPD Schleswig-Holstein	20 766,00 DM
Manfred Stolpe, SPD Brandenburg	ca. 20 000 DM
Bernhard Vogel, CDU Thüringen	20 641,74 DM
Bernd Seite, CDU Mecklenburg-Vorpommern	17 836,77 DM
Henning Voscherau, SPD Hamburg	23 873,98 DM
Oskar Lafontaine, SPD Saarland	21 875,95 DM
Henning Scherf, SPD Bremen	19 696,32 DM

Die meisten Regierungschefs haben überdies noch Aufsichtsratsmandate inne, dürfen in der Regel jedoch nicht mehr als 24 000 Mark pro Jahr aus diesen Nebentätigkeiten in die eigene Tasche fließen lassen; der Rest muß an die Landeskasse abgeführt werden.

Am günstigsten kommen übrigens die Thüringer mit ihrem Ministerpräsidenten weg: Bernhard Vogel erhält nur 9 Prozent des ihm zustehenden Salärs, weil er aus seiner jahrelangen Tätigkeit als Minister und Regierungschef in Rheinland-Pfalz bereits 75 Prozent seiner alten Bezüge als Pension erhält. Da man auf Pensionen nicht verzichten darf, diese jedoch mit dem neuen Einkommen verrechnet werden, ist Vogel also ein echtes »Sonderangebot«.

Im Schnitt kann man davon ausgehen, daß die Ministerpräsidenten über ein Einkommen zwischen 30- und 40 000 Mark monatlich verfügen. Das sind im Jahr schlechtestenfalls 350 000 Mark, aber auch bis hin zu über 500 000 Mark.

Freie Wirtschaft

Die imposanten Zahlen der Gehälter für Spitzenpolitiker mögen die kleinen Beamten, die am anderen Ende der Besoldungsskala eingestuft werden, vor Neid erblassen lassen. Doch sie sind nichts im Vergleich zu den gigantischen Summen, die in der sogenannten freien Wirtschaft ausgehandelt und bezahlt werden. Zwischen jenen Spitzenmanagern, die ihre Preise geradezu diktieren können, und den anderen, die mit einem kleinen Tarifgehalt über die Runden kommen müssen, klafft das Einkommensgefälle noch viel weiter auseinander.

So wäre Mark Wössner, *Bertelsmann*-Vorstandschef, der mit rund 5,5 Millionen Mark Jahresgehalt den einstigen *Springer*-Chef und absoluten Spitzenverdiener Peter Tamm (5,4 Millionen) gehaltlich überflügelt hat[13], wohl kaum dazu zu überreden, den Posten des Bundeskanzlers zu übernehmen.

Jürgen Schrempp, Vorstandsvorsitzender der *Daimler Benz AG*, gehört mit 2,7 Millionen Mark Jahresverdienst[14] ebenfalls zu den Top-Verdienern, wie sein Kollege *BMW*-Vorstandschef Bernd Pitschetsrieder mit seinen rund 2,5 Millionen Mark.[15]

Neben diesen Großverdienern wirkt der Kanzler mit seinen bescheidenen nicht mal 500 000 Mark fast wie ein kleiner Beamter.

Auch der Chef der *Deutschen Bank*, Hilmar Kopper, dürfte wenig Interesse an einem Regierungsjob haben; er verdient 2,2 Millionen Mark pro Jahr[16] – plus einer guten halben Million (um präzise zu sein, 568 823 DM; Stand 1992/93) aus damals insgesamt neun Aufsichtsratsmandaten.[17]

Klar, daß man bei so vielen Posten schon mal vergessen kann, wo man eigentlich überall für gutes Geld mitmischt. Bei der *RWE*-Hauptversammlung 1992 von dem Kleinaktionär und Wirtschaftswissenschaftler Leonhard Knoll auf seine Aufsichtsratsmandate angesprochen, kam Hilmar Kopper coram publico ins Stocken und hätte diese wohl kaum ohne seinen rettenden Spickzettel aufzählen können.[18]

Mittlerweile sind es übrigens elf Aufsichtsratsmandate, wie einem *Spiegel*-Interview zu entnehmen ist.[19]

Als Aufsichtsratsvorsitzender bei *Daimler-Benz* betrugen Koppers

Tantiemen[20] ca. 215 000 DM, bei *KHD* in gleicher Funktion ca. 20 000 DM, bei den anderen Unternehmen sah die Honorierung für das Aufsichtsratsmandat jeweils so aus: *Veba* (ca. 83 000 DM), *Bayer* (ca. 79 000 DM), *Mannesmann* (ca. 51 000 DM), *Linde* (ca. 46 000 DM), *Münchener Rück* (ca. 35 000 DM), *RWE* (ca. 28 000 DM).[21]

»Wenn bei der Lufthansa ein Aufsichtsratsposten neu vergeben wird«, berichtet die *Wirtschaftswoche*, »stehen die Politiker vor dem Kanzleramt Schlange. Kein Wunder: Die Bundesregierung vergibt als Großaktionär der Airline einige der schönsten Nebenjobs im Lande. Zwar erhalten die Auserwählten nur die vergleichsweise bescheidene Vergütung von 8 550 Mark pro Jahr. Als Extra dürfen die Aufseher aber samt Ehefrau oder Lebensgefährtin auf dem gesamten Streckennetz so oft sie wollen zum Nulltarif fliegen – erster Klasse, versteht sich. Ein üppiges Honorar für vier Sitzungen pro Jahr.«[22]

Hilmar Kopper ist auch Aufsichtsratsmitglied bei der *Lufthansa*.

Bis zu 900 000 Mark kassieren Aufsichtsratsmitglieder für wenige Sitzungen im Jahr. »Ich habe mich noch nie länger als einen Abend auf eine Aufsichtsratssitzung vorbereitet«, bestätigte *Hypo-Bank*-Chef Martini seinen Aktionären auf der Hauptversammlung 1994. »Der Aufsichtsratsvorsitzende Götte versuchte eilig, diese Äußerung in ein anderes Licht zu rücken, indem er auf die unterschiedliche Brisanz von Aufsichtsratssitzungen hinwies: ›Ich glaube, jeder von uns hat sich schon einmal auf wichtige Aufsichtsratssitzungen länger vorbereitet.‹ Doch er hatte offensichtlich nicht mit der Hartnäckigkeit eines Eberhard Martini gerechnet, der bei nächster Gelegenheit zum Besten gab: ›Ich habe das genau so gemeint, wie ich das gesagt habe; ich habe mich noch *nie* länger als einen Abend auf eine Aufsichtsratssitzung vorbereitet. Wer behauptet, sich länger vorzubereiten, der hat zuviel Zeit – oder er sagt nicht die Wahrheit.‹«[23]

Liegt hier vielleicht eine Erklärung vor für das klägliche Versagen jeder Kontrollfunktion der Aufsichtsräte bei gravierenden »Betriebsunfällen« und Managementpannen wie sie verbunden sind z.B. mit den Namen *Metallgesellschaft*, *Daimler-Benz* und *Bremer Vulkan*?

Zurück zu den Verdiensten:

Ebenfalls noch zu den Top-Verdienern der Republik gehört

Siemens-Chef Heinrich von Pierer mit 1,6 Millionen Jahresgehalt.[24] Alles Peanuts, sagen jedoch die Betroffenen; sie fühlen sich im Vergleich zu ihren amerikanischen Kollegen eklatant unterbezahlt. Und in der Tat könnten Schrempp und Co. mit ihren ein, zwei Millionen pro Jahr auf dem US-Markt kaum reüssieren: *IBM*-Chef Louis Gerstner z. B. verdient 20 Millionen Mark pro Jahr, davon allein 12 Millionen aus seinen Aktienoptionen an der Firma.[25]

Und so hat man nun auch in der Bundesrepublik einen kleinen Systemfehler entdeckt. Ihr Traumgehalt mehren können die Manager nämlich nur so richtig, wenn sie die Firma wechseln. Jetzt wird bei *Daimler-Benz* und der *Deutschen Bank* bereits darüber debattiert, ob man Topleute im Unternehmen hält, indem man ihr Salär an die Aktienentwicklung des Konzerns koppelt (s. dazu ausführlicher S. 114, 184).

Nicht mitreden kann bei alledem Dr. Jürgen Schneider. Vor den Zahlen, die mit seinem Namen verbunden sind, prangt ein dickes Minus: So haben seine 50 Gläubigerbanken noch 2 Milliarden Mark von ihm zu kriegen, allein bei der *Deutschen Bank*, die dafür das schöne Wort von den Peanuts geprägt hat, steht er mit einer halben Milliarde in der Kreide. Das Nachsehen bei diesem Monopoly haben die 850 Handwerker, Lieferanten und Architekten, die vermutlich leer ausgehen werden.[26]

Nicht schlecht verdienen aber auch **Geschäftsführer** mittelständischer Unternehmen (500–1500 Mitarbeiter) im Maschinen- und Fahrzeugbau mit durchschnittlich etwa 350000 Mark pro Jahr. In der Chemie- und Pharmabranche beträgt der Jahresverdienst ca. 380000 Mark, im Metallgewerbe sogar 390000 Mark. Nur das Handwerk liegt mit 290000 Mark deutlich niedriger.[27]

Bessere **Fachkräfte**, jedoch ohne Führungsverantwortung, bringen es in diesen Branchen auf durchschnittlich etwa 90000 DM (Maschinen- und Fahrzeugbau, Metallgewerbe, Handwerk) und 95000 DM (Chemie- und Pharmabranche).

Führungspositionen auf der **Bereichsleiterebene** in den Sparten Personal, Vertrieb, EDV, Consulting und sogar in der PR bescheren im Durchschnitt in mittelständischen Betrieben ein Einkommen um die 200000 DM. Am wenigsten lohnt sich der Bereich Sozial- und Gesundheitswesen (mit etwa 140000 DM).[28]

Wer verkaufen kann, hat bei den Gehältern die Nase vorn, und somit gehören die **Außendienstler** (überwiegend erfolgsabhängig entlohnt) in Handel und Industrie zu den Spitzenverdienern. »Über alle Branchen gemittelt liegt (in den alten Bundesländern) ihr Durchschnittsgehalt bei jährlich 94000 Mark.«[29] Top-Verkäufer überschreiten sogar die 200000-Mark-Grenze.[30]

Vor diesem Hintergrund nimmt sich das Einkommensgefüge der sogenannten kleinen Leute bescheiden aus. Und geradezu grotesk mutet dabei an, daß sie den Löwenanteil des Steueraufkommens in der Bundesrepublik bezahlen.

So beginnt eine **Verkäuferin** ihr Berufsleben nach der Ausbildung mit ganzen 2200 Mark brutto[31], nach fünf Jahren liegt ihr Gehalt bei durchschnittlich 2780 Mark.

Und auch viele Traumberufe warten mit einer finanziellen Ernüchterung auf. Für den anstrengenden Service über den Wolken erhält eine **Stewardess** nach fünf Jahren Tätigkeit im Durchschnitt gerade mal 2668 Mark. Dieses Gehalt können mit Spesen und Übernachtungspauschalen nur jene spürbar aufbessern, die regelmäßig auf Fernflügen eingesetzt werden. **Piloten** haben es da besser. Ihre hohe Verantwortung wird entsprechend vergütet: Rund 10000 Mark monatlich erhalten Piloten am Beginn ihrer Laufbahn, nach fünf Jahren sind es bereits 15000 Mark.

Auch das Handwerk hat nur da goldenen Boden, wo es in Selbständigkeit und nicht lohnabhängig ausgeübt wird. Wenden wir uns zunächst den durchschnittlichen Gesellen-Stundenlöhnen (brutto) zu.

Sie betragen für **Zentralheizungs- und Lüftungsbauer** 24,37 DM, **Klempner, Gas- und Wasserinstallateure** 24,05 DM, **Maler, Lackierer** 23,54 DM, **Tischler** 22,98 DM, **Metallbauer** 22,76 DM, **Kraftfahrzeugmechaniker** 22,54 DM, **Elektroinstallateure** 22,37 DM, **Fleischer** 21,45 DM, **Bäcker** 21,18 DM.[32] Wer die Handwerkerstunde bezahlt, muß im Schnitt mit 65 Mark rechnen, hinzu kommen Fahrtkosten und meistens eine sog. Werkstattwagenpauschale, so daß die Kostenstunde für den Verbraucher eher bei 90 Mark plus Mehrwertsteuer liegt.

Ein angestellter **Goldschmied** verdient nach seiner Ausbildung etwa 2 200 Mark brutto und kann es nach fünf Jahren auf 3 400 Mark bringen. **Elektriker** haben nach der Ausbildung ein Anfangsgehalt von knapp unter 3 000 Mark monatlich, Berufe des metallverarbeitenden Gewerbes wie z. B. **Werkzeug- oder Industriemechaniker** liegen noch etwa 300 Mark darunter. Das gleiche erhalten **Gas- und Wasserinstallateure**. Berufe in der Baubranche gelten als krisenanfällig, die Löhne gleichzeitig aber auch als schnell steigerungsfähig. Der Durchschnittslohn eines **Bauarbeiters** liegt über 4 000 DM monatlich.

Gewisser Beliebtheit erfreuen sich auch Berufe wie Tierpfleger oder Gärtner, richtig gut bezahlt sind sie aber nicht: **Tierpfleger** erhalten in den ersten fünf Jahren nach der Ausbildung zwischen 2 180 und 2 930 Mark. Das Gehalt eines **Gärtners** liegt im gleichen Zeitraum zwischen 2 800 und 3 200 Mark.

Wie in vielen Branchen verdienen auch im Hotel- und Gaststättenbereich trotz ungünstiger Arbeitszeiten nur die Chefs gut: **Hotelfachmänner und –frauen** erhalten nach der Ausbildung etwa 2 500 Mark (plus Trinkgelder, sofern man in seinem Job Kontakt mit Gästen hat). Auch **Köche und Köchinnen** verdienen kaum mehr und müssen sich erst langsam hocharbeiten. Die bestbezahlten Stellen haben wie so oft auch in dieser Branche meist Männer. Oder kennen Sie besonders viele Hoteldirektorinnen? Wer diesen Job ergattert, verdient zwischen 5 000 (in kleineren Häusern) und 9 000 Mark im Monat. Eine Handvoll **Hoteldirektoren** in Deutschland kommt auf bis zu 150 000 Mark im Jahr.

Noch einmal zur Verdeutlichung das Durchschnittseinkommen von Arbeitern und Angestellten, unterteilt nach Männern und Frauen, alten und neuen Bundesländern (Zahlen für die neuen Bundesländer jeweils in Klammern).

Der durchschnittliche Brutto*wochen*verdienst beträgt für **Arbeiter** in Industrie (einschließlich Hoch- und Tiefbau) und Handwerk 1 038 Mark (770 Mark), für **Arbeiterinnen** 737 Mark (577 Mark).[33] Das sind auf den Monat hochgerechnet ca. 4 600 Mark für Männer (3 400 Mark), für Frauen 3 300 Mark (etwas über 2 500 Mark).

Der durchschnittliche Bruttomonatsverdienst für **Angestellte im Einzelhandel** liegt bei 4 744 Mark (3 554 Mark), für ihre Kolleginnen bei 3 410 Mark (3 096 Mark).[34]

Für **Bankangestellte:** 5 774 Mark (4 277 Mark), für die Kolleginnen 4 462 Mark (3 633 Mark).[35]

Im **Versicherungsgewerbe** 6 086 Mark (4 529 Mark) für Angestellte, Frauen bekommen 4 462 Mark (4 213 Mark).[36]

Eklatant ist die unterschiedliche Bezahlung von Frauen und Männern. Im Schnitt bekommen Frauen rund 30 Prozent (in den neuen Bundesländern rund 25 %) weniger als Männer. In der Bank- und Versicherungsbranche ist der Unterschied geringer (ca. 20 %).

Gesundheitsberufe[37]

Auch hier zeigen sich krasse Einkommensunterschiede. So gibt es in nicht wenigen Universitätsstädten festangestellte **Chefärzte** an Universitätskliniken, die allein mit ihren jährlichen Nebeneinkünften aus der Behandlung von Privatpatienten die Millionengrenze überschreiten, während die **Krankenschwester,** die bei der Visite assistiert und diejenige ist, die sich hauptsächlich um den Patienten kümmert, mit Ach und Krach auf 3 000 Mark brutto im Monat kommt.

Mit 130 000 Mark Tarifgehalt im Jahr müssen sich Chefärzte in der Hauptstadt – was städtische Krankenhäuser betrifft – begnügen (etwa 10 000 DM Monatslohn bei 13 Gehältern). Damit ihnen die Lust an ihrer Tätigkeit nicht ganz vergeht (andernorts wird bis zu einer Million Festgehalt geboten), dürfen sie Nebeneinkünfte durch Privatpatienten realisieren. 1994 erzielten in Berlin 194 Chefärzte Privateinkünfte in Höhe von 42,8 Millionen DM, 18 Millionen mußten sie davon an ihre Krankenhäuser abführen. Rein statistisch gesehen blieben so für jeden Chefarzt durchschnittlich neben seinen 10 000

DM Monatsgehalt weitere runde 10 000 DM pro Monat an Privatliquidation.[38]

Bei den Ärzten sind es neben den Chefärzten vor allem die **niedergelassenen Ärzte** mit eigener Praxis, die am meisten verdienen, allerdings mit gravierenden Unterschieden zwischen den Fachrichtungen. Ärzte mit einer Allgemeinpraxis haben im Durchschnitt ein Jahreseinkommen von 159 000 Mark. Spezialisierte Ärzte (z.B. Röntgenärzte), die in ihre Praxen in der Regel aber auch erheblich mehr Geld investieren mußten, kommen (bisher noch) auf 300 000, Orthopäden auf 285 000 Mark. Der durchschnittliche Reinertrag vor Steuern einer freien Arztpraxis wird für 1994 mit 185 000 DM angegeben. Damit müssen die Ärzte erstmalig seit den sechziger Jahren mit einem deutlich niedrigeren Reinerlös auskommen.[39]

Jedoch geht überall die große Angst um, daß aufgrund der Seehoferschen Sparmaßnahmen demnächst eine Pleitewelle auch Arztpraxen erfaßt. Kinderärzte und Psychiater befinden sich schon jetzt am unteren Ende der Einkommensskala.

Der finanzielle Segen der immer noch gut gehenden Arztpraxen wirkt sich auf das Gehalt von **Arzthelferinnen** allerdings nicht aus: Sie verdienen anfangs zwischen 2 100 und 2 400 Mark; minimale Gehaltssteigerungen können aufgrund von Zusatzqualifikationen erfolgen.

Diplompsychologen oder gar **Heilpraktiker**, aber auch **Veterinärmediziner** bilden im Spektrum der Heilberufe finanziell gesehen das Schlußlicht und arbeiten oftmals in freien Praxen, die weniger als die Hälfte eines durchschnittlichen Akademikergehaltes abwerfen.

Das Durchschnittsjahreseinkommen der rund 50 000 in freier Praxis tätigen **Zahnärzte** beträgt in den alten Bundesländern 200 000 Mark, in den neuen 150 000. Für die Neugründung einer Praxis sind allerdings auch rund 500 000 Mark erforderlich.[40] Also muß wohl beim Personal gespart werden, denn **Zahnarzthelferinnen** verdienen kaum mehr als 2 500 Mark monatlich.

Egal ob Allgemein- oder Facharzt – für **Krankenhausärzte** ist das Gehalt wesentlich niedriger, der Streß dafür aber nicht geringer. So hat ein frisch approbierter (zugelassener) Mediziner ohne Feiertags-

und Nachtzuschläge knapp 5700 Mark brutto, mit Zuschlägen verdient er vielleicht 6500 Mark. Doch gerade der ärztliche Nachwuchs kommt nicht um die Ausbildung im Krankenhaus herum – weshalb er für den Pflichtteil seiner Ausbildung auch noch herzlich schlecht bezahlt wird. Bevor die angehenden Mediziner sich um die wenigen Assistenzarztstellen streiten können, müssen sie 18 Monate als »Arzt im Praktikum« (AiP) arbeiten – mit einem Monatsverdienst zwischen 1900 und 2400 Mark brutto –, aber der vollen Verantwortung. Wie Großmutter schon wußte: Lehrjahre sind eben keine Herrenjahre.

Kirche

Sichere Planstellen, geregeltes Einkommen: Wer sich zum Dienst in der Kirche berufen fühlt, wird sich wenig Gedanken um das Einkommen machen. Und wer eine Planstelle ergattert, die allerdings angesichts geringerer Kirchensteuereinnahmen ebenfalls knapper werden, muß sich auch keine Sorgen machen.

In der Katholischen wie der Evangelischen Kirche werden die **Pfarrer** den Studienräten an Gymnasien vergleichbar bezahlt (allerdings nicht mehr überall mit 13 Gehältern). Das heißt, sie erhalten zwischen 5500 und 6000 DM. Über die Einkommen in den höheren Hierarchiestufen schweigen sich beide Kirchen allerdings aus. Vagen Hinweisen ist zu entnehmen, daß ein katholischer **Bischof** etwa so viel wie ein Staatssekretär bezieht (s.o.).

Sport

Der Sport wird oft als die wichtigste Nebensache der Welt bezeichnet, für ein paar tausend Hochleistungssportler in Deutschland ist er jedoch viel mehr als das. Spitzensportler sind immer häufiger gleichzeitig auch Profisportler – wenn sie es sich leisten können.

Bei den Tennisassen Steffi Graf und Boris Becker, die mit ihren Erfolgen einen wahren Boom im weißen Sport ausgelöst haben, ist das kein Problem. So wird Boris Beckers Vermögen auf insgesamt 150 Millionen Mark geschätzt. Viel weniger dürfte auch Steffi Graf nicht »wert« sein.

Neben den Tennisstars sind es in Deutschland vor allem die **Profi-Fußballer**, die Traumgehälter beziehen. Während Bundestrainer Berti Vogts auf ein Jahreseinkommen von 350 000 Mark geschätzt wird[41] – ähnlich wie das Gehalt seines Freundes Helmut Kohl –, sahnen vor allem die Stars der Nationalelf richtig ab. So heißt es von Jürgen Klinsmann, Lothar Matthäus, Matthias Sammer und Andreas Möller, sie hätten jeweils ein Jahreseinkommen (inklusive Werbeeinnahmen) von vier Millionen Mark. Franz Beckenbauer erklärte in einem Interview, er habe 1964 etwa 400 Mark im Monat verdient und in den 70er Jahren dann ein Jahresgehalt von 200 000 Mark gehabt. Heute wird sein Vermögen auf 40 Millionen Mark geschätzt.[42]

Das ist so viel, wie Michael Schumacher laut Branchengerücht vom Autohersteller *Ferrari* für seinen Vertrag als Formel-1-Pilot bekam.

Aber auch die **Fußballtrainer** gehen heutzutage nicht mehr leer aus. Sie verdienen mittlerweile auch im Amateurbereich ganz gut. So werden sogar schon bei Regionalliga-Vereinen Gehälter bis zu 12 000 Mark pro Monat gezahlt. Und wenn der Trainer dann wegen Erfolglosigkeit gefeuert wird, gibt es auch in der Provinz satte Abfindungssummen im sechsstelligen Bereich.[43] 3 Millionen Mark beträgt das Jahreseinkommen von Ottmar Hitzfeld, Trainer von Borussia Dortmund.[44]

Davon können jene 3 600 **Hochleistungssportler**, die von der Deutschen Sporthilfe gefördert werden, nur träumen. Eingeteilt nach Leistungen in A-, B- und C-Kader, werden sie mit 150 bis 2 000 Mark monatlich unterstützt. Über 24 Millionen Mark pro Jahr verteilt der Deutsche Sportbund jedes Jahr an seine 3 600 sogenannten Kadersportler. Das sind statistisch gesehen für jeden 500 Mark pro Monat. Allerdings wird jeder Fall individuell geprüft und gefördert. Das kann für den einen die Fahrt zur Wettkampfstätte sein, für den anderen der Verdienstausfall wegen des Trainings für Olympia. Gemeinsam ist den

Geförderten eines: die soziale Bedürftigkeit. Denn die Werbemillionen und üppigen Antrittsprämien für Starts bei internationalen Sportfesten verteilen sich nur auf einige wenige, die im Rampenlicht stehen.

Kunst

Das gilt auch für die Künstler. Die Tarifregelungen an Deutschen Bühnen gehören zu den kompliziertesten überhaupt, lassen sich aber auf einige sehr ernüchternde Zahlen komprimieren. So muß jeder **Schauspieler** seinen Vertrag und seine Gage selbst aushandeln. Man mag allen einen tüchtigen Geschäftssinn dabei wünschen, denn die Mindestgage für Schauspieler in Deutschland beträgt ganze 2500 Mark. Ähnlich sieht es bei den **Musikern, Sängern und Tänzern** aus. Hier ist die Einstufung noch komplizierter, weil sie analog zur qualitativen Einschätzung des Orchesters bzw. des Hauses erfolgt, an dem der Künstler beteiligt ist.

Von den Millioneneinnahmen der »Drei Tenöre« Luciano Pavarotti, José Carreras und Placido Domingo können sie natürlich nur träumen. Allein das Jahreseinkommen von Pavarotti wird auf ca. 32 Millionen Mark geschätzt.[45] Damit ist er wahrscheinlich der bestverdienende Opernsänger aller Zeiten.

Die gemeinsame Tournee der drei Tenöre im Sommer 1996 hat jedem eine mutmaßliche Gage in zweistelliger Millionenhöhe eingebracht. Über genaue Zahlen schweigen sich die Betroffenen natürlich aus. Placido Domingo verteidigte seine Einnahmen in einem Interview[46] mit dem Hinweis, daß man den Rolling Stones ihre Millionen ja auch nicht verübeln würde. Im übrigen habe auch er sich hochgearbeitet und an der New Yorker City Opera mit 150 Dollar Wochengage angefangen.

Der Star-**Dirigent** Carlos Kleiber soll für ein von Audi gesponsertes Konzert in Ingolstadt im Frühjahr 1996 eine halbe Million Mark bekommen haben.[47] Die *FAZ* überschrieb ihre Musikkritik zu diesem Ereignis mit der Zeile »Dem teuren schönen Tuten«.[48]

Literatur

Ebenso wie die Gagen der Musiker klaffen auch die Einkünfte der Autoren auseinander. Das Stichwort »brotlose Kunst« trifft für die **Schriftsteller** besonders zu. Nur eine Handvoll von ihnen kann wirklich davon leben. So haben im Jahr 1991 die rund zehntausend bei der Künstlersozialkasse versicherten Autoren ein Durchschnittseinkommen von je 24 992 Mark erzielt – das Bild vom armen Poeten drängt sich hier förmlich auf.

»Die Literatur ist eine Ware und der Autor ihr Sklave«, hat Peter Härtling einmal gesagt, obwohl er selbst längst zu den Besserverdienenden gehört. Sechsstellige Summen zahlen Verlage für seine Manuskripte. Auch Günter Grass, Martin Walser und Siegfried Lenz leben gut von den Früchten ihrer Arbeit. Die Kollegen aus dem leichteren Genre wie Utta Danella, Mario Simmel und vor allem Heinz G. Konsalik haben sich sogar Millionenvermögen zusammengeschrieben. Doch sie sind die großen Ausnahmen von der Regel, da die Literatur ihre Schöpfer nicht reich macht.

Gut dran sind Top-Drehbuchautoren wie z. B. Felix Huby, der 50 000 Mark für ein »Tatort«-Drehbuch bekommt. Nach eigenen Angaben braucht er dafür weniger als einen Monat Arbeitszeit. Jede Wiederholung bringt bei den Öffentlich-Rechtlichen das gleiche Honorar.[49]

Journalismus

Etwas tröstlicher ist der Verdienst bei den Journalisten, weshalb es nicht wenige Grenzgänger aus der Schriftstellerei in diesem Metier gibt.

So erhalten **Redakteurinnen und Redakteure** an Tageszeitungen ein Tarifgehalt zwischen 4 600 Mark brutto (1. Berufsjahr) und 7 500 Mark brutto (25. Berufsjahr). Das kann man getrost als Mindestgehälter bezeichnen, da viele Zeitungen (und fast alle Zeitschriften) übertarifliche Gehälter bezahlen. Hier kommt es besonders auf Verhandlungsgeschick und den (durchaus subjektiv empfundenen) »Marktwert« an. Ein **Ressortleiter** – z.B. für den Bereich Reisen – kann es realistisch auf 9000 Mark monatlich bringen.

Die **Fernsehjournalisten** unterliegen eigenen Tarifen, die sich von Sender zu Sender unterscheiden. Für Journalisten bei den öffentlich-rechtlichen Sendern gilt in der Regel, daß sie bei etwas niedrigeren Gehältern einsteigen, ihre jahrzehntelange Treue zum Sender aber mit kräftigen Steigerungen belohnt bekommen – ein Grund, warum gerade hier eine vergleichsweise geringe Personalfluktuation unter den Redakteuren herrscht. Die Verdienstspanne reicht vom Einstiegsgehalt bei knapp unter 5000 Mark bis hin zu 10000 Mark. **Hauptabteilungsleiter oder Chefredakteure** erhalten um 15000 Mark. Die privaten Sender liegen mit ihrer Bezahlung zum Teil deutlich darunter. Ausnahme: Die bekanntesten Privatsender und ihre wichtigsten Positionen, wie z.B. der Sat-1-Chefredakteurposten, der mit 800000 Mark Jahresgehalt dotiert wird.[50]

Regelrechter »wilder Westen« herrscht dagegen bei den **freien Journalisten**, auf die Zeitungen, Zeitschriften und Fernsehsender immer häufiger zurückgreifen. Obwohl es auch hier Richtlinien für die Einstufung von Beiträgen gibt, unterliegt vieles der freien Verhandlung. Die Zeitungen zahlen meist Zeilengeld (und zwar zwischen 20 Pfennig und 3 Mark) und damit im Vergleich zu den anderen Medien, die großzügigere Pauschalen anwenden, am schlechtesten. Hier gibt es starke Schwankungen in einer Bandbreite von 1000 bis 10000 Mark und auch darüber – je nachdem, wie gut man im Geschäft ist, und das bedeutet vor allem, Verbindungen zu haben. Gut vom Schreiben leben können vor allem Autoren, die für aufwendige Zeitschriftenreportagen gebucht werden, oder Journalisten, die eigene Beiträge fürs Fernsehen machen.

*

Im Überblick. 11% aller Haushalte im Westen und 20% im Osten verfügen über ein monatliches Nettoeinkommen von weniger als

2000 Mark. 5000 Mark und mehr stehen im Westen 25% und im Osten 8% zur Verfügung. 45% (Ost: 53%) aller Haushalte verfügen über ein Monatsnettoeinkommen zwischen 2500 und 4499 Mark.[51]

Seit 1993 sind die monatlichen Durchschnitts-Nettolöhne und -gehälter in Westdeutschland von 2554 Mark auf 2540 in 1995 gefallen, in Ostdeutschland von 1909 Mark auf 2082 gestiegen.

Zwischen den neuen und den alten Bundesländern bestehen also weiterhin nicht unerhebliche Einkommensdifferenzen.

In Ostdeutschland stiegen die durchschnittlich gezahlten Löhne und Gehälter 1995 auf 82% des Westniveaus (1994: 77,6%). Die größte Differenz besteht bei den Arbeitern und Angestellten in Industrie und Bauwirtschaft in Ostdeutschland. Deren durchschnittliches Einkommen beträgt lediglich 70,5% (1994: 68,1%) ihrer Kollegen in Westdeutschland.[52]

Ausblick auf die Armut

Bei einer Kürzung der Lohn- und Gehaltsfortzahlung im Krankheitsfall auf 80 Prozent – wie von der Bundesregierung vorgesehen – würden immer mehr Arbeitnehmer unter den Sozialhilfesatz rutschen. Zu diesem Ergebnis kommt die Fachzeitschrift *Arbeit und Recht* in einer Modellrechnung. Unter Zugrundelegung eines Arbeitnehmereinkommens von 4100 Mark brutto (bei drei Kindern und einer Warmmiete von 1110 Mark) würde bei den üblichen Lebenshaltungskosten der Regelsatz der Sozialhilfe bei einer Erkrankung wie Gelbsucht oder Herzinfarkt schon um 47 Mark unterschritten. Nach sechs Wochen und einer Absenkung des Krankengelds wie geplant auf 70 Prozent hätte der Kranke schon Anspruch auf 255 Mark Sozialhilfe.[53]

Trotz 4,6 Billionen Mark Privatvermögen im Besitz der Bundesbürger gibt es auch »reichlich« Armut in Deutschland. Diese wird nach einem Vorschlag der europäischen Union definiert als Unterschreiten der 50%-Grenze des durchschnittlich verfügbaren Einkommens (also weniger als 1300 Mark). Nach Angaben der Wohlfahrtsverbände leben 7,3 Millionen Menschen in Deutschland in Armut. Dazu zählen 150 000 Obdachlose, 1 Million Menschen in Notunterkünften und 2,3 Millionen Empfänger von Sozialhilfe. 16 Millionen leben in versteckter Armut – aus Scham ihre Notlage verheimlichend, so eine Schätzung von Gewerkschaften und Wohlfahrtsverbänden.[54]

Während über 4 Millionen der Bundesbürger von den Zahlungen der Arbeitslosenkassen leben, die Realeinkommen sinken, erhöht sich die Zahl der Superreichen, der Millionäre und gar Milliardäre in unserem Land. Das Statistische Bundesamt nennt 18 099 Bundesbürger, die nach Abzug von Werbungskosten und Betriebsausgaben jährlich mehr als eine Million Mark zu versteuern haben.[55] Rund 400 Bundesbürger, so das Wirtschaftsmagazin *Forbes* 1992, besitzen mehr als 200 Millionen Mark und weitere 100 Bundesbürger sind Milliardäre.

Weltarmut. Blicken wir über den deutschen und auch europäischen Tellerrand hinaus. Die UNO hat das Jahr 1996 zum »Internationalen Jahr zur Ausrottung der Armut« gemacht. 1,31 Milliarden Menschen leben nach einem Bericht der Weltbank in absoluter Armut, d.h. sie haben pro Tag weniger als einen Dollar zur Verfügung.[56]

Die Kluft zwischen Arm und Reich wird immer breiter. Nach dem Jahresreport des Entwicklungsprogramms der Vereinten Nationen (UNDP) besitzen die 385 Dollarmilliardäre mehr als fast die halbe Menschheit auf dieser Welt.

Das Verhältnis zwischen den Einkommen des ärmsten und des reichsten Fünftels (20 %) der Menschheit verschlechterte sich in nur drei Jahrzehnten von 1:30 auf 1:60 Mitte der neunziger Jahre. Das bedeutet: 1965 haben die 20 Prozent Reichsten 30mal soviel verdient, wie die ärmsten 20 Prozent. 1995 verdienten die Reichsten bereits 60mal so viel. Aber auch die Ungerechtigkeit der Einkommensverteilung in den Industrieländern zwischen Wohlhabenden und Armen nimmt zu.[57]

IV. Verdeutlichung

Entlohnung – Theorie und Praxis

Gibt es einen gerechten Lohn?

> Nichts auf der Welt kann den Verlust
> der Freude an der Arbeit wettmachen.
> *Simone Weil*

»Bring mir den goldenen Ball wieder«, bittet die schöne Prinzessin den Frosch. »Und was krieg' ich dafür?«, möchte der Frosch wissen. »Was du willst.« »Ich will dein Spielkamerad sein und alles mit dir teilen!« »So soll es denn sein«, verspricht ihm schnell die Prinzessin, und der Frosch erledigt erfolgreich den Auftrag. Kaum aber hält die Prinzessin den goldenen Ball wieder in ihren Händen, läuft sie auf und davon. Der Frosch bleibt ohne seinen versprochenen Lohn zurück.

Angebot und Nachfrage, Auftragvergabe und Honorierung. Die meisten arbeitenden Menschen lächeln auf die Frage nach dem Grund ihres Tätigseins süffisant bis peinlich verlegen und antworten recht stereotyp mit dem Hinweis auf den von ihnen zu verdienenden Lebensunterhalt. »Ich arbeite, um zu leben – aber ich lebe nicht, um zu arbeiten.« Arbeit ist danach zuallererst der Eintausch von Zeit und Leistung gegen eine Vergütung in Form von Lohn, Gehalt, Bezügen oder Honorar.

*

»In kaum einem anderen Land wird eine derartige Geheimniskrämerei betrieben«, meint der Betriebswirt Günther Krüger und kommt zu dem Ergebnis:[1] Mit Ausnahme einiger Großunternehmen und dem öffentlichen Dienst ist das Vergütungsgefüge für den einzelnen Beschäftigten in deutschen Unternehmen nicht durchschaubar.

Mit guten Gründen, die angeblich für die Geheimhaltung der Lohn- und Gehaltszahlungen sprechen, sind die Unternehmen schnell bei der Hand. Die angeführten Argumente entbehren allerdings der Plausibilität. Das wahre Motiv für die Geheimniskrämerei liegt wohl eher darin, daß die Ein- und Abstufungen der Gehälter in der Regel aus internen und/oder externen Gründen nicht gerecht sind. Das führt zu Verdruß und permanenter Unzufriedenheit innerhalb der Belegschaft.

Unzufriedenheit über das höhere Gehalt eines Kollegen entsteht jedoch nach Einschätzung Krügers nicht, wenn dessen und die eigene Ein- und Abstufung als gerecht empfunden wird.

Ob es eine optimale, gerechte Lohn- und Gehaltsstruktur für alle und überall überhaupt geben kann, wird uns in den entsprechenden Kapiteln noch ausführlich beschäftigen (s. S. 145).

*

Allein die Tatsache, die uns die geschätzte Brockhaus-Enzyklopädie vermittelt, daß die ursprüngliche Bedeutung des Wortes »Lohn« für »auf der Jagd oder im Kampf Erbeutetes« steht, kann und darf nicht unerwähnt bleiben, wenn wir uns mit Auseinandersetzungen um Entlohnungsgerechtigkeit und der Jagd nach Geld und Glück beschäftigen wollen.

»Lohn« leitet sich aus dem Althochdeutschen »lon« ab und ist im weiteren Sinne die zusammenfassende Bezeichnung für jegliches Einkommen aus unselbständiger Tätigkeit. Das schließt auch die Bezüge der Beamten und die Gehälter der Angestellten mit ein.[2]

In einem erweiterten Sinne wird unter Lohn jedes Einkommen verstanden, das aus der Beanspruchung eines Menschen durch eine Tätigkeit herrührt. Diese Begriffserweiterung bezieht auch den Unternehmer-Lohn mit ein und definiert Lohn ganz allgemein als Entgelt für den Einsatz des Produktionsfaktors Arbeit. Häufig synonym verwendet finden wir die Begriffe Entgelt, Entlohnung, Vergütung und Verdienst.

Lohn-Systeme: Für welchen Lohn lohnt es sich?

So unterschiedlich wie die Menschen selbst, so sind auch die Bezahlungssysteme, die sie im Laufe ihrer Geschichte ersonnen haben. Und immer wieder lautet die Frage: Wie hoch soll der Lohn sein, und wie kann er gerecht verteilt werden?

Der Philosoph Thomas Hobbes ist der Ansicht, »daß die Natur die Menschen sowohl hinsichtlich der Körperkräfte wie der Geistesfähigkeiten untereinander gleichmäßig begabt hat, wenngleich auch einige mehr Kraft als Verstand besitzen, so ist der hieraus entstehende Unterschied im ganzen betrachtet dennoch nicht so groß, daß der eine sich diesen oder jenen Vorteil versprechen könnte, welchen der andere sich nicht auch zu erhoffen berechtigt sei.«[3]

Gleicher Lohn für alle? Das Neue Testament berichtet von einem Gutsbesitzer, der früh am Morgen einige Arbeiter für seinen Weinberg anwirbt und mit ihnen einen Denar Tageslohn vereinbart. Später schickt er mit den Worten: »Ich werde euch geben, was recht ist« weitere Arbeiter nach. Am Abend dann bezahlt der Gutsbesitzer zuerst die Arbeiter, die zuletzt gekommen waren. Jeder erhält einen Denar. Die Arbeiter, die seit dem frühen Morgen geschuftet haben, erwarten nun einen höheren Lohn. Sie erhalten jedoch ebenfalls nur einen Denar. Als einer dieser Arbeiter zu murren beginnt, erwidert der Gutsbesitzer: »Dir geschieht kein Unrecht. Hast du nicht einen Denar mit mir vereinbart? Nimm dein Geld und geh. Ich will dem letzten ebensoviel geben wie dir.« (Mt. 20, 1-16)

Was den Arbeitern im Weinberg, die in den frühen Morgenstunden angeheuert worden waren, ungerecht erscheint, ist die gleiche Entlohnung für unterschiedliche Arbeitsleistungen. Wer welchen Lohn erhalten soll und die damit verbundene Frage nach einer guten, angemessenen oder gerechten Lohnverteilung, ist auch in unserer heutigen Marktwirtschaft längst nicht umfassend geklärt. Ein Spezialist, anspielend auf die Lohngleichheit im wenig erfolgreichen Sozialismus: »Auch der Westen ist nicht im Besitz der letzten Wahrheit.«[4]

Vorantike Kulturen, etwa die ägyptische, die sumerische oder die mykenische, kannten ausschließlich Verhältnisse von Herrschaft und Folgepflicht, in denen die Arbeitssklaven nur unterhalten wurden, wenn man sie für die großen Staatsaufgaben, wie den Bau der Pyramiden, heranzog. Das allein aber machte noch kein Lohnarbeitsverhältnis aus. Von Lohnarbeit kann man erst sprechen, wenn der Beschäftigte rechtlich in der Lage ist, eine Arbeit abzulehnen.

Der erste Lohn. Auch die antiken Römer und Griechen blieben von den schwierigen Überlegungen zur Gerechtigkeit der Löhne weitgehend verschont. Sklaven z.B. erhielten überhaupt keine Bezahlung, abgesehen von dem ihnen zugestandenen kärglichen Lebensunterhalt. Allerdings gab es in der Landwirtschaft bereits einige freie Arbeiter, wie beispielsweise die Arbeiter im Weinberg, da es teurer war, Sklaven das ganze Jahr hindurch zu unterhalten, wenn sie nur zu bestimmten Zeiten gebraucht wurden. Wegen der geringen Unterschiede, aber auch, um nicht umständlich alles nachzählen zu müssen, zahlten die Arbeitgeber der Einfachheit halber einen einheitlichen Tageslohn (dies ist auch heute so: Wegen des immensen Aufwands einer genauen und individuellen Leistungskontrolle werden die meisten Mitarbeiter noch nach Zeit bezahlt. Auch wenn sie in dieser Zeit gar nichts tun, also nicht produktiv, sondern lediglich präsent sind). Soldaten erhielten ihren Sold, so wie die Seeräuber Unterkunft und Verpflegung plus einen Beuteanteil.

Im Mittelalter ernährte sich der sog. gemeine Mann vom Verkauf seiner Ernte. Pro Kilo Kartoffeln erhielt er entweder einen bestimmten Betrag oder ein anderes Produkt zum Tausch. Waren und Dienstleistungen – nicht Arbeitszeit – standen zum Verkauf. Erst zum Ende des Mittelalters gab es die ersten Tagelöhner, meist Wanderarbeiter, und die ersten Minen boten einer Reihe von Bergarbeitern einen

Lohn-Systeme: Für welchen Lohn lohnt es sich?

Gedingelohn für getane Arbeit. Hier gab es auch noch Naturallohn: Von der abgebauten Kohle durften die Minenarbeiter etwas für ihre Öfen mitnehmen.

Mit der Aufhebung des Zunftzwangs entstand im Manufakturwesen die erste bedeutsame Lohnarbeiterschaft, die ihren Lohn pro Arbeitszeit erhielt. Erst in der zweiten Hälfte des 18. Jahrhunderts und besonders um die Jahrhundertwende kam in größerem Umfang der Stück- oder Akkordlohn auf. Von sozialer Gerechtigkeit sprach damals noch keiner, und daher konnte der Arbeitgeber seine Ausbeute einfach dadurch erhöhen, daß er den Stücklohn senkte. Bis zum Ende des 19. Jahrhunderts blieb Lohnarbeit vor allem Sache der Industriearbeiterschaft, deren Los katastrophale Verarmung war.

Doch nun entstand in den großen Fabriken das Proletariat, vor allem im damals wirtschaftlich schon recht weit entwickelten England. Bauern, die zuvor vom eigenen Hof gelebt hatten, zog es in die Produktionsstätten, in denen sie zunächst ohne jeden Schutz der Willkür des Arbeitgebers ausgeliefert waren. Aufgrund der teilweise unerträglichen Arbeitsbedingungen und der skandalös niedrigen Bettellöhne schlossen sich die Arbeiter zu Gewerkschaften zusammen und begannen Schritt für Schritt, die Arbeitnehmerrechte durchzusetzen, die heute zu den selbstverständlichen Bestandteilen der sozialen Marktwirtschaft zählen: Mindestlohn, Kündigungsschutz, Arbeitssicherheit, Beschränkung der Arbeitszeit, Verbot von Kinderarbeit, Lohnfortzahlung im Krankheitsfall etc.

Von der Jahrhundertwende bis in die vierziger Jahre setzte sich in den reichen kapitalistischen Ländern der sogenannte »Fordistische Kompromiß« durch. In ihm verschmelzen die sozialen Forderungen der Arbeiterbewegung mit den Erfordernissen einer neuen Produktionsweise, die eine bis dahin unbekannte Exaktheit der Arbeiter verlangt und in der das Akkordsystem immer mehr an Bedeutung verliert. Die Arbeiter erlangen einen gewissen Wohlstand und Sicherheit. Im Gegenzug verzichten sie auf die Inbesitznahme der Produktionsmittel – und auf den Alkohol. Denn mit den ersten *Ford*-Fabriken in Chicago und Detroit wurde jeglicher Genuß von Alkohol verboten. Nüchterne Arbeitnehmer waren so wichtig wie nie zuvor.

Apropos Alkohol: Die Möglichkeit seines Erwerbs bedeutete eine neue Freiheit. Endlich ist der Arbeiter nicht mehr auf die Lebensmittel seines Arbeitgebers festgelegt, sondern entscheidet selbst über seinen Konsum. Er kann, wenn er will, sein Salär in Schnaps anstatt in Brot für sich und seine Familie anlegen. Gleichzeitig bekam das Proletariat auf diese Weise die Möglichkeit, auch Bildung, Bücher und Zeitungen zu kaufen. So verwischte das Geld die Klassenunterschiede, die durch seine ungleichmäßige Verteilung zunächst zustande gekommen waren, sofort auch wieder.

Erst in der Moderne entwickelte sich also die Idee, man müsse, nicht nur beim Lohn, aber dort ganz besonders, auf eine gewisse Gerechtigkeit in der Verteilung achten. Man formulierte die Frage, ob alle gleich oder aber alle »als Gleiche« behandelt werden müßten. Als Gleiche, die zwar unterschiedlich sind, aber ohne daraus abzuleiten, daß der eine mehr, der andere weniger Rechte besitzt. Statt alle gleich zu behandeln, könnte man denjenigen besserstellen, der sich am meisten bemüht, oder den, der am meisten benötigt (jeden nach seinen Bedürfnissen), oder den, der insgesamt am meisten zum Ergebnis beigetragen hat.

Der Lohn, das Gehalt, die Vergütung, die Bezüge und der Verdienst, alle Begriffe nicht exakt semantisch voneinander getrennt, sind Bindeglied zwischen Arbeit und Geld. Die vielbeschworene Erbengeneration tritt darüber hinaus mit dem Wunsch nach persönlicher Sinnstiftung oder Selbstverwirklichung bezogen auf Arbeit und Entlohnung an. Otto Normalarbeitnehmer dagegen hat lediglich die Notwendigkeit seiner Lebensunterhaltung. Der Arbeitgeber entlohnt ihn für geleistete Arbeit. Und Otto fragt sich, warum er nicht Arbeit*geber* heißt, wo er doch seine Arbeit *gibt* und der Arbeit*geber* die Arbeit *nimmt* und sie mit Geld vergütet.

1984 hieß es in der Bundesrepublik: »Leistung muß sich wieder lohnen.« Mit Beginn der Ära Kohl sollte dieser *Slogan der Tüchtigen* die deutschen Arbeitnehmer aufrütteln zu neuem Mut und größerer Leistung. Die CDU-Wahlkampfparole machte den besonders gut Verdienenden Hoffnung auf noch größere Gewinne: Weniger Abgaben für Faule, weniger Unterstützung für Kranke! Diese Forderungen sind heute, wenig überraschend, aus dem gleichen Lager wieder zu hören.

Lohn-Systeme: Für welchen Lohn lohnt es sich?

Von verschiedenen Arten, die Schäfchen ins Trockene zu bringen. Im ausgehenden 20. Jahrhundert haben wir einen Berg von differenzierten Möglichkeiten der Bezahlung geschaffen. Werfen wir einen gezielten Blick auf die am weitesten verbreiteten Arten, Geld zu verdienen. Dabei bleiben Konzepte wie Steuerhinterziehung, Waffenschmuggel und Glücksspiel außen vor.

Geld kann man beispielsweise »einfach so« verdienen. Man tapeziert seinem Nachbarn die Wohnung und kassiert dafür 500 Mark. Wer schwarz arbeitet, nimmt für mindestens zwei Parteien Nachteile in Kauf: erstens für sich selbst, da er keine Kranken- und andere Versicherungsbeiträge abführt. Zweitens für den Staat, der von Steuerabgaben lebt, damit seinen Haushalt absichert und im Falle einer Hinterziehung mit Sanktionen droht. Deswegen entscheiden sich die meisten Menschen, Freiberufler ausgenommen, für ein geregeltes Einkommen durch lohnabhängige Arbeit inklusive Arbeitsvertrag, verbunden mit einem sogenannten festen Entgelt. Davon soll nun die Rede sein.

Der Lohn: Kostenblock, Motivationsfaktor und Streitobjekt.[5] Von Robert Bosch, Urvater des deutschen Industrie-Reichtums, ist folgender Ausspruch überliefert: »Ich zahle nicht hohe Löhne, weil ich reich bin, sondern ich bin reich, weil ich hohe Löhne zahle.«[6]

Das Verhältnis von Arbeitgeber und Arbeitnehmer beruht auf einem gegenseitigen Vertrag: Nach dem Motto *do ut des* (ich gebe, damit du gibst) bietet der Arbeitnehmer seine Arbeit gegen die Entgeltzahlungen des Arbeitgebers. Entgelt gliedert sich in die arbeitsrechtlichen Begriffe Lohn und Gehalt. Im Steuerrecht spricht man in beiden Fällen von *Lohnsteuer*. In einer hoch-technisierten Gesellschaft mit einer komplexen Produktionsweise verschwimmen die Unterschiede zwischen *Arbeiter-Lohn* und *Angestellten-Gehalt* immer mehr. Dennoch soll hier kurz eine begriffliche Klärung erfolgen.

Der Arbeiter-Lohn. Von lohnempfangenden Arbeitern nimmt man an, ihr Arbeitsergebnis hänge unmittelbar von ihrer Anwesenheit ab. Daher kontrolliert die Geschäftsführung, beispielsweise mit Hilfe einer Stechuhr, die tatsächliche Präsenz am Arbeitsplatz. So erhalten Arbeiter auch bei einer gleichmäßigen 35-Stunden-Woche im Februar weniger Geld als im März, da im Februar an weniger Tagen gearbeitet wird. So war es jedenfalls bis vor kurzem. Seit Anfang der 90er Jahre wird beispielsweise in der deutschen Metallindustrie ein Durchschnittslohn berechnet, so daß auch Arbeiter inzwischen mit einem konstanten Einkommen rechnen können.

Zur Festsetzung des Arbeiterlohns wird der Lohn eines Facharbeiters als rechnerische Ausgangsbasis (gleich 100%) zugrunde gelegt. Alle anderen Löhne stehen in Relation dazu: Der niedrigste beträgt 85%, der höchste 125%. In Tarifverträgen heißt die 100%-Größe des Facharbeiterlohns **Ecklohn**.

Das Angestellten-Gehalt. Für überwiegend »denkende« Tätigkeiten (oder solche, in denen man vorgibt, überwiegend nachzudenken) erhält man nach einer vorgeschriebenen wöchentlichen Arbeitszeit sein Gehalt. Dafür muß man in der Chemischen Industrie beispielsweise 37,5 Stunden wöchentlich nachdenkend anwesend sein.

Heute gibt es viele Vereinbarungen, die über das reine »Arbeit gegen Entgelt«-Verhältnis hinausgehen. Bei sozialen Besitzständen wie Weihnachtsgeld und Urlaubsbezahlung, aber auch bei der Lohnfortzahlung im Krankheitsfall und nicht zuletzt dem Arbeitgeber-Anteil an Kranken- und Rentenversicherung spricht man von **Soziallohn**. So etwas gibt es auch für sozial nicht gerade Bedürftige: Ein Manager z.B. bekommt neben seinen »normalen« Vergütungen und dem Dienstwagen noch zusätzliche Versicherungsleistungen, ein Mehrfaches an Urlaub, Steuerberatung, Gesundheitscheck und weitere medizinische Kostenerstattung, wie z.B. für die Kur der Ehefrau, die die Kasse nicht übernimmt. Dafür werden von einem Manager allerdings auch unbezahlte Überstunden erwartet. Seine Arbeitswoche kann somit 50 Stunden und mehr umfassen.

Zeitlohn und Leistungslohn. Hinter der Unterscheidung von Lohn und Gehalt verbirgt sich eine grundsätzliche Differenz, denn Entgelt läßt sich nach zwei Prinzipien verteilen: *Zeitlohn* ist Entgelt für Arbeitszeit. *Leistungslohn* ist das Entgelt für ein bestimmtes Ergebnis, für eine erbrachte Arbeitsleistung.

Den Leistungslohn unterteilt man wiederum in Akkordlohn und Prämienlohn. Akkordlöhne werden pro gefertigtes Stück bezahlt und heißen daher auch Stücklöhne. Wer mehr verdienen will, muß schneller arbeiten. Es gibt auch abgewandelte Akkordlöhne: Geldakkord und Zeitakkord, die sich vom Wesen her aber nicht vom Stückakkord unterscheiden. Nun ist es nicht jedermanns Sache, die verschiedenen Berechnungsmodelle völlig zu durchschauen. Im wesentlichen geht es dabei um Abrechnungsunterschiede.

Prämienlöhne ziehen mehr als nur die gefertigten Stücke in Betracht, z.B. Qualität, Fehlervermeidung, Maschinenschonung und Materialverbrauch. Auf diese Weise soll verhindert werden, daß »auf Teufel komm raus« eine besonders hohe Stückzahl produziert wird, und zwar auf Kosten von Qualität und Arbeitswerkzeug. Damit impliziert der Arbeitgeber, daß die Vorgabe, möglichst produktiv und ergebnisorientiert zu arbeiten, nicht alleiniger Maßstab ist. Natürlich weiß auch der Arbeitgeber, daß der Arbeitnehmer schnell Mittel und Wege finden wird, auf möglichst einfache Weise möglichst viel zu produzieren, z.B., indem er auftretende Fehler nicht behebt. Wer nach abgefüllten Kästen bezahlt wird, holt logischerweise nur halb gefüllte Flaschen nicht gerne vom Band. Oder er wimmelt Kundenanrufe ab, um so schnell wie möglich weiterproduzieren zu können.

Nun gibt es aber auch Prämien, die nichts mit Prämienlohn zu tun haben. Wer am Jahresende zu einem Gespräch mit seinem Vorgesetzten »gebeten« wird, muß sich anhören, wie zufrieden dieser mit der Leistung seines Untergebenen war, und erhält im positiven Falle vielleicht eine Prämie nach der pi-mal-Daumen-Formel.

Leistungslöhne wie der Akkordlohn sind besonders mitbestimmungspflichtig. Schließlich sei Akkord Mord, behauptet eine Redensweise. Den wirklichen Akkord hat man daher auch abgeschafft und garantiert ganz langsamen bzw. »faulen« Arbeitern wenigstens einen Mindestlohn. Die unmittelbare Koppelung von Leistung und Entgelt jedenfalls wird immer seltener.

Gehalt ist ein Zeitlohn. Beim Zeitlohn stehen Leistung und Entlohnung nur in indirektem Zusammenhang. Natürlich ist das Gehalt trotzdem mit bestimmten Ergebniserwartungen verbunden: Wer überhaupt nichts leistet, wird über kurz oder lang ersetzt. Leistungsschwankungen bleiben hierbei allerdings in der Regel weitgehend unberücksichtigt.

Üblicherweise erhalten Angestellte eine fixe Zeit-Entlohnung plus eine konstante tarifliche Leistungszulage (z. B. 6 % in der Metallindustrie). Diese sollte ursprünglich nur bei besonderen Leistungen ausbezahlt werden. Da die Verteilung immer wieder mit großem Ärger verbunden war, wird sie inzwischen in vielen Fällen völlig sinnentfremdet einfach pauschal gezahlt.

Man kann sich leicht den Ärger vorstellen, wenn der Chef am Ende des Monats dem einen Angestellten fünfhundert, dem anderen aber nur hundert Mark in die Hand drückte. Die Zeit, die er zu seiner Rechtfertigung verbrauchen würde, steht nicht im Verhältnis zu dem Nutzen, den man sich von einer solchen Regelung einmal versprach. Dazu Hans Bierfreund, Leiter der Personalwirtschaft bei der *Wilhelm Karmann GmbH*: »Zusätzlich zum Tariflohn gibt es einen sogenannten Leistungslohn, der nur der Bezeichnung nach Leistung entlohnt und in vielen Fällen längst ein Garantielohn geworden ist.«[7]

Die Nachteile von Gehaltszulagen sind bekannt: Zusatzprämien werden schnell zum Anspruch, liefern vor allem Anreiz zur Manipulation, demotivieren, wenn sie ausfallen, und steigern die Sucht nach Belohnung.[8]

Leistungszulage: konstant oder variabel? In einer Watson-Wyatt-Studie bekannten 78 % aller befragten internationalen Manager, daß sie eine leistungsorientierte Vergütung für besonders wichtig bei der Produktivitätssteigerung erachten.[9] Damit ist jedoch nicht gemeint, daß das gesamte Gehalt von Monat zu Monat variieren sollte.

Lohn und Gehalt können typischerweise aus folgenden variablen und stabilen Teilen bestehen:

- tarifliches Grundentgelt
- konstante Entgeltbestandteile wie z. B. Leistungszulagen
- variable Entgeltbestandteile wie Mehrarbeitsvergütung
- variable leistungsabhängige Entgeltbestandteile wie Prämien- oder Akkordverdienst

Die Grundlagen der Tarifautonomie stammen aus der Weimarer Republik. Im Dezember 1918 durfte zum ersten Mal ein bilaterales Monopol aus Verbänden von Arbeitnehmern und Arbeitgebern Mindestlöhne festsetzen.[10] Seitdem werden in Flächentarifen zwischen Gewerkschaft und Arbeitgeberverband **Mindestanforderungen** ausgehandelt, unter denen kein Arbeitgeber bleiben darf. Die Höhe wird durch ritualisierte Verhandlungsformen festgelegt. Danach ergibt sich der Lohnsatz aus der Stärke der Tarifparteien, die beeinflußt wird von der Überzeugungskraft, der Taktik, der Rücksichtnahme auf Regierung und öffentliche Meinung sowie der wirtschaftlichen Belastbarkeit im Fall von Streik und Aussperrung.[11]

Und als wäre mit einem variablen Gehalt das Ende von Schlendrian und *Dienst nach Vorschrift* gekommen, machen sich die Chefs daran, Regelungen zu treffen, aufgrund derer »Faule« weniger verdienen sollen als die, die durch besonderen Arbeitseinsatz und Fleiß auffallen. Nur Beamte können es sich in Zukunft noch leisten, auf die Minute genau bei Dienstschluß den Griffel fallen zu lassen und sich aus dem Büro zu verabschieden – wenn nicht sogar eine Minute früher...

Auch die *Daimler-Benz*-Manager haben seit Anfang 1994 eine Umschichtung von festen in variable Teile ihres Einkommens erfahren. Der individuelle Erfolg, der sich nach den Ergebnissen im eigenen Verantwortungsbereich ausrichtet, wird hier mit Tantiemen vergütet. Diese machen 70 % der variablen Vergütung aus. Weitere 30 % sind ein Anteil am »kollektiven Gesamterfolg« (so nennt es die *Daimler-Benz*-Mitarbeiterzeitung *Einblick '95*).

Dieselbe Watson-Wyatt-Studie belegt, daß etwa die Hälfte der deutschen Manager meinen, Neuerungen würden hauptsächlich am Widerstand der Mitarbeiter scheitern. Die Interpretation dieser Einschätzung ist allerdings strittig: Entweder haben die Mitarbeiter

Angst, ihre »Faulheit« würde auffliegen. Oder aber sie wissen genau, wie wenig Einfluß sie selbst auf das Arbeitsergebnis haben. Wenn in letzter Sekunde der Chef noch einmal alles verwirft, könnte der Bonus futsch sein.

»Immer wieder wird nach neuen Methoden in der Leistungsvergütung gesucht. Berater, Institute und Personalleiter werden um Hilfe gebeten, weil die bestehenden Leistungsvergütungssysteme in den Betrieben nicht richtig greifen, nicht akzeptiert werden und auch keine Verbesserung der Leistungsmotivation gebracht haben.«[12] Ob das auch für die Vorstände gilt? Bei *Siemens* hat jeder Vorstand zu 50% variable Bezüge aus der dividendenabhängigen Erfolgsbeteiligung.

Es gibt in vielen Fällen unternehmensinterne Versuche, bei der Lohnberechnung neben Arbeitsergebnissen auch andere Faktoren zu berücksichtigen, wie z. B. besonderen Einsatz, Qualifikation, Teamgeist, Verantwortungsbereitschaft usw. Man will auf diese Weise die Mitarbeiter durch monetäre Anreize zu einer besseren Arbeitsleistung motivieren. Arbeitgeberpräsident Klaus Murmann schlug daher vor, die bisher weitgehend festen Tarifeinkommen durch ein Drei-Säulen-Modell zu ersetzen, das unter anderem eine individuelle Leistungszulage bietet. Es sei ungerecht und leistungsmindernd, wenn alle den gleichen Lohn erhielten, »egal ob sie gut oder schlecht gearbeitet haben. Fleißige Mitarbeiter sollten mehr Geld, faule dagegen weniger erhalten.«[13]

Bei solchen Vorschlägen werden natürlich sämtliche Ursachen der sogenannten Faulheit außer acht gelassen: Stark autoritär-hierarchisch ausgeprägte Unternehmensstrukturen forcieren nicht nur eine organisierte Form der Verantwortungslosigkeit, sie selber *sind* eine solche. In solchen Systemen eignen sich die Mitarbeiter Überlebenstechniken an, um möglichst wenig zu arbeiten. Dazu gehört beispielsweise das ewige Jammern über zu hohe Arbeitsbelastungen, auch, wenn die reale Situation anders aussieht.

Die Runde mit dem Leistungslohn hätte er gerade hinter sich, erzählt der Geschäftsführer Personal beim amerikanischen Chemie-Riesen *3M* den Lesern des *manager magazins*. Hier hatte man den

Lohn für die besonders Fleißigen vor allem ans Management verteilen wollen. »Management-Performance-Incentive hieß das schöne Instrument, das die 3M-Manager jedes Jahr in tiefste Frustrationen stürzte.« Das System geriet bald außer Kontrolle, und genauso schnell hatten die Mitarbeiter begriffen, wie es zu manipulieren war: »Da wurden dann eben wichtige Aufgaben vernachlässigt, um Punkte zu machen.« Am Ende bezahlte *3M* Riesensummen für die Prämien, während die Unternehmensleistung zurückging.«[14]

Trotzdem experimentieren einige Unternehmen weiter mit neuen Formen der individuellen Leistungszulage. So führte der Frankfurter Chemiekonzern *Hoechst* beispielsweise 1995/96 ein neues Entgeltsystem ein, in dem individuelle Beurteilungen der Vorgesetzten die Basis für Leistungszulagen bieten. Um den Einfluß des Nasenfaktors (»die Nase paßt mir nicht«) einzuschränken, einigen sich Geschäftsleitung und Betriebsrat auf »objektive« Kriterien. Es wird eine Bewertungsmatrix erstellt mit wünschenswerten Eigenschaften der Angestellten wie Selbständigkeit, Flexibilität, Kostenbewußtsein etc., die für jedermann zugänglich ist. Die sieben Parameter werden mit 1 (Mindestanforderung) bis 5 (weit über Erwartung) eingestuft. Daraus errechnet sich eine Durchschnittsnote. Ab 2,5 gibt es eine persönliche Zulage.

Ein Sturm der Entrüstung tobte durch das Unternehmen, als zunächst die Chefs die Mitarbeiter-Bewertungen im stillen Kämmerlein ausfüllten und danach erst die Betroffenen zur Unterschrift baten. Anstatt die Chance zu suchen, gemeinsam mit dem Mitarbeiter die Einstufung vorzunehmen und persönliche Defizite und Stärken zu thematisieren, hatten die Beurteilten erst Wochen später die Möglichkeit, ihre Einstufung zu diskutieren. Eine Änderung wäre zu diesem Zeitpunkt nur noch über den Betriebsrat zu erreichen. Und das wiederum würde in der Personalakte festgehalten. Über eine Verbesserung denkt man nach.

Selbstverständlich gewährleistet die Transparenz der Bewertungskriterien keinerlei Objektivität, aber zumindest erscheint die Willkür des einzelnen Beurteilers eingeschränkt. Zusätzlich wird die Mitarbeiterbeurteilung noch von einem Beurteilungsteam kontrolliert. Dieses besteht aus den Vorgesetzten der jeweiligen organisatorischen Einheit.

Danach gibt es nur noch die Möglichkeit, über Vertrauensleute oder den Betriebsrat gegen ungerecht erscheinende Beurteilungen anzugehen.

Als Grund für die Einführung des neuen Entgeltsystems bei *Hoechst* geben der Leiter des Service-Centers Personal Heinz Weinmann und der Leiter des Referats Arbeitszeit/Entgelt Dr. Jan Mainzer folgende Entwicklung an: »In der deutschen Großchemie ist das Entgelt der tariflich geführten Mitarbeiter traditionell durch eine über Tarif liegende Bezahlung geprägt. Diese Bezahlung ist insbesondere in den 60er und 70er Jahren entstanden, als durch das dynamische Wachstum der Chemie permanent die Notwendigkeit bestand, Arbeitskräfte am Arbeitsmarkt zu gewinnen. Heute muß das Bezahlungsniveau insbesondere den hohen fachlichen Anforderungen und der entsprechenden Ausbildung und Qualifikation der Mitarbeiter Rechnung tragen.«[15] Der übertarifliche Lohn heißt übrigens Effektivlohn.

Wirklich individuelle Leistungszulagen können nur von einem einzelnen Beurteiler an einen einzelnen zu Beurteilenden vergeben werden. Und gerade dieses Verfahren bringt die meisten Schwierigkeiten mit sich: Es verlangt eine gute Beobachtungsgabe, Sensibilität, einen Sinn für Angemessenheit und Gerechtigkeit und nicht zuletzt starke Nerven und eine Portion Mut, einem »faulen« Mitarbeiter gegenüber eine negative Beurteilung zu vertreten.

Nicht jeder Vorgesetzte verfügt über alle diese Fähigkeiten. Manche haben Angst, den anschließenden Konflikt durchzustehen. Führungskräfte können nur dann Belohnungsverfahren erfolgreich einsetzen, wenn sie die Aufgabe als eine der wichtigsten Führungsaufgaben ansehen und ihr genausoviel Bedeutung zumessen wie der Erfüllung eines Kundenauftrags.[16] Sowohl für Arbeitgeber als auch für Arbeitnehmer kann eine individuelle Leistungszulage nur dann ein wirkungsvolles Motivationsmittel sein, wenn

– sie nicht als Einzelmaßnahme zum »Einkauf von Arbeitnehmermotivationen«[17] verstanden wird, sondern als Teil einer umfassenden Interaktion zwischen Management und Mitarbeiter;

- die Vorgesetzten sowohl in ihrer Beurteilungsgabe als auch in anderen Führungstugenden, wie Sozialkompetenz und Konfliktfähigkeit, geschult werden;
- die Zubilligung der einzelnen Leistungszulagen transparent, nachvollziehbar und spürbar ist und außerdem als gerecht empfunden wird.[18]

Nicht unerwähnt bleiben darf jedoch in diesem Zusammenhang eine Studie von Alfie Kohn, der wiederum 170 Studien auf die Frage hin untersuchte, ob mehr Geld denn auch wirklich zu besseren Leistungen anspornen würde. Das Ergebnis: Bei 92% der empirischen Studien tendierte die Leistungssteigerung gegen Null.[19]

EFA bei Siemens. Nach 25 Jahren außertariflichem Entlohnungssystem im Koloß *Siemens* soll der bisher eher »bewahrende und konservative« Stil des Hauses nun umgekrempelt werden. 30 000 Führungskräfte bekommen eine Änderungskündigung. Ihre bisherige »beamtenähnliche«, wenn auch gute Vergütung soll einer flexiblen und leistungsorientierten Bezahlung Platz machen.

An Stelle einer kästchenweisen Einordnung von Führungskräften tritt vom 1. Oktober 1996 an der neue Förderungsrahmen »EFA« (Entwicklung – Förderung – Anerkennung) in Kraft. Viel weniger als bisher bestimmen dann Rang oder Titel das Einkommen, die Altersversorgung und Nebenleistungen. Zählen sollen primär die Funktion, die Leistung und was dabei für das Unternehmen herauskommt. »Wertschöpfung« ist das Stichwort.

Damit intendiert man, einserseits unterschiedliche Leistung vergleichbarer Mitarbeiter gerechter zu honorieren, und andererseits Spezialisten ohne Beförderung und Führungsverantwortung hoch zu entlohnen. Ebenfalls leistungsbezogen wird die Altersversorgung und die individuelle Erfolgsbeteiligung (künftig Jahreszahlung genannt) organisiert. Sie ist nicht mehr von der Dividende abhängig, sondern von mehreren bereichsbezogenen Faktoren wie Umsatz und Ertrag.

Bei der neuen Entlohnung geht es dem Personalvorstand Werner Maly um bessere Motivation und Förderung. Dazu gehört als bewundernswerter, mutiger Schritt die Beurteilung von Führungskräften durch ihre eigenen Mitarbeiter in Form von anonymen Fragebögen. Mit einem neutralen Moderator muß sich der Vorgesetzte (der möglichen Kritik) stellen. Die Ergebnisse sollen gemeinsam mit allen Beteiligten diskutiert und Verbesserungsziele vereinbart werden.[20]

Die hausinterne Broschüre »Die Zeit ist reif für den Aufbruch im Unternehmen. Packen wir's an«, die formal und inhaltlich wirklich beeindruckt, sei Arbeitgebern und -nehmern in anderen Unternehmen dringend zum Studium empfohlen. Hier legt *Siemens* in vorbildlicher Weise den Rahmen für eine neue, weniger autoritäre Unternehmenskultur fest.[21] Man kann ihnen nur wünschen, daß es gelingen möge, soviel wie möglich davon auch wirklich im Arbeitsalltag umzusetzen.

»Mit der Einführung von EFA wird es keine Verlierer geben«, betont Günter G. Goth, stellvertretender Personalchef.[22] Im laufenden Geschäftsjahr 1996 wird *Siemens* jedoch 5 000 bis 6 000 Stellen abbauen.[23]

Schade, daß Licht und Schatten immer so eng beieinander liegen müssen...

Auch ohne Moos geht's los – von Peanuts und Kreuzern. In Alternative zum üblichen Prinzip Arbeit gegen Entlohnung entwickeln kleine Vereine eine Art Pseudo-Währung samt Verrechnungssystem. Die Mitglieder des Kreuzberger Tauschrings z.B. haben in Berlin für ihre Währung in Anlehnung an ihren Bezirksnamen die zutreffende Bezeichnung »Kreuzer« gewählt, ihre Kollegen in Frankfurt a.M. in Anspielung auf ein berühmtes Bonmot sinnigerweise »Peanuts«.

Ist das Auto eines der Mitglieder des Tauschringes kaputt, hat er die Möglichkeit, jemanden aus seinem Verein zu bitten, es zu reparieren, der dafür dann statt Geld Kreuzer gutgeschrieben bekommt. Leitung und Koordination übernimmt die »Kreuzer-Bank« im Nachbarschaftsheim. Um über ein Kreuzer-Guthaben verfügen zu können, muß der Autobesitzer nun auch seinerseits Dienstleistungen anbieten, die andere Vereinsmitglieder abfordern können. Der Auto-Reparateur hat die Kreuzer für seine Arbeit gutgeschrieben bekommen und kann sie nun für Fensterputzen, eine Massage oder auch Psychotherapie eintauschen.

Nicht nur in Berlin-Kreuzberg, sondern auch in vielen anderen großen Städten gewinnt diese Form der alternativ bezahlten (besser: getauschten) Arbeit immer mehr Freunde. Von großem Vorteil ist dies gerade für Menschen, die im »normalen Leben« nicht über viel Bargeld, aber dafür um so mehr Zeit verfügen. Hausfrauen, Rentner, Arbeitslose sind ausnahmsweise einmal im Vorteil, denn Zeit ist das wichtigste Kapital auf dem Tauschmarkt.[24]

Input oder Output: worauf kommt es an? Es herrscht zur Zeit ein Glaubenskrieg, ob denn ein gerechter Lohn sich nach der zugewiesenen Tätigkeit richten sollte (im Arbeitgeber-Deutsch: nach der *Wertigkeit der Arbeit*), oder ob vielmehr die Qualifikation, Vorerfahrung, Alter, der menschliche Input ausschlaggebend für die Höhe der Bezahlung sein muß.

Nicht gerade überraschend ist das strikte Festhalten der Arbeitgeber daran, daß nur harte Fakten zählen und daher ausschließlich die geleistete Arbeit entlohnt wird. Von Gewerkschaftsseite aus müssen sich die Arbeitgeber dann aber den Vorwurf gefallen lassen, daß die Geschäftsleitung von ihren Mitarbeitern ein recht eindimensionales Bild hat, etwa nach dem Motto: Hier ist die zugewiesene Arbeit, und wenn sie erledigt ist, gibt es Geld. Punkt.

Mitarbeiter aber müssen im Betriebsalltag wesentlich mehr leisten: Sie haben technische Probleme zu lösen und Fehlerquellen zu beseitigen, erkrankte Mitarbeiter zu vertreten und mit Kunden bzw. Zulieferern zu verhandeln. Sie müssen zwischenmenschliche Konflikte aus dem Weg räumen, mitdenken, Verbesserungsvorschläge machen, vielfältig einsetzbar sein etc. »Management ist zu einem Massenberuf geworden«, so der Managementprofessor Fredmund Malik.[25]

All dies ist nicht in einer bloßen Tätigkeitszuweisung zu erfassen. Eine Entlohnung, die sich lediglich an der zugewiesenen Aufgabe orientiert, gehe völlig an der Komplexität eines modernen Arbeitsplatzes vorbei, so einige Gewerkschafter. Nur wenn der Arbeitnehmer für einen guten Input sorgt, kann auch der Output gelingen.

Lohngerechtigkeit. Um den Lohn, insbesondere um einen gerechten Lohn für erbrachte Arbeitsleistungen, wird seit jeher gestritten. Die Gewerkschaften machen geltend, ihre Forderungen nach Lohnerhöhungen seien angesichts zahlreicher Umstände mehr als gerechtfertigt. Aus dem Arbeitgeberlager schallen dann stereotyp die Stimmen, die von einer weit überzogenen Lohnforderung sprechen, eher für Nullrunden plädieren und manchmal sogar für eine Absenkung der Löhne. Sie warnen eindringlich, daß jede Lohnerhöhung mit der Gefährdung von Arbeitsplätzen einhergehe.

Beide Parteien proklamieren, Recht und Wahrheit auf ihrer Seite zu haben. Je nach Wirtschaftslage überzeugen die Argumente der einen Seite mehr als die der anderen.

Beide Kontrahenten können nicht zugleich recht haben, und es ist genauso denkbar, daß beide im Unrecht sind. Die einen in ihren zu weit gehenden Forderungen, die anderen in ihrer zu rigorosen Ablehnung. Der trag- und konsensfähige Kompromiß läge – sagt uns schon allein »der gesunde Menschenverstand« – irgendwo in der Mitte, und so arrangieren sich dann auch die streitenden Tarifparteien, früher oder später vor allem mit der Intention, ihrer Klientel ohne allzu großen Gesichtsverlust gegenübertreten zu können.

Stellt der nun auf diese Weise ausgehandelte Kompromiß eine gerechte Lösung dar?

Bevor wir uns dieser Frage weiter widmen, scheint es sinnvoll, noch einmal unter einem neuen Blickwinkel dem Problem der gerechten Entlohnung und ihrer Kriterien nachzugehen.

Immer wieder trifft man dabei auf die Meinung, eine gerechte Entlohnung wäre dann gegeben, wenn ein Arbeitnehmer ebenso viel Lohn für seine Arbeit bekommt, wie seine Arbeit wert ist.

Damit entsteht aber gleich wieder eine neue Frage: Was ist eine geleistete Arbeit wirklich wert, und wer legt diesen Wert fest? Und auch hier werden wieder ganz unterschiedliche Aufassungen und Standpunkte vertreten.

Gleichwohl scheint es eine zunächst verblüffend einfache Antwort zu geben. Sie lautet: Die Arbeit ist soviel wert, wie sie am Markt als Preis erzielt. Der Verkaufs-Einkaufs-Preis also, über den sich Anbieter und

Lohn-Systeme: Für welchen Lohn lohnt es sich?

Nachfrager irgendwie einig werden, stelle, so wird gerne behauptet, den Wert eines Gutes, in diesem Fall einer Arbeitsleistung, dar. Also Angebot und Nachfrage regulieren den Markt und somit auch den Preis.

Bei genauer Betrachtung des Arbeitsmarktes muß man aber konstatieren, daß die Löhne nicht wirklich frei ausgehandelt werden. Um durch seine Arbeit seinen Lebensunterhalt finanzieren zu können, steht der Anbieter von Arbeitsleistungen unter einem besonderen Angebotsdruck. Im Gegensatz dazu ist der Nachfrager, der Arbeitsplatzanbieter und klassische Arbeitgeber, nicht so dringend auf Arbeitskräfte angewiesen. Er kann es sich in der Regel leisten, etwas länger zu warten, und tut dies auch gerne, wohlwissend, daß sich dies eher günstig auf seine Lohn-Verhandlungsposition auswirkt. Ein solches Wartenkönnen ist ein klarer Machtfaktor.

Nicht zuletzt wegen dieses deutlich spürbaren Machtgefälles sind Gewerkschaften entstanden. Gemeinsam mit den Arbeitgebervertretern wird in zähen Verhandlungen zum Thema Lohngerechtigkeit um ein konsensfähiges Ergebnis gerungen. Was hier gemeinsam vereinbart, vielleicht auch erstritten wird, muß in die »gesamtwirtschaftliche Landschaft« passen.

In unserer vor allem noch durch Arbeitnehmer geprägten Gesellschaft, so der Nestor der katholischen Wirtschaftsethik Oswald von Nell-Breuning, »besteht eine eigentümliche Verteilung der Einkommen: die Arbeitnehmer beziehen in der Gestalt des Lohnes oder Gehaltes ein Einkommen, das für ihren Lebensunterhalt reichen soll, aber auch nicht für mehr; die selbständigen Erwerbstätigen beziehen unter verschiedenen anderen Namen – etwa Kapitalrendite oder Unternehmergewinn – ein Einkommen, das nicht nur für ihren gehobenen Lebensunterhalt reichen, sondern von dem darüber hinaus noch soviel übrigbleiben soll, daß sie davon die volkswirtschaftlich notwendige Kapitalbildung bestreiten können. Warum das so sein soll, warum das Einkommen der Arbeitnehmer nur für einen Zweck, nämlich den Lebensunterhalt, reichen, das Einkommen der selbständigen Erwerbstätigen dagegen so bemessen sein soll, daß es für zwei Zwecke, den Lebensunterhalt und die Kapitalbildung, ausreicht, darüber machen nur wenige Menschen sich Gedanken.«[26]

So ist die Frage nach gerechter Entlohnung eng verknüpft mit wirtschaftlichen und gesellschaftlichen Rahmenbedingungen. Sind diese nicht in Ordnung, kann man vielleicht grobe Ungerechtigkeiten mindern, aber noch keine allseitig gerechte Entlohnung herbeiführen. Diese ist wohl erst in einer wirklich gerechten wirtschaftlichen, gesellschaftlichen und politischen Ordnung denkbar.[27]

Mitarbeiter-Beteiligung: Würden Sie Ihrem Chef Ihr schwer verdientes Geld anvertrauen?

Gehaltserhöhung im Vorstand von *Daimler-Benz:* Für die obersten 170 Führungskräfte gibt es seit der Hauptversammlung im Mai 1996 eine zusätzliche Vergütung. Keine neue außertarifliche Erhöhung der Bezüge soll die *Daimler*-Manager zu großen Taten locken, sondern eine Koppelung ihrer Verdienste an den Unternehmensgewinn. *Performance-orientierte* Gehälter in Manager-Deutsch. Die Manager können einmal pro Jahr bis zu 2 000 »Wandelanleihen« im *Nennwert* von 50 Mark kaufen. *Nennwert* deshalb, weil zwar 50 Mark auf der Wandelanleihe draufsteht, in Wirklichkeit aber mehr Wert drin ist. Wenn der Kurs der *Daimler*-Aktie um mindestens 15 % gestiegen ist, können die Anleihen in Aktien umgetauscht und verkauft werden. Der Schrempp-Coup: Die möglichen Gewinne sahnen die Manager zusätzlich ab – nicht etwa an Stelle bisheriger Bezüge. *Beuteanteile am Mehrwert* nennen Marxisten so etwas.[28]

Das *manager magazin* rechnet vor: Am Tag nach der 95er Hauptversammlung kauft ein *Daimler*-Vorstand 2 000 Wandelanleihen; an diesem Tag notiert die Aktie bei 600 Mark. Ein Jahr später, nach der nächsten Hauptversammlung, ist der Aktienkurs auf 900 Mark gestiegen, und der Manager tauscht seine Wertpapiere in Aktien um und verkauft. Dann beträgt der Bruttogewinn 2 000 x 300 Mark gleich 600 000 Mark.[29]

Selbstverständlich könnten die Manager auch »einfach so« an der Börse Aktien kaufen, doch in diesem Modell ist der Kapitaleinsatz wesentlich geringer: Für eine 600-Mark-Aktie muß Herr Schrempp nur 50 Mark bezahlen. Peanuts eigentlich.

Bei der *Deutschen Bank* hat das ganze einen englischen Namen: *Stock-Options-Plan.* 200 Führungskräfte können hier Optionsanleihen erwerben. Der daraus zu erwartende Gewinn ist nicht von der Dividende abhängig, die ja in vielen Unternehmen künstlich stabil gehalten wird (*aus Kontinuitätsgründen*). Dr. Weichert, Pressesprecher bei der *Deutschen Bank*: »Die Gewinnmöglichkeit ist hier fest an den Aktienkurs gekoppelt. In den wiederum fließen auch die Perspektiven und Erwartungen ein, die an die Zukunft des Unternehmens gestellt werden.« Details gibt es aber erst Ende 1996 (vgl. ausführlicher dazu S. 185).

Die Beteiligung der Manager. So klug ersonnen das klingt: Beteiligungsmodelle für Manager sind äußerst umstritten. Es ist beispielsweise unmöglich, die persönlichen Leistungen, gerade von Managern, zu isolieren und individuell zu werten. Gegen eine Weltwirtschaftskrise, Währungsschwankungen oder verringerte Kaufkraft am Markt kann der Manager ebensowenig tun wie gegen die Fehler seiner Co-Manager. Außerdem wünscht niemand, daß die Manager in Zukunft hauptsächlich auf ihren Aktienkurs schielen. Wenn nur der Schlußkurs der Börse zählt, so Managementprofessor Fredmund Malik, »dann müssen sich die Manager nur noch einer Aufgabe widmen, und die ist leicht zu lösen: Ich reduziere den Forschungs- und Entwicklungsetat, den Aufwand für Personal und Marketing und weise schöne Gewinne aus.«[30]

»Eine Amerikanisierung der Verhältnisse« nennt der Betriebsratsvorsitzende von *Daimler-Benz* den Vorstoß der Manager. Der Vorstand, so Gunther Magura, solle sein Augenmerk lieber auf die Beschäftigungssicherung im Unternehmen richten als auf den Aktienkurs. Magura weist auf die amerikanischen Erfahrungen mit solchen Modellen hin: Natürlich kann man mit Massenentlassungen kurzfristig stärkere Gewinne ausweisen, da die Personalkosten sinken. Das bedeutet: Jeder Vorstand hat ein finanzielles Interesse an der Entlassung von möglichst vielen Mitarbeitern.

Gegen das Nein aller Arbeitnehmervertreter, mit der wenig überraschenden Ausnahme des Vertreters der Leitenden Angestellten, wurde die Koppelung der Vorstandsvergütung an den Unternehmensgewinn im Aufsichtsrat von *Daimler-Benz* durchgeboxt. Schon allein die Rede von der Beteiligung an der Entwicklung des Unternehmens sei eine schöne Umschreibung dafür, daß die Vorstände »einfach obendrauf noch was bekommen«, meint Magura. Ein billiger Etikettenschwindel (beziehungsweise ein teurer). Wenn schon eine Koppelung an den Unternehmensgewinn, dann bitteschön eine an das operative Ergebnis. Dann wären nicht die Vorstände mit dem größten Verlust in der Unternehmensgeschichte auch noch mit zusätzlichen Aktienoptionen gewürdigt worden. »Verrückt«, nennt Magura das.

Was der Betriebsratsvorsitzende von *Daimler-Benz* fürchtet, wurde durch die US-Erfahrungen mit einen Konzept namens *Shareholder value* bitter bestätigt. Dieses Konzept mißt den Unternehmenserfolg am wachsenden Reichtum der Aktionäre (*Shareholder*). Die Kritiker des Ansatzes zitiert auch die *Wirtschaftswoche*: »Die konsequente Orientierung des Unternehmenserfolgs am Aktienkurs führt zu kurzfristigen Rendite-Erwägungen des Managements. Führungskräfte, deren Gehälter sich leistungsgerecht ausrichten, würden zum Beispiel ihr Salär über Aktienoptionen kräftig aufbessern. Langzeitstrategien blieben indes auf der Strecke. Schlimmer noch: Das Konzept des *Shareholder value* stehe im Widerspruch zur grundsätzlich verbrieften sozialen Bindung des Eigentums, weil der Abschied vom gerechten Ausgleich zwischen den Interessen der Arbeitnehmer und Aktionäre bewußt in Kauf genommen wird.«[31]

Grundgesetz Artikel 14, Abs. 2: Eigentum verpflichtet. Sein Gebrauch soll zugleich dem Wohle der Allgemeinheit dienen. Walter Riester, zweiter Vorsitzender der IG Metall, fügt hinzu: »Das Konzept des Shareholder Value verpaßt dem Management gesellschaftspolitische Scheuklappen.« Und: »Das Shareholder-Value-Prinzip wird jenen Managern zugute kommen, deren Fähigkeiten sich auf mangelnde Weitsicht und kurzfristige Finanzmanipulationen beschränken.«[32]

Auch teure Fusionen, wie die von *Ciba-Geigy* und *Sandoz*, die sich 1996 zu dem neuen Mega-Konzern *Norvatis* zusammenschlossen (übrigens eine direkte Folge des 12 Milliarden schweren *Merill-Dow-Deals* von *Hoechst*), können den Aktienkurs kurzfristig in die Höhe schnellen lassen. Doch ob die Investition sich auszahlt, ob es wirklich möglich ist, zwei extrem unterschiedliche Firmenkulturen unter einen Hut zu bringen, wird sich erst langfristig zeigen. Eine Aktie kann aus diesen Gründen vorübergehend überbewertet sein. Die möglichen Verluste tragen am Ende der neue Vorstand und die Aktionäre.

Der amerikanische Chemiekonzern *3M* scheint sich mit seiner völlig entgegengesetzten Strategie der Vorstandsentlohnung einer Menge Probleme entledigt zu haben. Hier ersetzte man die Gewinnbeteiligung für Manager weitgehend durch ein Ausgleichssystem: Vom Gehalt der Manager sind lediglich 10% variabel. Wenn die Gewinnbeteiligung nun schwach ausfällt, wird das jährliche Grundgehalt der Manager stärker erhöht. Ist die Gewinnbeteiligung besonders hoch, wird das Grundgehalt bei der nächsten Gehaltserhöhung nur zögerlich angehoben. *3M*-Manager, so scheint's, müssen nicht durch finanzielle Anreize zur Leistung getrieben werden. Die Tantiemen überhaupt sind eher als Erinnerung denn als Disziplinierungsmaßnahme gedacht.[33]

Mitarbeiter-Beteiligung für die Kleinen. Wer nicht direkt im Vorstand der *Deutschen Bank* sitzt, sondern dort als Kassiererin, Azubi oder Teilzeitkraft arbeitet, kann Belegschaftsaktien kaufen. Diese sind für 40 bis 50% unter Marktwert zu erstehen. Für die einen einfach eine Geldanlage, für die anderen ein Zeichen der Identifikation.

»Wenn eigene Aktien motivieren«, titelte die *Süddeutsche Zeitung* am 18. April 1996 und stellte das Mitarbeiterbeteiligungsmodell des Münchner Bekleidungshauses *Hettlage* vor. Auch hier ist das Beteiligungsmodell für alle gedacht: vom Lagerarbeiter bis zur Managementebene. Und jeder Chef gerät beim Lesen sofort ins Schwärmen: Von einer Umverteilung der unternehmerischen Risiken und einem gigantischen Motivationsschub für die Mitarbeiter ist die Rede.

Bei *Hettlage* funktioniert's: Der Unternehmenspatriarch Benno Hettlage bestimmte bereits 1965, daß ein Drittel des Gewinns vor Steuern an seine Mitarbeiter auszuschütten ist. Zwei Drittel dieser

Ausschüttung erfolgt in Form von nicht börsengängigen Aktien. Bereits 61% des *Hettlage*-Kapitals halten die Mitarbeiter. Weitere Vorteile: verbesserter Kündigungsschutz für »Partner« und eine Lohnfortzahlung im Krankheitsfall, die die vom Gesetz vorgeschriebenen Regelungen übersteigt. Entscheidend für eine Aufnahme als Partner ist bei *Hettlage* eine mindestens fünfjährige Betriebszugehörigkeit, ein guter Pro-Kopf-Umsatz und ein vorbildliches Verhältnis zu den Kollegen. Die Mitarbeiter sollen ihre Teilhabe nicht nur als sanftes Ruhekissen für die Zukunft betrachten.

Christliche Sozialethik oder eiskaltes Kalkül? Die diversen Motivationen, ein Beteiligungssystem für Mitarbeiter, leitende Angestellte bis hinauf zum Vorstand einzuführen, könnten unterschiedlicher nicht sein.

Flucht nach vorn war der Grund für die Berliner Umweltfirma *Aucoteam*, umzudenken: Das direkt nach dem Krieg gegründete Institut für Regelungstechnik wurde in den 80er Jahren zum Forschungszentrum umfunktioniert. Nach der Wende und den bekannten Querelen mit der *Treuhand* standen die 200 Ostberliner nach der Neugründung 1991 ohne Aufträge da. Mit einem immensen Kraftaufwand wurde das Unternehmen umstrukturiert.

Kernstück war ein besonderes Mitarbeiter-Beteiligungsmodell: Nach einem Schlüssel berechnet der Wirtschaftsausschuß aus Geschäftsleitung und Betriebsrat einen monatlichen Ertrag für jeden Bereich. Läuft der Monat gut, werden die Mitarbeiter aus dem entsprechenden Bereich mit Stufe vier bezahlt, bei niedrigem Bereichsertrag mit Stufe eins.

Dadurch erhalten die Angestellten, je nach momentaner Auftragslage, lediglich 60 bis 70% des Osttarifs, der noch einmal 15% unter dem Westtarif liegt. Weihnachts- und Urlaubsgeld kennen die Ingenieure vom Prenzlauer Berg nur aus der Zeitung (es sei denn, sie treffen ihre Kollegen von *VW*). Doch das Gefühl, ihren Betrieb gerettet zu haben, entschädigt tausendfach. Aus der wirtschaftlichen Not haben die Aucoteamler eine Tugend gemacht: vorbei an IG Metall und Arbeitgeberverband. Ein Bündnis für Arbeit, Marke *Aucoteam*. Immerhin schreibt man seitdem wieder schwarze Zahlen.[34]

Natürlich ist auch hier zu bedenken, daß der Beitrag der einzelnen Bereiche eigentlich nicht isoliert betrachtet werden kann. Wenn der eine Bereich einen Auftrag in den Sand setzt, kann der andere nichts mehr daran verdienen. »Mitgefangen, mitgehangen«, meint die Leiterin des Personalwesens Margrit Balschukat dazu und lacht. Alle 45 Gesellschafter sind übrigens Ossis.

Der Ökonom Hans-Werner Sinn favorisiert für die in Schwierigkeiten geratenen Ostbetriebe Beteiligungsmodelle im großen Stil: Mit jeder Mark, auf die die Ostarbeitnehmer beim Lohn verzichten, sollten sie an ihrem Unternehmen beteiligt werden.[35]

Wenn Chefs das Risiko gern teilen möchten. Die Mitarbeiter in Zukunft *Partner* zu nennen und am unternehmerischen Risiko zu beteiligen, ist so selbstlos nicht. Risikogemeinschaft heißt das Zauberwort. Diese Sichtweise ist aber nur die halbe Wahrheit.

Beide, der Unternehmer und seine Angestellten, verdienen an den *Ups* und leiden unter den *Downs*. Vergessen wird dabei schnell, daß Mitarbeiter ihre Verluste nicht einfach auf andere abwälzen können. Der Unternehmer hingegen hat die Auswahl: zwischen Kunden, Zulieferern, Mitarbeitern, Mutter- oder Tochterkonzern, Bank oder Rücklagen. Konzerne haben eher als Privatleute die Möglichkeit, ihre Verluste in den Bilanzen verschwinden zu lassen (siehe Verdachtsmomente bei *Klöckner-Humboldt-Deutz*).

Die große Verantwortung der Manager, so sagt man, bestehe darin, bei einer Unternehmenspleite zum Konkursrichter gehen zu müssen. Allerdings müssen ihre Mitarbeiter statt dessen zum Arbeitsamt. Manager haben bei Unternehmenspleiten meist ihre Schäfchen ins Trockene gebracht. Sie haben die besseren Chancen, Rücklagen zu bilden, besitzen sehr wahrscheinlich Immobilien und haben häufig Geld in großem Umfang angelegt. Ganz zu schweigen von verdeckten Provisionen, Abfindungen und den Posten und Pöstchen, die abgehalfterten Managern gern zugeschustert werden. Jedenfalls sieht man die, die vorher viel von Verantwortung geredet haben, selten später auf dem Sozialamt. Selbst dem Bremer *Vulkan*-Chef Friedrich Hennemann wurde sein Abschied vom Vorstand mit einer Millionen-Abfindung versüßt.[36] Später versuchte er dann, sich dem Richter durch eine USA-Reise (mit Anschlußflug nach Südamerika?) zu entziehen. Die Arbeiter der Bremer *Vulkan* dagegen werden sich so bald nicht mal eine Busfahrt nach Rügen leisten können.

Die Ausschüttung von Gewinn-Anteilen. Wenn Mitarbeiter-Beteiligungsmodelle eingeführt werden, ist folgender Grundsatz zu bedenken: Mitarbeiterbeteiligung bedeutet ein niedrigeres Grundgehalt. Wenn das Unternehmen also in einem Jahr keine Gewinnbeteiligung auszahlt, so haben die Angestellten nicht etwa genausoviel wie ohne Gewinnbeteiligung, sondern weniger (weil sie ja ohne Gewinnbeteiligung ein höheres Grundgehalt hätten). Wenn die zu Partnern aufgestiegenen Mitarbeiter aber an einer Gewinnausschüttung beteiligt werden, muß zuvor erst einmal ein Gewinn ermittelt werden. Die Bemessungsgrundlage für diesen Gewinn kann sein

- der Substanzgewinn (wie stark wurde das Eigenkapital der Firma erhöht?)
- der Ausschüttungsgewinn (Dividendenausschüttung)
- der Bilanzgewinn.

Die meisten Mitarbeiter bevorzugen den Bilanzgewinn als Grundlage. Der wird nämlich vom Finanzamt ermittelt. Das wiederum hat selbstverständlich ein geringes Interesse daran, den Gewinn des Unternehmens niedrig zu schätzen. Hier werden Arbeitnehmer und Finanzamt zu Komplizen.

Da das Finanzamt aber lange braucht, bis zuverlässige Berechnungen vorliegen, kauft man hier wieder den Nachteil der Zeitverschiebung ein. Und man weiß es von den Kindern: Eine Belohnung oder Bestrafung, die stark zeitlich versetzt spürbar wird, wirkt nicht. Natürlich ist es ohnehin schwer, Gewinne objektiv zu ermitteln.

Es ist sicher legitim, wenn ein Unternehmen zunächst die Rücklagenbildung – für schlechte Zeiten – verstärken möchte. Außerdem finden sich in jedem größeren Unternehmen Fachleute für Bilanz-Fälschungen. »Bei Sanierungen packe ich alles in die erste Bilanz und schon stehe ich dann um so strahlender da«, beschreibt Wirtschaftsprüfer und Multiaufsichtsrat Otto Gellert eine beliebte Art der Manipulation.[37]

Das Mitarbeiter-Beteiligungsmodell beim Autozulieferer *Webasto* hat eine besondere Geschichte: Traditionell zahlte das Münchner Unternehmen eine Vielzahl von freiwilligen Sozialleistungen: Altersversorgung, Fahrgeld, Brillenzuschüsse – wegen der dezentralen Struktur allerdings für jeden Standort unterschiedlich.

Als Anfang der 90er Jahre auch eine unternehmensinterne Rentendebatte geführt wurde, ersann man ein neues Modell, das den Schwerpunkt eher auf die persönliche Leistung denn auf besitzstandswahrende Beamtenmentalität legt: *Webasto* zahlt jährlich, unabhängig vom Gewinn, einen Sockelbeitrag von 300 DM in die Lebensversicherung eines Mitarbeiters ein. Dazu kommt eine variable Zulage, die abhängig ist vom Geschäftsergebnis, vom individuellen Monatsverdienst und den persönlichen Fehlzeiten. Dieser Bonus kann entweder ausbezahlt werden, oder er wird zusätzlich als Altersversorgung angelegt. Er liegt oft bei etwa 50% des Monatsgehalts. Erika Balbach, Leiterin der Personal- und Organisationsberatung der *Webasto Informationssysteme GmbH*: »Zunächst wurde die Umstellung natürlich als Einschnitt empfunden, doch seit der ersten Auszahlung im März 1995 herrscht eine sehr hohe Akzeptanz.« Auch im Management sind die innovativen Modelle nicht auf die materielle Ebene beschränkt. Neben der Verpflichtung, sich jährlich von seinen Mitarbeitern beurteilen zu lassen, lassen sich Vorgesetzte außerdem darauf ein, einen Tag im Jahr ein Praktikum zu absolvieren: Selbst der Vorstandsvorsitzende Rudi Noppen muß an diesem Tag Schiebedächer einbauen. Das System scheint zu funktionieren: In der gebeutelten Autozulieferbranche steht *Webasto* mit einer Umsatzrendite von nahezu 5% gut da.[38]

Investivlohn. 1991 entbrannte in der Bundesrepublik eine Investivlohn-Debatte, ausgelöst von der diffizilen Lage der ostdeutschen Betriebe. Laut Vorschlag der Deutschen Angestellten Gewerkschaft sollte ein Teil des Lohns oder der Lohnerhöhung gezielt für betriebseigene Investitionen abgeführt werden. »Zwangssparen« nannte der Ex-IG-Metall Chef Steinkühler das.

Immerhin wird als Vorteil propagiert, daß das Produktivkapital auf diese Weise gerechter verteilt werden könne. Bislang liegen nämlich in der alten Bundesrepublik immer noch drei Viertel des Produktivkapitals in den Händen von nur 2% der Bevölkerung. Auch hier ist lautstark vom eigenverantwortlichen Mitarbeiter die Rede, dem allerdings zugleich vorgeschrieben wird, wo er sein erwirtschaftetes Geld anzulegen hat. Das Konzept, meint ein Referent beim Arbeitgeberverband Chemie in der *Wirtschaftswoche*, sei »ein tot geborenes Kind«.[39]

Ganz anderer Meinung war der inzwischen ausgemusterte Wirtschaftspapst Otto Graf Lambsdorff. Für ihn dient der Investivlohn vor allem der Sicherung der Arbeitsplätze: Was nutzt es, so fragt er, wenn ein Arbeitnehmer heute 25% Lohnerhöhung erhält und übermorgen arbeitslos ist? Dann sei es doch wohl besser, morgen eine 10%ige Lohnerhöhung in bar zu erhalten – mit der verbesserten Aussicht auf einen sicheren Arbeitsplatz und der Hoffnung auf Wertgewinn und Dividende.[40]

Belegschaftsanteile. Der Wasseraufbereiter *Grünbeck* setzt dagegen auf Klimapflege. Um etwaigen Zweiflern zuvorzukommen, betont er denn auch, daß sein Modell der Mitarbeiterbeteiligung »mit Sozialismus nicht im entferntesten zu tun habe«.[41]

Fremdkapital, so der Unternehmer Grünbeck in der *Süddeutschen Zeitung*, werde in schlechten Zeiten schnell von den Banken abgezogen. Die Mitarbeiter würden dagegen versuchen, den Karren wieder aus dem Dreck zu ziehen. Eingezahlte Belegschaftsanteile werden in guten Jahren mit 7,5% verzinst. Eine Ausnahme bei dem Wasseraufbereiter: Auch leitende Angestellte hängen strikt im Lohngefüge. Damit wird verhindert, daß sich die Abstände zwischen den einzelnen Lohn- und Gehaltsgruppen zu stark vergrößern. Auch das hat selbstverständlich mit Sozialismus wenig zu tun. Allein: Es gilt dem inneren Frieden.

Übrigens erben nach dem Tod des Unternehmers die Mitarbeiter die Firma und nicht etwa Kinder oder Verwandtschaft. Nicht unerwähnt soll bleiben, daß Herr Grünbeck Mitglied der FDP ist.

Ein Verein für Mitarbeiter-Beteiligung. Wir würden wohl nicht in der Bundesrepublik Deutschland leben, wenn es nicht auch für Mitarbeiter-Beteiligungsmodelle einen Verein gäbe, und zwar einen durchaus hochkarätigen. Dieser heißt *Arbeitsgemeinschaft zur Förderung der Partnerschaft in der Wirtschaft e.V.* Schwerpunkte sind die Entwicklung von Modellen im Bereich Erfolgs- und Kapitalbeteiligung, Vermögensbeteiligung, Mitwirkung und Mitverantwortung, Eigeninitiative und Selbstorganisation, Qualitätszirkel, Organisationsentwicklung, Personalentwicklung und Unternehmenskultur.[42]

Die Aufzählung dieser Aktionsfelder deutet bereits an, wie weit das Umfeld der Diskussion um Modelle der Erfolgsbeteiligung reicht. *Aucoteam, Hewlett-Packard* und *Bertelsmann* sind Mitglieder.

Eines der Vorzeige-Unternehmen in puncto Mitarbeiterbeteiligung ist das Walldorfer Unternehmen *SAP*, Unternehmen des Jahres, gekürt von der Union der europäischen Wirtschaftspresse. Und so sieht das umfangreiche Programm aus, das vom Unternehmen auf einer unscheinbaren DIN-A4-Seite mit *SAP*-Zusatzleistungen überschrieben wird. Auszüge:

1. Abhängig vom Erfolg des Unternehmens wird am Jahresende eine Erfolgsbeteiligung bezahlt. Für 1996 beträgt sie bei 100% Zielerreichung 5,5% des Jahresgehalts.
2. Mit bis zu 10% des monatlichen Bruttogehalts können verbilligte *SAP*-Aktien erworben werden.
3. Jährlich 500 Mark Zuschuß vom Unternehmen an die Mitarbeiter zum Erwerb von Aktien.

Aber das ist noch lange nicht alles:
- Betriebliche Altersversorgung und Unfallversicherung
- Ein Jahr Gehaltsfortzahlung im Krankheitsfall
- Zinslose Baudarlehen und niedrig verzinste Autokauf-Darlehen
- Vermögenswirksame Leistungen, Erstattung von Umzugskosten, kostenloses Essen, umfangreiche Weiterbildungsmöglichkeiten, Sport- und Freizeitmöglichkeiten, Trennungsentschädigung.

Und, man mag es kaum glauben: Das Unternehmen plant 1996 einen

Umsatzsprung um 40%. Bei *SAP* wird das Ganze abgerundet von einer flexiblen, unbürokratischen Unternehmenskultur. Wenig verwunderlich: In einer Untersuchung über die besten Arbeitgeber Deutschlands liegt *SAP* unter den ersten zehn.[43]

Übrigens: Zwei erfolgreiche Unternehmen, insbesondere *Bertelsmann*, aber auch *Der Spiegel*, praktizieren seit Jahrzehnten wirklich interessante, attraktive Mitarbeiter-Beteiligungsmodelle.

Bei allen schönen Modellen darf jedoch nicht vergessen werden: Mitarbeiter-Beteiligungsmodelle können sich auch kontraproduktiv bezüglich der Einstellung neuer Mitarbeiter auswirken. Wenn ein Teil des Gewinns unter allen Kollegen verteilt wird, so schmälert jeder neue Mitarbeiter dessen Höhe! Mitarbeiter-Beteiligung kann sich durchaus negativ auf die Arbeitsmarktsituation auswirken. *Ford* z. B., aber auch das Trend-Unternehmen *Nike* lassen aus ganz unterschiedlichen Gründen die Finger von solchen Systemen.

Verlust statt Gewinn. Und was, wenn statt Gewinn in einem Jahr Verlust gemacht wird? Wird es dann legitim für die Mitarbeiter, nicht mehr leistungsorientiert und engagiert zu arbeiten? Die Crux der Faszination Mitarbeiterbeteiligung liegt nämlich in einer asymmetrischen Annahme: Durch materielle Anreize soll die Motivation der Mitarbeiter zunehmen. Doch wenn das Unternehmen in eine Krise gerät und keine Gewinne mehr ausschütten kann oder gar Verluste berechnen muß, dann sollen die Angestellten erst recht motiviert sein. Wenn aber die Theorie vom materiellen Leistungsanreiz stimmt, bedeutet das unweigerlich, daß die Motivation in schlechten Zeiten sinkt. Dadurch wiederum steigen die Kosten für das Unternehmen. Pessimisten gehen davon aus, daß die gesunkene Produktivität in keiner Weise von den eingesparten Lohnkosten aufgewogen wird.

Keine Gewinnbeteiligung, weil kein Gewinn: Das kann dazu führen, daß

– die Mitarbeiter bummeln
– die Mitarbeiter kündigen und neue eingearbeitet werden müssen
– die Mitarbeiter innerlich kündigen

- qualifizierte Kräfte sich nicht mehr bewerben
- die Qualität der Produkte dadurch abnimmt
- und mit ihr die Kundenzufriedenheit
- die Mitarbeiter bei der nächsten Lohnrunde eine stärkere Erhöhung ihres Grundgehalts fordern.

Die Liste ließe sich fortsetzen.

Keine übertriebenen Erwartungen. Dr. Markus Kaiser, Züricher Unternehmensberater, rät, an Lohnsysteme, die an den Unternehmenserfolg gekoppelt sind, keine übertriebenen Erwartungen zu knüpfen. Entschieden widerspricht er dem Autor von »Ganzheitliches integriertes Gehaltmanagement«, der davon ausgeht, daß über individuelle Leistungssteigerung und Unternehmerdenken hinaus auch mit »sinngebender Führungsethik, echter Sozialkompetenz sowie Persönlichkeitsentwicklung« zu rechnen sei.[44] Reines Wunschdenken, nennt Kaiser das. Niemand darf auf die Mitarbeiterbeteiligung als Wundermittel hoffen – weder als Arbeitgeber noch als Arbeitnehmer.

Kaiser weiter: Den stark überzogenen Erwartungen an Erfolgsbeteiligungssysteme liegt ein charakteristischer Irrtum zugrunde. Dieser liegt in der Annahme, eine verstärkte Ausrichtung des individuellen Handelns auf gemeinschaftlich und unter Umständen längerfristig angelegte Ziele und Aktivitäten der Unternehmung seien auf dem Verrechnungswege herbeizuführen.[45]

Kaiser führt ein Erfolgsbeteiligungssystem an, das er für gelungen hält: Die Schweizer *Albert Stoll Giroflex AG*, ein führender Hersteller von Büromöbeln, hat ein Forum aus Vertretern der verschiedenen Hierarchiestufen institutionalisiert, das quartalsweise die Budgetrealisierung überprüft und Abweichungen beziehungsweise Verbesserungsvorschläge diskutiert. Parameter sind dabei die Kosten für Material, Fertigung, Energie, Qualität, Verkauf, Entsorgung, Verwaltung und Personal.

Auf diese Weise soll allen Beteiligten ein Gefühl für die Wechselwirkungen der heterogenen, standort- und funktionsabhängigen Bedingungen vermittelt werden. »In der jährlich zur Auszahlung gelangenden Erfolgsbeteiligung pro Mitarbeiter materialisiert sich die notwendige Synthetisierung der Einzelperspektiven im Hinblick auf generelle Zielsetzungen des Unternehmungshandelns. Zudem bringt die Ausschüttung einer personenbezogenen Erfolgsbeteiligung, die je nach Größenordnung des angefallenen Unternehmensgewinns nach Steuern jährlich zwischen 30 und 80% eines Monatslohns ausmacht, ein Moment der individuellen Betroffenheit ins Spiel. Klar ist, daß die zur Verteilung gelangende Summe noch durch ganz andere Faktoren als die durch die Mitarbeiter beeinflußbaren Kosten bestimmt wird. Betragsgemäß ist die individuelle Erfolgsbeteiligung gerade groß genug, um nicht als bedeutungslos zu gelten, andererseits aber auch nicht derart attraktiv, daß dieser monetäre Aspekt geeignet wäre, zur Hauptattraktion dieser Form der Mitarbeiter-Beteiligung zu werden.«[46]

Nicht nur aufs Geld kommt es an. Hier wird klar: Materielle Mitarbeiterbeteiligung allein läßt die Bereitschaft der Mitarbeiter, die Unternehmensziele auch als die eigenen Ziele anzusehen, nicht wachsen. Wichtig ist darüber hinaus eine immaterielle Beteiligung. Diese beinhaltet Informationsfluß, gegenseitiges Vertrauen, Akzeptanz von Andersartigkeit, flache Hierarchien, Mitbestimmung und Einbindung in Personalentscheidungen. Innerbetriebliche Verständigung auf allen Ebenen. Mitarbeiter sind dann nicht länger Personen, die angetrieben werden müssen, sondern sich selbst organisierende Individuen. Ausgangssituation und Ziel müssen von den Mitarbeitern selbst definiert werden, anstatt daß ihnen jeder Schritt vorgegeben wird. Sobald die Mitarbeiter in Entscheidungsprozesse einbezogen werden, wird sich die Qualität der Ergebnisse erheblich verbessern, da sie die Probleme vor Ort bestens kennen.

All diese Überlegungen führen dazu, daß in »gesunden« Unternehmen Erfolgsbeteiligungssysteme durchaus Vorteile für beide Seiten haben können. Die Mitarbeiter fühlen sich für ihr ohnehin vorhandenes Engagement gerechter entlohnt, und die Arbeitgeber freuen sich über das Instrument, nach guten Ergebnissen auch einzelnen Mitarbeitern ihre Wertschätzung zu zeigen. Der Chef, der jedoch niemals Wertschätzung für geleistete Arbeit zeigt, wird sich schwerlich auf diese Weise in die Herzen seiner Mitarbeiter schleichen können. Ist die Unternehmenskultur geprägt von Mißgunst, der Vermeidung von offenen Face-to-face-Konflikten, Unterdrückung, Mobbing, autoritären Strukturen, Ressort-Egoismus, Einzelkämpfertum und dem Vorurteil der Geschäftsleitung, daß alle Mitarbeiter letztendlich nur auf ihre eigene Gemütlichkeit bedacht seien, so bergen Konzepte der Erfolgsbeteiligung ungeahnte Fallen für beide Seiten: Chef und Angestellte.

Nur wer seinem Chef auch sein schwer verdientes Geld anvertrauen würde, sollte sich auf eine Mitarbeiterbeteiligung einlassen.

Mitarbeiterbeteiligung und Lohnverzicht. Die aktuelle Lage: Lediglich eine Minderheit der deutschen Angestellten möchte am eigenen Unternehmen beteiligt werden und noch weniger Arbeiter übrigens. Ein regelmäßiges hohes Einkommen ist den meisten lieber.

Zur Meinungsverteilung einige Zahlen: Eine repräsentative Umfrage des Forsa-Instituts im Auftrag der Zeitschrift *DM* ergab im Juli 1996, daß nur 43 % der Befragten am Unternehmen in Gestalt von Aktien und Anteilen beteiligt werden möchten. Schon deutlich mehr (nämlich 51 %) wünschen sich eine Beteiligung am Unternehmensgewinn in Form von Bonuszahlungen.[47]

Auf die weitergehende Frage: »Würden Sie auf einen Teil Ihres Gehaltes verzichten, wenn Sie dafür Unternehmensanteile bekämen oder bei besserer wirtschaftlicher Lage am Gewinn beteiligt würden?« antworteten 53 % mit Nein. Immerhin erklärten sich 40 % bereit, auch für weniger Geld zu arbeiten, wenn sie dafür in besseren Zeiten eine Entschädigung erhielten (7 %: »weiß nicht«-Angaben).

Dabei zeichnete sich eine deutliche Einstellung pro Lohnverzicht/Gewinnbeteiligung ab bei Befragten mit einem höheren Bildungsabschluß (Abitur, Studium: 53 %) und bei Besserverdienenden (monatliches Haushaltsnettoeinkommen ab 6 500 DM: 62 %). Logisch, daß die, die weniger Geld zur Verfügung haben, einem Lohnverzicht bei gleichzeitiger Gewinnbeteiligung eher ablehnend gegenüberstehen (54%). In den neuen Bundesländern ist dabei die Skepsis deutlich größer, was sicherlich nicht nur an der ideologischen Vergangenheit liegt, sondern an dem generell noch niedrigeren monatlichen Netto-Einkommen.

Streik! Eine letzte Überlegung: Eine Mitarbeiterbeteiligung schafft eine Allianz, die den grundsätzlichen Diskrepanzkonflikt zwischen den Interessen der Arbeitgeber und denen der Arbeitnehmer nur scheinbar überwindet. Bislang ist der Streik das wichtigste Mittel der Arbeitnehmer im Kampf um Rechte und Lohn. Sobald der Arbeitnehmer jedoch als Co-Unternehmer einsteigt, ist er von den Auswirkungen seines Streiks ebenso bedroht wie der, den er eigentlich in die Knie zu zwingen sucht. Angesichts jüngster Forderungen aus dem Arbeitgeberlager, beispielsweise die Lohnfortzahlung im Krankheitsfall zu kürzen, sollten die Arbeitnehmer genau darüber nachdenken, ob sie zu einer Waffenübergabe bereit sind.

Ausblick mit Schrecken. Eine immer mehr um sich greifende Form der »Mitarbeiterbeteiligung« verdient unsere Aufmerksamkeit, zumal sie ganz neue Verhältnisse schafft: Aus Arbeitnehmern werden plötzlich – weniger freiwillig denn gezwungenermaßen – Unternehmer. Aus der Rolle der Lohnabhängigen vertrieben und um zu vermeiden, als Arbeitslose auf der Straße zu landen, finden sich Ex-Arbeitnehmer plötzlich im Unternehmerlager wieder.

Eine fremde Welt erwartet die Neuankömmlinge, die zwar nicht aus einem Paradies vertrieben wurden, aber auch nicht in ein gelobtes Land gelangen. Diese massenhafte Metamorphose, diagnostiziert die *Frankfurter Allgemeine Zeitung*, sei bereits in vollem Gange: Aus Arbeitnehmern werden Unternehmer.[48] Was für ein schlauer und perfider Einfall, so der Autor.

War der frühe Kapitalismus auf die maximale Ausbeutung der Arbeitsleistung angelegt, setzt der heutige viel effektiver bei der Verantwortung des einzelnen an. Mußten früher Arbeitnehmer den Arbeitsgegenstand mitgestalten, ist ihre Aufgabe jetzt viel komplexer. Es geht schlicht und einfach um das möglichst permanent profitable Betriebsergebnis.

Reichte es früher aus, ordentlich mitzuarbeiten, ist nun Mitdenken und vor allem Mitzittern wegen des selbst zu tragenden Risikos verlangt. War früher der Arbeitnehmer nur ein kleines Rädchen im Fertigungsgetriebe, ist jetzt der Fertigungsprozeß auf seine Schultern gelegt, von seinem Engagement abhängig:

»Die stets prekäre und Widerstand provozierende Fremdausbeutung wird durch das Abschöpfen von prinzipiell grenzenloser Selbstausbeutung ersetzt. Auf breiter Front entflechten Großunternehmen deshalb z.Z. die internen Instanzenwege, um die Entscheidungsmacht zu zerlegen und auf die vorhandenen Köpfe umzuverteilen. Nicht nur, daß dezentrale Gewinneinheiten gebildet werden, selbst die einzelnen Arbeitsteams haben nicht mehr ihren Arbeitsplan, sondern ihre ökonomische Performance zu rechtfertigen.«[49]

Alleiniges Hauptziel dieser neuen Richtung ist es, das gesamtunternehmerische Risiko für den ehemaligen Arbeitsplatzanbieter zu minimieren und auf viele seiner früheren Arbeitnehmer wirkungsvoll, weil konsequent zu verteilen, um dabei jeden optimal einzubinden. Ob durch Methoden wie *Just in time*, also auf Abruf, an Auftrags- oder Subunternehmer ausgelagert, ob als abtrennbare Arbeitsschritte durch *Outsourcing* vergeben – welche Form auch immer gewählt wird, es geht darum, die volle Verantwortung für den alles entscheidenden Enderfolg beim ehemaligen Arbeitnehmer und jetzigen Unternehmer festzumachen, ihm die Verantwortung aufzuladen und sein persönliches finanzielles Wohl und Wehe davon absolut abhängig zu machen.

Sein neuer Status, Unternehmer in einem Unternehmen sein zu dürfen, ist weniger Ehre als Herausforderung, vor allem aber wohlkalkulierte und für den Arbeitsplatzanbieter profitable Verpflichtung.

Am deutlichsten wird uns dieses Prinzip beim sogenannten *Franchising* vorgeführt. Hier tritt der ehemalige Rolleninhaber Arbeitsplatzanbieter auf und vermarktet als Lizenzgeber für teures Geld sein mehr oder minder erfolgreich funktionierendes Geschäfts-Know-how. Das unternehmerische Risiko bleibt voll und ganz beim Arbeitnehmer, der nun in seiner neuen Rolle des Lizenznehmers erstens dafür zahlt und zweitens sich als quasi pseudofreier Unternehmer dem Markt mit all seinen Risiken zu stellen hat.

Eines der erfolgreicheren Beispiele dazu stellt das Boulettenbrat-Weltunternehmen *McDonalds* dar. Es besteht lediglich aus einem kleinen zentralistischen Organisationskern mit ganz wenig Personal, das jedoch ein weltweites Netz von Verkaufsstellen dirigiert. Dieses weltumspannende Filialnetz wird dabei zwar nicht direkt selbst betrieben, ist aber so eng an die Organisationzentrale geknüpft, daß von einem gelungenen Schachzug gesprochen werden muß, wenn man die Höhe der Lizenznehmergebühr kennt. Hätte man früher von einem Verhältnis Arbeitgeber zu Arbeitnehmer gesprochen, handelt es sich jetzt um das feine Geschäft eines Lizenzgebers mit seinen von ihm an die Kette gelegten, in wirkungsvoller Abhängigkeit gehaltenen Lizenznehmern.

»Den höheren Gewinn aus dieser Kombination von Einheit und Atomisierung, sagt die neue Firmenphilosophie, haben beide Seiten, der Geber und der Nehmer, der große und der kleine Unternehmer.«[50]

Aber auch Versicherungs- und Finanzberatungsgesellschaften, allen voran in Deutschland die *Allianz*, *MLP* oder *Bonfinanz*, sind zu diesem System übergegangen und produzieren neben vielen neuen Dienstleistungen (Stichwort Strukturvertrieb) auch Massen von neuen Unternehmern.

So sind die meisten Versicherungsvertreter nicht mehr Angestellte, sondern eine Art freier Versicherungsmakler, allerdings mit der einschränkenden Auflage, ihren Kunden lediglich das Angebot ihres Auftraggebers offerieren zu dürfen, was dann, kritisch betrachtet, so frei gar nicht ist. Für sie entstehen dank des besonderen Status keine Lohnnebenkosten, alle notwendigen Sozialabgaben tragen sie praktischerweise selbst.

Wir kennen sehr ähnliche Systeme, quasi Vorläufermodelle, schon bei der *Avon*-Beraterin, der *Tupperware*-Partyveranstalterin, dem Marken-Tankstellenbesitzer, dem Freelancer und dem Taxifahrer. Jedes geschäftliche Risiko, auch Arbeitsunfall oder -ausfall liegt dabei nun in den eigenen (klein-)unternehmerischen Händen.

Das heutige Großunternehmen wird idealtypischerweise in so viele Einzelunternehmer aufgeteilt, wie es z.Z. Mitarbeiter beschäftigt. Die

Kräfte des freien Marktes regeln dann schon, wer überlebt und sich durchsetzt. Früher wäre eine teure und lästige Personalstruktur-Anpassungsmaßnahme (kurz: Personalabbau) notwendig geworden. Nun ist es die sogenannte Bestenauslese, mit der Konsequenz, daß das Arbeitsrecht und -reglement auf den Kopf gestellt wird.

Der zukünftige Arbeitnehmer hat also nicht mehr nur für Fleiß und Leistung, sondern für den Erfolg seines Arbeitsresultates einzustehen und so das ganze Verantwortungsrisiko zu übernehmen. Damit ist er nicht mehr einfacher Anbieter seiner Arbeitskraft, sondern muß die Früchte seines Schaffens selbst vermarkten, vergleichbar mit Freiberuflern oder Treuhändern, die ihrem Auftraggeber Rechenschaft über ihre Ergebnisse schulden. Man könnte auch sagen: Der Auftraggeber kauft nicht mehr »die Katze im Sack« zu einem Pauschalpreis am Monatsende (Angestelltenlohn), sondern es gilt quasi das Prinzip: Ofen, gib mit Wärme, dann geb' ich dir Kohle...

Diese Umwandlungsphase bedeutet für viele der heutigen Arbeitnehmer einen völlig neuen, z.T. unzumutbaren Schritt. Für einige wenige mag es vielleicht auch ein belebender Zwang zur Freiheit sein, eigentlich führt er aber in eine neue Form der Pseudo-Unabhängigkeit. Der klassische Gegensatz von Kapital und Arbeit jedenfalls wird für diese Art von neuen Arbeitnehmern quasi aufgehoben und individuell innerseelisch verankert.

Jetzt darf sich ein jeder als sein eigener Kapitalgeber und gleichzeitig als sein eigener Arbeitnehmer verstehen, frei nach dem Motto: »Hier kocht der Chef selbst.« Damit läßt sich vortrefflich das traditionelle Feindbild vom kapitalstarken Unternehmer und dem schwachen, sich in permanenter Ausbeutungsgefahr befindlichen Arbeitnehmer – reduzieren, wenn nicht gar wegschminken.

Gleichzeitig gilt der gnadenlose Konkurrenzkampf gemäß der Devise *Survival of the fittest*. Entscheidend für den ehemaligen Arbeitgeber ist dabei der Aspekt, nicht etwa irgendein Anrecht auf Arbeitsleistung durch Entlohnung erworben, sondern profitable Arbeitsergebnisse eingekauft zu haben. Die hierfür notwendige Arbeitszeit hat der neue »Jungunternehmer« gemäß dem geschuldeten Resultat aufzubringen. Überstunden- und Sondervergütungen gibt es keine. Entscheidend ist – wie es der Bundeskanzler einmal unfreiwillig kabarettistisch formulierte – was hinten herauskommt. Allein der Erfolg zählt. Gnadenlos.

Arbeitszeit-Modelle: Maßanzüge oder Zwangsjacken?

Quasi bis zum heutigen Tag herrscht in der Bundesrepublik das *Dogma der exzessiven Arbeitszeit*: Wer möglichst lange arbeitet, ist nicht nur der Leistungsstärkere, sondern auch der moralisch Überlegene. Die Teilzeitarbeit leidet am Hausfrauen-Stigma. Wer Teilzeit arbeiten will, sieht sich ungeahnten Rechtfertigungszwängen ausgesetzt: Ist der Sub-Standard-Arbeitnehmer etwa nicht bereit, »alles« zu geben?

Halbe Arbeit, halber Mensch. Vom gesellschaftlichen Status her befindet sich der Teilzeitarbeiter noch unterhalb des Schichtarbeiters. Anders ist es nicht zu erklären, daß bisher lediglich 5 Millionen Bundesbürger (knapp 15 %) in Teilzeitarbeitsverhältnissen tätig sind. Zum Vergleich: In Skandinavien, Großbritannien und den Niederlanden sind es, prozentual gesehen, jeweils doppelt so viele – vom Nachtschichtarbeiter bis zur Führungsposition, jedenfalls theoretisch. Ursache oder Wirkung der mangelnden gesellschaftlichen Akzeptanz: 90 % der Teilzeitkräfte in der Bundesrepublik sind Frauen.

Doch die veränderten Anforderungen des Wirtschaftens ziehen auch im Bereich der Arbeitszeit tradierte Werte in Zweifel. Der immer stärker werdende internationale Wettbewerb stellt die Unternehmen heute vor die große Aufgabe, die Produktivität stets flexibel den Marktbedingungen anzupassen. Flexibel zu sein ist jedoch nur dann möglich, wenn die Aufgaben nicht mehr auf *Personen*, sondern auf *Funktionen* verteilt werden. Wenn ein Auftrag erledigt werden muß, darf es nicht mehr heißen: »Herr Maier ist fünf Wochen zum Segeln.«

Weg von der Person, hin zur Funktion: In einem Unternehmen der Zukunft ist niemand unersetzlich. Starre Arbeitszeiten, der stabile

Wechsel von Anwesenheit und Abwesenheit wird aufgelöst. Je stärker die Mitarbeiter in der Lage sind, einander – auch bei anspruchsvollen Aufgaben – zu vertreten, desto schneller und unbürokratischer kann auf die ständigen Schwankungen des Arbeitsanfalls reagiert werden. Die Spezialisierung des einzelnen muß zu einer Spezialisierung vieler auf die unterschiedlichsten Vertretungen werden.

Diese Umstellung ist nur durch eine massive Veränderung der Wert-Akzeptanz realisierbar: Die positive Wertung der exzessiven Arbeitszeit muß sich ändern, so Lars Herrmann von *Dr. Hoff, Weidinger & Partner*, einem Büro, das sich auf die Einrichtung von Teilzeitmodellen spezialisiert hat. Der Rechtfertigungszwang des Teilzeitarbeiters sollte besser in eine Begründungspflicht des exzessiven Arbeiters überführt werden. Herrmann allerdings hält die Terminologie für ungünstig: Er spricht lieber von Wahlzeitarbeit. Darunter wird verstanden, daß die Mitarbeiter in regelmäßigen Abständen nach ihrer Wunsch-Arbeitszeit befragt werden. So soll von vornherein ausgeschlossen werden, daß Teilzeitarbeitsverhältnisse als unumkehrbar empfunden werden. Also weg von: »Einmal Teilzeit, immer Teilzeit.«

Die Arbeitszeit sollte sich vielmehr an den unterschiedlichen Lebensphasen der Menschen orientieren: 30jährige mit frischem Universitätsabschluß in der Tasche und der ersten Eigentumswohnung auf Kredit wollen möglicherweise mehr arbeiten als ein 60jähriger, der sich lieber um seine Enkel kümmert. Oder umgekehrt: Wer im Ruhestand auf Weltreise gehen möchte, muß vorher zwei Jahre intensiver arbeiten. In Zeiten der Kindererziehung möchten Väter und Mütter mehr Zeit für ihre Kinder haben. Sind die Kinder aus dem Gröbsten raus, kann die Arbeitszeit wieder aufgestockt werden.

Ein Männerproblem. Die *Initiative Väteraufbruch e.V.* argumentiert: So wie die Frauen in der traditionellen Rollenverteilung vom Erwerbsleben ausgeschlossen sind, so sind die Männer entsprechend bei der Kindererziehung suspendiert.

Die Teilzeitarbeit aber eröffnet auch eine neue Perspektive im Geschlechterverhältnis. Der Konzeptwechsel ist dabei vor allem ein Problem der Männer. Während Frauen sich vom 8-Stunden-Normal-Hausarbeitstag bereits verabschiedet haben und irgendwie die Sphären Erwerbs- und Hausarbeit miteinander vereinbaren, schieben Männer bislang lieber »arbeitsorganisatorische Sachzwänge« vor, wenn es darum geht, einen Teilzeitjob zugunsten der Kindererziehung zu übernehmen. Eine Neuorientierung männlicher Lebensentwürfe ist gefragt.[51]

16% der deutschen Versicherungspflichtigen arbeiteten 1994 in Teilzeit-Verhältnissen. Das sind doppelt so viele wie in den 70er Jahren. 15% der Vollzeitkräfte würden gern Teilzeit arbeiten. Die Zahlen weichen jedoch je nach Studie voneinander ab. Der Trend zu mehr und vor allem flexiblerer Teilzeit ist dennoch unverkennbar.[52]

Für die Einrichtung von Teilzeitarbeitsmodellen können drei Hauptgründe angeführt werden:

1. Wünsche der Arbeitnehmer nach einer an Lebensphasen orientierten Arbeitszeit;
2. Wünsche der Arbeitgeber nach mehr Flexibilität im Unternehmen;
3. Arbeitsmarktentlastung: Warum muß die Arbeit so verteilt sein, daß einige die 60-Stunden-Woche, andere gar keine Arbeit haben?

Auf Tarifvereinbarungen ruhte bislang stets eine kollektive Verkürzung der Arbeitszeit, wie z. B. die 35-Stunden-Woche in der Metallindustrie. Die individuelle Arbeitszeitverkürzung muß nun auf einer freiwilligen Basis stattfinden. Die wirksamste Strategie, den aufgezählten Anforderungen zu begegnen, ist eine Förderung der Wahlarbeitszeit. Jede ernstgemeinte Flexibilisierung sollte die individuelle Wahloption beinhalten.

Organisationen müssen personenunabhängig sein. Wenn ein Facharbeiter in den Ruhestand geht, muß seine Funktion durch einen anderen zu ersetzen sein. Die wichtigste Erkenntnis für jeden »nichtersetzbaren« Mitarbeiter:

Jede Arbeit ist Teilzeitarbeit. Jede Position, auch die des Geschäftsführers, ist letztendlich Resultat eines Prozesses der Arbeitsteilung.

Niemand arbeitet 24 Stunden am Tag. Entgegen subjektiver Eindrücke von Omnipotenz und Unersetzlichkeit, verfügt auch der Manager über Zeiten *off duty*. Das Konzept der Vollzeitarbeit ist ein künstliches Konstrukt – die Arbeit zerfällt nicht von Natur aus in appetitliche *40-Stunden-pro-Woche*-Häppchen.

Welche Modelle von Teilzeitarbeit gibt es überhaupt?[53] Eine ganze Reihe renommierter Beratungsfirmen setzt sich mittlerweile mit verschiedenen Teilzeitmodellen auseinander. *Dr. Hoff, Weidinger & Partner*, eines der profiliertesten in der Branche, beraten unter anderem die *BASF, Grundig* und *Lufthansa*.[54]

Denkbar ist im Grunde jeder Verteilungsmodus im Beziehungsgeflecht von Arbeitsleistung, Arbeitszeit und Entlohnung.

Modell A: tageweise. Halbtagsarbeit hat einen negativen Beigeschmack. Während andere Teilzeitmodelle möglicherweise modern wirken können, hat die Halbtagsarbeit besonders mit dem Image der unterbezahlten Hausfrauenarbeit zu kämpfen. Halbtagsarbeit ist die verbreitetste Form der Teilzeitbeschäftigung. Sie wird entweder nach den Arbeitnehmer-Bedürfnissen ausgerichtet (vormittags gehen die Kinder zur Schule) oder nach den besonderen Anforderungen im Betrieb, z.B. ein stärkerer Bedarf von Verkaufskräften am Nachmittag oder ein zusätzlicher Bedarf nach Beendigung der normalen Betriebszeit oder in der Nacht. Wenn die Ladenschlußzeiten auf 20 Uhr verlegt werden, soll auch hier der zusätzliche Bedarf hauptsächlich über Teilzeitkräfte gedeckt werden. Jedenfalls wenn es nach dem Vorstandschef der *Karstadt AG* geht, Deutschlands größtem Warenhauskonzern.[55]

Bei der *Cannstatter Volksbank* gibt es für die tägliche Zeiteinteilung nur einen Grundsatz: Wenn es was zu tun gibt, muß mindestens einer da sein. Das bedeutet: Die gesamte Belegschaft ist in Gruppen unterteilt, die jeweils einem Aufgabenbereich zugeordnet sind, also z.B. 10 Berater für den Anlagebereich. Diese müssen – unabhängig von festgelegten Kern- oder Sperrzeiten – untereinander ausmachen, wer zu welcher Zeit anwesend ist. Daraus ergeben sich die vielfältigsten Möglichkeiten der Teilzeitarbeit. In manchen Zeiten werden im Rechenzentrum, im Kundenservice und am Kassenschalter mehr, in anderen

Zeiten weniger Kräfte benötigt. Für die Stundenpläne sind ausschließlich die Angestellten selbst zuständig. Der Vorteil: Die Bank ist 52,5 Stunden in der Woche dienstbereit.

Von einer anderen Bank wird berichtet, daß Teilzeitkräfte die Zeit von 20 bis 23 Uhr übernommen haben, um in eigener Verantwortung die Tagesauszüge zu kontrollieren.[56]

Modell B: wochenweise. Zwei Wochen im Monat: Buchhaltungspersonal z. B. wird verstärkt in der jeweils ersten und letzten Woche eines Monats benötigt. Woche zwei und drei stehen dabei zur freien Verfügung des Mitarbeiters. Nicht nur eine geteilte Kindererziehung oder die Übernahme freiberuflicher Tätigkeiten ist hier denkbar. Wer würde nicht gern einmal »zwei Wochen am Stück« einer gänzlich selbstbestimmten Tätigkeit nachgehen? Selbstverständlich ist auch die folgende Regelung denkbar: Woche eins und vier Vollzeit, Woche zwei und drei halbtags.

Auch *Niveacreme* und *Tesafilm* werden in einer *kombinierten Arbeitswoche* produziert. Einige Mitarbeiter arbeiten nur am Wochenende, dafür allerdings zweimal zwölf Stunden. Zusätzlich kommen sie alle zwei Wochen zu einer normalen Acht-Stunden-Schicht. Macht im Durchschnitt 28 Stunden pro Woche. Wegen Nacht- und Sonntagszuschlägen kommen die Wochenend-Arbeiter auf den gleichen Lohn wie ein normaler 40-Stunden-Woche-Angestellter.[57]

Modell C: monatsweise. Betriebe, die im Sommer unter Auftragsflaute leiden, z. B. die Hersteller von Elektro-Öfen, vergeben Teilzeit-Arbeitsplätze von September bis Mai. In den Sommermonaten kann sich der Mitarbeiter weiterbilden, eine Weltreise machen oder für *Langnese* arbeiten.

Prominentes Beispiel: Die Profi-Eishockeyspieler werden seit etwa zwei Jahren auch Teilzeitangestellt. Ihre Saison dauert von September bis April. Der Verdienst wird auf zwölf Monate verteilt (und fällt damit pro Monat etwas geringer aus), damit die Spieler nicht wie bei der früheren Regelung im Sommer arbeitslos sind.

Arbeitszeit-Modelle

Modell D: jahresweise. Es gibt Modelle, die bieten *Sabbaticals* an – alle sieben Jahre ein freies Jahr (bei Lehrern schon häufig praktiziert). Viele Chefs reagieren besonders allergisch auf diesen Vorschlag, wohl aufgrund eigener Unentbehrlichkeits-Fantasien. Man kann sich eine solche Regelung so vorstellen, daß der Arbeitnehmer sechs Jahre lang mehr als vereinbart arbeitet. Das bekommt er aber nicht ausbezahlt, sondern gibt es seinem Arbeitgeber als Darlehen. Der wiederum zahlt es im arbeitsfreien Jahr an den Arbeitnehmer verzinst zurück, wie DGB-Chef Schulte vorschlägt.[58] Die Verbände der Sozialversicherer weisen allerdings auf die gesetzlichen Schwierigkeiten bei der Versicherung langer arbeitsfreier Zeiten hin. Doch auch hier ist mit Änderungen zu rechnen.

Modell E: Job-Sharing. Bei Partner-Teilzeitarbeit wird eine volle Stelle mit zwei Arbeitskräften besetzt, die zweckmäßigerweise ihre Zeiteinteilung selbst bestimmen. Einer z. B. arbeitet Montag bis Mittwoch, einer Mittwoch bis Freitag. Der Mittwoch gilt dem allgemeinen Austausch. Welcher Kunde hat welches Interesse signalisiert? Welche Mitarbeiter müssen intensiver angeleitet werden? Wer hat was über wen erzählt? Am Mittwoch bringt man sich gegenseitig auf den neuesten Stand. Ein Informations-Update.

Ein anderes Modell des Job-Sharings: Die Stelle einer Betriebsärztin ist mit zwei Frauen besetzt. Die eine kümmert sich morgens von 8 bis 14 Uhr um die Patienten, die andere nachmittags von 13 bis 19 Uhr.

Modell F: Arbeit auf Abruf. Arbeit auf Abruf muß besonderen Regelungen unterworfen sein, unter anderem der gesetzmäßigen Bestimmung, daß zu leistende Arbeit mindestens vier Tage im voraus anzukündigen ist. Wichtig sind außerdem zufriedenstellende Regelungen für die betroffenen Teilzeitkräfte, so z. B. eine gleichmäßige Berücksichtigung aller Arbeiter auf Abruf, damit nicht einer dauernd, der andere nur selten abgerufen wird. Man spricht daher auch von sozialverträglicher Abrufarbeit. Zur ihr gehört, daß die Kräfte, die einen negativen Stand auf ihrem Zeitkonto haben, zuerst abgefragt werden. Nur wenn sie absagen, werden die Arbeitnehmer mit positivem Stand angerufen. Geklärt werden muß allerdings, ob die Arbeiter auch für ihre grundsätzliche Bereitschaft entlohnt werden sollen. Bei Medienleuten beispielsweise, die sich am Wochenende für wichtige Ereignisse bereithalten, ist eine *Stand-by*-Vergütung üblich.

In den meisten Fällen werden all diese Modelle mit Hilfe von Zeitkonten kontrolliert: Je nachdem, ob der Mitarbeiter in einem bestimmten Zeitraum mehr oder weniger gearbeitet hat als vereinbart, zeigt sein jeweiliges Zeitkonto einen Plus- oder Minus-Stand. So kann der Mitarbeiter sich über seinen Kontostand auf dem laufenden halten und seine tatsächlich geleistete Arbeitszeit belegen. Selbstverständlich sind auch Regelungen denkbar, nach denen der Arbeitnehmer seinen Vorruhestand ansparen kann, indem er 10 Jahre lang mehr als vereinbart arbeitet. Dafür kann er, wenn er möchte, ein Jahr früher in den Ruhestand gehen. Falls das Rentenalter hinaufgesetzt wird, eine Idee mit Zukunft.

Zeitkonten sind selbstverständlich nicht allein auf Teilzeiter begrenzt, sondern stellen auch eine Möglichkeit der Flexibilisierung der Arbeitszeiten von Vollzeitbeschäftigten dar. Schätzungsweise 30% aller Angestellten verfügen bereits über eine solche Option – Tendenz steigend. Bei *BMW* beispielsweise haben die Arbeiter in der Produktion einen Rahmen von plus/minus 200 Stunden, um kurzfristig auf Nachfrageschwankungen reagieren zu können.[59]

Der Fantasie der Zeiteinteilung von ganz wenigen Stunden bis hin zur Fast-Vollzeit sind dabei keine Grenzen gesetzt. Daraus resultiert zunächst einmal, daß Geschäftsführer bei dem Wort *Teilzeitarbeit* fußballfeldgroße digitale Anzeigetafeln imaginieren, die Auskunft über die Anwesenheit von Mitarbeitern geben sollen. Sobald man einen Angestellten dringend benötigt, so die Befürchtung, wird man stundenlang damit beschäftigt sein, herauszufinden, ob er nun gerade anwesend ist oder nicht. Besonders für konservative Unternehmen hat Teilzeitarbeit das Image des Anarchistischen. »Produktive Unruhe«, formuliert der Teilzeitexperte Lars Herrmann etwas freundlicher. Was die Sache für manche nicht besser macht.

Trotzdem deutet alles auf eine Zunahme der Teilzeitarbeit, vorausgesetzt, beide Seiten, Arbeitnehmer und Arbeitgeber, zeigen sich flexibel. Beim Geld hört die Flexibilität jedoch auf: Die Bezahlung sollte auf ein System der regelmäßigen Entlohnung, die sogenannte Durchschnittsbezahlung, angelegt sein: jeden Monat nach der durchschnittlichen oder vereinbarten Arbeitszeit, damit man nicht in freien Zeiten ohne Geld dasteht.

Ein Beispiel: Wer nur zehn Monate arbeitet, erhält – ähnlich wie die Profis der Eishockeyliga – trotzdem jeden Monat denselben Betrag. Die zwei nicht gearbeiteten Monate werden auf das Gesamtgehalt umgerechnet. Die Durchschnittslohn-Regelung erleichtert einige sozialversicherungsrechtliche Probleme erheblich, wie die Festlegung von Urlaubs- und Krankengeld. Bestimmte Ansprüche müssen lediglich prozentual heruntergerechnet werden.

Oberste Maxime: Der Teilzeitbeschäftigte darf in keinem Fall schlechter gestellt werden als der Vollzeitbeschäftigte. Es sei denn, und hier liegt der Hase im Pfeffer, es gibt »sachliche Gründe für eine unterschiedliche Behandlung«.

So ein sachlicher Grund kann vorliegen, wenn Essenszuschüsse für Arbeitnehmer, die lediglich vier Stunden täglich arbeiten, nicht gewährt werden. Natürlich ist die Definition dieser sachlichen Gründe immer wieder Anlaß zu Auseinandersetzungen. Zunächst steht aber fest, daß der Teilzeitarbeitnehmer vollen Sozialversicherungsschutz genießt (mit Ausnahme der geringfügig Beschäftigten).

Ein kultureller Wertewandel. Durch Teilzeitarbeit erhöht sich im besten Fall die Zufriedenheit der Belegschaft und mit ihr das Firmenimage. Schließlich ist es auch bis in so manche Führungsetage vorgedrungen, daß glückliche Mitarbeiter produktiver sind. Außerdem muß ja nicht jede Stelle voll besetzt sein. Mit Ausnahme natürlich des unverzichtbaren Chefs.

Folgende Motive, Teilzeitarbeit zu wählen, gelten für Arbeitnehmer und dadurch mittelbar auch für Arbeitgeber:

– mehr Zeit für die Familie
– mehr Zeit für Hobbys und Ehrenämter

- mehr Zeit für »Lebensaufgaben«: ein Haus bauen, einen Baum pflanzen und eine Tochter/einen Sohn großziehen
- mehr Zeit für Bildung und Weiterbildung
- u. U. weniger Abhängigkeit durch zwei Arbeitgeber
- weniger Belastung durch die Arbeit
- »Ich brauche das Geld nicht« (statt Vollzeitbeschäftigung)
- »Ich brauche das Geld« (statt Arbeitslosigkeit oder als Zuverdienst)

Für viele hat Arbeit heute einen anderen Stellenwert als für die Nachkriegsgeneration, die noch von einem hohen Maß an Firmentreue und Einsatzbereitschaft geprägt war. Moderne Modelle des *Just-in-time*-Managements wären mit einer solchen Belegschaft vielleicht besser zu bewerkstelligen gewesen. Heute ist der monetäre Anreiz der ständigen Überstunden durch Werte im Freizeit- und Selbstverwirklichungsbereich relativiert worden.

Kosten und Nutzen für die Teilzeitkraft. Kosten und Nutzen der Teilzeitarbeit müssen privat und individuell kalkuliert werden. So sollen hier nur ein paar Stichpunkte genannt sein, und zwar für Arbeitnehmer und für Arbeitgeber (falls noch Überzeugungsarbeit geleistet werden muß).

Weniger Arbeit – mehr Lohn. Bei Akkordlohn ist der erarbeitete Lohn proportional günstiger als bei Vollzeitarbeit, u.a. weil es zu weniger Ermüdungserscheinungen kommt: In vier Stunden kann man mehr leisten als in der zweiten Hälfte von acht. Aber auch bei Teilzeitarbeit mit Zeit-Verdienst ist das Brutto/Netto-Verhältnis günstiger, wegen der Steuerprogression. Wer sein Bruttogehalt halbiert, erhält netto mehr als die Hälfte (da er in eine andere Steuerklasse fällt). Zusätzlich: Manche Sozialleistungen, wie z.B. der Einkauf von Firmenprodukten macht sich bei Voll- und Teilzeitarbeit gleichermaßen bezahlt: Auch der Teilzeitarbeiter bei *VW* kann sich einen Neuwagen zu Vorzugspreisen zulegen. Den er auch wieder mit Gewinn verkaufen kann.

Ein interessantes Angebot findet sich in Unternehmen, die Teilzeit-

Arbeitszeit-Modelle

arbeitern proportional höhere Löhne zahlen. Wer 50% arbeitet, erhält trotzdem 60% Lohn. Oft werden solche Regelungen bei nicht ganz freiwilliger Teilzeit-Einführung gewährt, um die zukünftigen Teilzeitkräfte milde zu stimmen und zur Kooperation zu bewegen. Anders in Magdeburg: Hier reduzierten die Mitarbeiter der *AOK* angesichts der bedenklichen Kassenlage freiwillig. Für 20 Stunden Wochenarbeitszeit erhalten sie 75% ihres ursprünglichen Gehalts.[60] Der Präsident der deutschen Management-Gesellschaft, Werner Then, dazu: »Meiner Meinung nach müßten Teilzeitbeschäftigte etwas besser bezahlt werden, weil sie produktiver sind und deutlich geringere Fehlzeiten haben.«[61]

Weniger Arbeit – weniger Rente Wer weniger in die Rentenkassen einzahlt, bekommt auch weniger heraus. Das gleiche gilt für die Arbeitslosenversicherung. Dieser Nachteil entsteht vor allem für dauerhaft Teilzeitarbeitende.

Weniger Arbeit – weniger Sozialleistungen Urlaubsgeld, Weihnachtsgeld, betriebliche Altersvorsorge – all das, was die Anstellung besonders in großen Unternehmen so angenehm macht, wird anteilig ausgezahlt. Besonders großzügige Unternehmen lassen sich jedoch zuweilen auf einen Ausgleich ein.

Weniger Arbeit – weniger Förderung Ob offiziell oder inoffiziell: Teilzeitarbeitskräfte werden meist nicht in betriebliche Förder- oder Weiterbildungsprogramme aufgenommen. Hier ist jedoch mit einigen Änderungen zu rechnen, sobald mehr wichtige Positionen und mehr Männer in Teilzeitregelungen aufgenommen werden. Zur Zeit allerdings noch ein echtes Problem – Teilzeitkräfte gelten eben als Sonderfälle.

Weniger Arbeit – höhere private Kosten. Private Anfahrtskosten erhöhen sich proportional. Für die, die täglich vier statt acht Stunden arbeiten, bedeutet das: Obwohl sich der Verdienst halbiert, bleiben die Fahrtkosten konstant und mit ihnen die weiteren mit der Anfahrt verbundenen Lasten. Ausgleichen kann man diese und andere Nachteile am besten nach der *Do-it-yourself*-Methode. Vielleicht muß bei Teilzeitarbeit einiges nicht mehr in Reparatur gegeben werden. Ebenso kann man so manche Babysitterstunde sparen.

Wer jetzt noch anfängt, über die Möglichkeiten einer zusätzlichen Teil-Selbständigkeit oder von Zusatzeinkommen nachzudenken, der wird sich kaum dem Reiz einer Teilzeitbeschäftigung entziehen können. Wie gesagt, die Kosten und Nutzen, materielle wie immaterielle, müssen im Einzelfall gegeneinander abgewogen werden. Niemand geht aus rein ökonomischen Gründen ein Teilzeitarbeitsverhältnis ein.

Die Vorteile für das Unternehmen. Die zentrale Herausforderung an die Zeitgestaltung im Unternehmen ist die flexible Koppelung von Betriebs- und Arbeitszeit.[62] Arbeitgeber können sich davon einige Vorteile versprechen:

Höhere Flexibilität. Nicht zu jeder Zeit müssen gleich viele Arbeitskräfte vor Ort sein. Mit Teilzeitarbeitskräften kann man arbeitsanfallintensive Zeiten mit einem angemessenen Personaleinsatz abdecken. Vor allem der Wegfall des Überstundenzuschlags dürfte das Gesicht von so manchem Chef zum Strahlen bringen. Kostengünstige Bewältigung von Arbeitsspitzen wird das dann genannt.

Bessere Auslastung der Maschinen. Weniger Leerzeiten führen zu geringeren Kapitalstückkosten.

Verkürzung der Durchlaufzeiten und Lieferfristen. Je schwieriger der Markt, desto wichtiger werden kurze Lieferfristen und Termintreue. Gerade bei zusätzlichen Aufträgen mit Termindruck, Problemen mit verzögerten oder qualitativ mangelhaften Zulieferungen oder einem plötzlich eintretenden hohen Krankenstand (Grippewelle) kann der verstärkte Einsatz von eingearbeiteten Teilzeitkräften unangenehme Folgen verhindern: Konventionalstrafen wegen Lieferverzögerung und Verlust der Kunden.[63]

Längere Betriebs- und Öffnungszeiten. Bei Dienstleistern, im Handel und bei Banken würde sich mancher Kunde freuen, wenn er auch noch abends etwas kaufen bzw. regeln könnte.

Bessere Mitarbeiter. Die Arbeitsleistungen pro Stunde verbessern sich quantitativ und qualitativ durch weniger Müdigkeit, Ausschußquoten schwinden, Arbeitnehmer werden seltener krank, die Ausfallzeiten verringern sich. Nicht zuletzt können Arzt- und Rechtsanwaltsbesuche sowie die Fahrt zum TÜV in der arbeitsfreien Zeit erledigt werden.

Effektiver Einsatz von qualifizierten Fachkräften. Facharbeiter machen in Zeiten der Unterauslastung Tätigkeiten, für die sie unterqualifiziert sind und in arbeitsanfall-intensiven Zeiten keine teuren Überstunden.

Reibungsloses Überbrücken von Urlaubs- und Fehlzeiten. Bei Fehlzeiten einzelner Arbeitnehmer können Teilzeitkräfte vorübergehend einspringen und Vollzeit arbeiten und müssen nicht extra eingearbeitet werden.

Die Arbeit richtet sich nach der Arbeitszeit. Ein Phänomen bleibt oft unberücksichtigt: Die anfallende Arbeit muß erledigt werden. Wer kürzer arbeitet, wird oft genug von sich aus schneller arbeiten, um die Dinge vom Tisch zu haben, wenn er nach Hause geht. Ein bisher vernachlässigter Produktivitätsschub!

Frauen an die Macht. Der Arbeitgeberverband Gesamtmetall bringt folgendes Argument für die Einführung von Teilzeitarbeit vor (im Wortlaut, weil man's den Herren aus Köln gar nicht zugetraut hätte): »In den 90er Jahren wird der Mangel an qualifizierten Nachwuchskräften weiter zunehmen. Das hängt damit zusammen, daß die Zahl der jungen Deutschen (15 bis 25 Jahre) drastisch sinkt. Zahlreiche Betriebe reagieren darauf schon heute, indem sie Positionen, die bisher Männern vorbehalten waren, verstärkt mit Frauen besetzen. Das erfordert bei Einstellung von Frauen mit Kind(ern) viel Phantasie bei der Gestaltung von Arbeitszeiten, damit qualifizierte Mitarbeiterinnen auch in der Familienphase dem Unternehmen zumindest teilzeitig erhalten bleiben.«[64]

Das Problem ist in den Köpfen. Noch leidet die Teilzeitarbeit unter dem Image, ein Auffangbecken für Arbeitsscheue zu sein. Doch die Gewichtung von Arbeit und Privatleben muß dringend neu definiert werden. Auch bei Headhuntern hat sich die Erkenntnis durchgesetzt, daß ein erfülltes Privatleben eine weit bessere Voraussetzung für erfolgreiche Arbeit ist als die Bereitschaft, sich 24 Stunden täglich dem Fetisch Beruf und Karriere zu widmen. Führungskräfte mit einem ausgewogenen Arbeit-Freizeit-Verhältnis können ganz anders mit ihren Mitarbeitern umgehen, viel komplexere Entscheidungen treffen und sind weit weniger gefährdet für typische Manager-Krankheiten wie Burn-out oder Alkoholprobleme.

Nicht also die 20-Stunden-Woche ist das Problem, das Problem existiert in den Köpfen der Menschen. Dabei muß sich auch die Selbstwahrnehmung der Teilzeitkräfte ändern: Teilzeitarbeit hat keine Lückenbüßer-Funktion, sondern ist eine echte Alternative zur Vollzeitbeschäftigung.

V. Bewertung

Geld, Geltung und Gerechtigkeit

Von der Gerechtigkeitsphilosophie zur Selbstbedienungsmentalität

> Wo keine Gerechtigkeit, da ist auch kein Friede.
> *Deutsches Sprichwort*

Das Gefühl, bereits mehr als einmal gravierend ungerecht behandelt worden zu sein, kennt wohl jeder. Gerechtigkeit hingegen verbindet der einzelne kaum mit einem besonderen Erlebnis. Wenn Gerechtigkeit herrscht, ist man zufrieden: alles in Ordnung, ganz normal. Um der Gerechtigkeit und ihrer Bedeutung auf die Spur zu kommen, beginnt man daher zweckmäßigerweise zunächst bei der Ungerechtigkeit.

Die Wahrnehmung einer Ungerechtigkeit ist zunächst ein subjektives Erleben, ein besonders intensives Gefühl: Manch einer fühlt sich staatlicher Willkür hilflos ausgeliefert und völlig ungerecht behandelt, wenn er am Monatsende seine Lohnsteuerabzüge vor Augen hat. Wer arbeitslos wird, erlebt sich oft in einer doppelten Opferrolle: als Opfer von Arbeitslosigkeit und zumeist auch noch als Opfer einer Ungerechtigkeit.

Ungerechtigkeit provoziert Ungerechtigkeit: Der Chef hat einem ehrgeizigen, aber unbeliebten Mitarbeiter eine Gehaltserhöhung bewilligt. Seine Kollegen empfinden dies als zutiefst ungerecht. Die Folge: Die Mitarbeiter beginnen, Intrigen zu schmieden und den

Ungeliebten via Mobbing aus dem Teamleben auszuschließen. Wichtige Informationen werden ihm vorenthalten. Auf diese Weise vergelten Mitarbeiter die eine Ungerechtigkeit mit einer neuen und sorgen für einen Ausgleich ihres aus der Balance geratenen subjektiven Gerechtigkeitsempfindens.

In sechs Abschnitten wollen wir uns dem Themenkomplex *Geld, Geltung und Gerechtigkeit* nähern. Zwar glauben wir alle zu wissen, was gerecht ist und was nicht, aber bei näherem Betrachten wird deutlich, wie schwer es ist, diese philosophische Frage anhand von konkreten Beispielen zu beantworten, und wie sehr hier der Teufel im Detail steckt.

Subjektive Gerechtigkeit

Menschen fühlen sich an ihrem Arbeitsplatz vielfältigen Ungerechtigkeiten ausgeliefert, sei es durch Vorgesetzte und Kollegen und/oder durch Arbeitsbedingungen und Bezahlung. Nach den Gründen für dieses Gefühl befragt, nehmen sie meist auf zwei Kategorien Bezug: Fairneß und Ausgewogenheit.

Fairneß. Mitarbeiter fragen sich: Wie geht man mit mir um? Werde ich fair behandelt, z.B. ausreichend entlohnt? Wissen Kollegen und Vorgesetzte meine Arbeit zu schätzen, und respektieren sie mich?

Fühlt sich ein Mitarbeiter über einen längeren Zeitraum hinweg unfair behandelt, weil z.B. seine Arbeitsleistung nicht entsprechend wertgeschätzt wird, kann die persönliche Frustrationsschwelle überschritten werden. Als mögliches Resultat droht eine grundsätzliche Abwehrhaltung gegenüber den eigenen beruflichen Aufgaben. Mit der inneren Kündigung werden Mittel gefunden, um das subjektive Gerechtigkeitsempfinden wiederherzustellen – z.B. in Form von Blaumachen, innerer Kündigung, Bummeln, sturem Dienst nach Vorschrift und dem Ablehnen von Aufgaben oder Verantwortung.

Ausgewogenheit. Ausgewogenheit ist demgegenüber eher eine Frage der Relation: Wie stehe ich im Vergleich zu anderen da? Werde ich angemessen am Erfolg beteiligt? Wie werde ich im Vergleich bei der Verteilung von Aufgaben und Verantwortung berücksichtigt?

Innerhalb des Lohngefüges sind starke Spreizungen oft der Grund für ein subjektives Ungerechtigkeitsempfinden (vgl. S. 69). Warum verdiene ich eigentlich weniger als mein gleichaltriger Kollege, der mit mir im Zimmer sitzt, dieselbe Arbeit macht und einen vergleichbaren beruflichen Werdegang hat? Warum verdient der Chef eigentlich soviel mehr – wo doch seine Mitarbeiter für ihn immer die Kastanien aus dem Feuer holen müssen?

Diese Fragen bergen ein grundsätzliches Konfliktpotential. Ausgeglichen wird hier durch Reden hinter dem Rücken und durch Intrigen gegen den bevorzugten Mitarbeiter. Natürlich relativiert man auch: Ist der Chef sympathisch, weiß man, daß er sich stets für seine Leute einsetzt und ihre Sorgen ernst nimmt, ist man eventuell leichter gewillt, Ungleichheiten bei der Bezahlung zu akzeptieren.

Nicht alles, was jemand als *subjektiv* ungerecht empfindet, ist auch *objektiv* ungerecht. Es gibt Menschen, die fühlen sich stets inadäquat behandelt und schieben Ungerechtigkeit als Grund für eigenes Versagen oder Fehlverhalten vor. Der Sproß einer reichen Familie, der es selbst zu nichts gebracht hat, macht gern seine ungerechte Umwelt oder das Schicksal verantwortlich. Und Politiker sehen sich permanent von öffentlicher Meinung und Medienschelte zu Unrecht verfolgt, wie z. B. bei den Plänen zur Anhebung ihrer Diäten. Trotz eines massiven subjektiven Eindrucks handelt es sich in diesen Fällen wohl nicht um *objektive* Ungerechtigkeit.

Um zu entscheiden, ob sich jemand über wirkliche Ungerechtigkeiten beschwert, ist es notwendig, über allgemein gültige Maßstäbe für Gerechtigkeit nachzudenken. Schließlich unterliegen Fragen der Gerechtigkeit, wie beispielsweise die Lohngerechtigkeit, immer der Beurteilung von mindestens zwei Beteiligten. Daher müssen auch intersubjektiv vermittelbare und verbindliche Normen aufgestellt werden.[1]

»Objektive« Gerechtigkeit

Wie könnte nun ein objektives und allgemein gültiges Gerechtigkeitsmodell aussehen? John Rawls, der wohl bekannteste Gerechtigkeitsphilosoph des 20. Jahrhunderts, entwickelt folgende Theorie:

Man stelle sich vor, alle Menschen werden in einen Zustand versetzt, in dem sie zwar wissen, wie die Gesellschaft funktioniert, nicht aber, wer von ihnen zukünftig welche soziale Stellung innehaben wird. So kommen der über seine Rolle noch ahnungslose Vorstandsvorsitzende mit dem Arbeiter, der Priester mit dem Obdachlosen und die alleinerziehende Sachbearbeiterin mit dem Studenten unter dem Mantel der Unwissenheit zusammen. Sie vereinbaren, wie die Güter und Lasten der Gesellschaft verteilt werden sollen. Nachdem die Verteilung festgelegt ist, lüftet sich der Schleier der Unwissenheit, jeder bekommt seine Rolle zugewiesen, die vorher ja noch niemand kannte. Keiner darf die getroffene Verteilung der Güter und Lasten im nachhinein in Frage stellen. Auf diese Weise wäre im Vorfeld jeder gezwungen, sich in die Position des anderen zu versetzen, vor allem in die des Schwächsten, die ihn ja potentiell treffen könnte.[2]

Überträgt man dieses Szenario auf ein Unternehmen, so müßten alle Mitarbeiter gemeinsam darüber entscheiden, wer wieviel verdienen soll und wer dafür welche Aufgaben zu übernehmen hat. Während der Diskussion weiß niemand, ob er später Mann oder Frau, qualifiziert oder nicht qualifiziert, ob er später Facharbeiter, Abteilungsleiter, Aufsichtsrat oder Vorzimmerdame sein wird.

Vielleicht wurde ja die allgemeine Arbeitszeit- und Lohnreduktion im *VW*-Werk deswegen akzeptiert, weil vorher niemand wußte, wer bei Nichtzustandekommen nachher entlassen worden wäre.[3]

In vielen verschiedenen Zusammenhängen spricht man von Gerechtigkeit:

1. Das Gerechtigkeitsbewußtsein bezieht sich zunächst einmal auf Recht und Rechtmäßigkeit. Das bedeutet: Gerechtigkeit herrscht, wenn jemand sein Recht bekommt. Ungerecht dagegen ist es z.B., wenn ein Angeklagter entgegen den gesetzlichen Bestimmungen kein

Recht auf Verteidigung erhält. Der Staat kann ihm das Recht nicht verweigern, etwa mit der Begründung, der Angeklagte sei sowieso schuldig oder der Haushaltsposten für Pflichtverteidiger sei ausgeschöpft.

2. Die Frage nach Gerechtigkeit ist besonders wichtig, wenn es um Belohnung und Bestrafung geht. Wer im Supermarkt gestohlen hat, muß einige Tagessätze entrichten. Ein Mörder dagegen hat mit einer lebenslangen Gefängnisstrafe zu rechnen. Dies gilt auch außerhalb des juristischen Bereichs: Für besondere Leistung erhält man Preise und Orden, wie z.B. Politiker für außerordentliche Verdienste um den Frieden mit dem Friedensnobelpreis ausgezeichnet werden. Man bezeichnet es als gerecht, wenn Bürgern für beispielhaftes Verhalten – z.B. nach der Rettung eines Ertrinkenden – das Bundesverdienstkreuz verliehen wird.

3. Wir sprechen von Gerechtigkeit, wenn die Mitglieder einer Gemeinschaft sich gegenseitig fair behandeln. Erschleicht sich jemand Vorteile und versucht, andere auszubooten, empört man sich: Das ist ungerecht! Als der ehemalige IG-Metallvorsitzende Franz Steinkühler in den Verdacht geriet, in seiner Funktion als Aufsichtsratsmitglied der *Daimler-Benz AG* sein Insider-Wissen für höchst lukrative Börsenspekulationen zu nutzen, tobte ein Sturm der moralischen Entrüstung: Der mächtige Gewerkschaftsboß soll seinen Wissensvorsprung für egoistische Interessen eingesetzt haben. Die Broker-Mentalität des Herrn Steinkühler erlebten die Arbeitnehmer als unfair, zumal sie zur selben Zeit reale Einkommensverluste hinnehmen mußten. Die Konsequenzen für Steinkühler sind hinlänglich bekannt.

4. Als gerecht gilt es ebenfalls, Benachteiligungen, Notlagen oder Belastungen auszugleichen. Das System der staatlichen Besteuerung soll ein Beispiel dafür sein. Wer durch niedriges Einkommen, hohe Kinderzahl oder außergewöhnliche Belastungen benachteiligt ist, erhält einen ausgleichenden Vorteil: Er muß weniger Abgaben zahlen oder wird zusätzlich unterstützt.

Wenn der Chef bemerkt, daß er einen Mitarbeiter unfair behandelt hat, kann er bei der nächsten Entscheidung den benachteiligten Mitarbeiter stärker berücksichtigen. *Sacrifice requires compensation*, Opfer erfordern Kompensierung, lautet daher eine Maxime der Gerechtigkeit.

5. In der Regel wird von Gerechtigkeit im Sinne einer Verteilungsgerechtigkeit gesprochen. Alle Güter und Lasten einer Gemeinschaft sollen gerecht auf alle verteilt werden. Doch wie könnte eine solche Verteilung aussehen? Soll jeder das gleiche bekommen, oder soll der am meisten erhalten, der am meisten geleistet hat?

Diese Überlegungen illustriert der Verteilungs-Philosoph Bruce A. Ackermann in seinem Buch »Social Justice in the Liberal State« anhand einer Geschichte: Aus Verzweiflung über immer knappere Ressourcen möchte eine Gruppe abenteuerlustiger Menschen einen neuen Planeten bevölkern. Neben den Astronauten, die in der Lage sind, das benötigte Raumschiff zu steuern, finden sich an Bord Ingenieure, Lehrer, Umweltschützer und andere Tatendurstige.

Vor der Landung auf dem neuen Heimatplaneten wird zunächst die Oberfläche gescannt: Der Planet ist unbewohnt. Doch es findet sich eine Wundersubstanz, aus der man praktisch alles machen kann, was das Herz begehrt. Allerdings ist die Wundersubstanz nicht ausreichend vorhanden, um sämtliche Wünsche der Neuankömmlinge zu befriedigen. Alle möchten auf dem Planeten ein neues und besseres Leben beginnen, und so entbrennt eine Diskussion über die Verteilung: Einige sind der Meinung, die Wundersubstanz solle je nach persönlichem Einsatz verteilt werden. Andere führen die individuelle Bedürftigkeit als Verteilungskriterium an. Wieder andere stufen die Menschen an Bord nach ihrem Beitrag zum Wohlergehen aller ein, andere nach ihrer Unterstützung derer, denen es am schlechtesten geht. Manche wollen die Wundersubstanz einfach gleichmäßig unter allen aufteilen.[4]

Diese verschiedenen Modelle von Verteilungsgerechtigkeit sind uns bekannt: Wir nennen es gerecht, wenn jemand bekommt, was er verdient. Danach erhält z.B. der am meisten, der sich am stärksten um das Wohl aller bemüht hat. So könnte man fordern, daß Politiker je nach ihrem Beitrag zum allgemeinen Wohlergehen bezahlt werden sollten. Man kann den Verdienst aber auch nach dem Beitrag zum Wohlergehen derer berechnen, denen es am schlechtesten geht. Demnach halten viele es für gerecht, wenn Mutter Theresa den Friedensnobelpreis erhält, auch wenn sie zum allgemeinen Wohlergehen nicht viel beigetragen hat, sondern zum Wohlergehen einer besonders benachteiligten Gruppe.

Eine gleiche Behandlung aller kennen wir aus dem Handel: Es gilt als gerecht, wenn ein Händler allen Kunden denselben Preis berechnet, anstatt den Preis an die unterschiedlichen finanziellen Möglichkeiten der Kunden jeweils individuell anzupassen.[5] Die Realität allerdings lehrt, daß vor dem Händler nicht alle Kunden gleich sind, sondern z.B. Großkunden oder Prominente einen besseren Preis bekommen als Otto Normalverbraucher.

Auch in der empirischen Gerechtigkeitsforschung gelten als häufig vorgebrachte Verteilungskriterien: Gleichheit, Chancengleichheit, erbrachte Leistungen, Seniorität, Status, Besitzstand, Bedürftigkeit, Mitgliedschaft und andere mehr. Konflikte entstehen, wenn verschiedene Parteien unterschiedliche Kriterien bei einer Verteilung für gültig halten.[6]

Walter Pfannkuche, Moral-Philosoph aus Berlin, weist auf die Bedeutung von Gerechtigkeitsmodellen in der Gesellschaft hin: »Gerechtigkeit ist eine, wenn nicht die fundamentale Größe im Zusammenleben einer Gemeinschaft. Die Gesellschaft muß sich daher Gedanken machen, nach welchen Prinzipien sie ihre Güter und Lasten verteilen will. Leider ließ man nach dem Zweiten Weltkrieg die Chance zum öffentlichen Diskurs darüber ungenutzt verstreichen. In der bald nach dem Krieg einsetzenden Wachstumsphase wurde zunächst einmal nach dem Prinzip verteilt: Jeder bekommt halt was vom neuen Reichtum ab!«

Schnell entwickelten sich Unterschiede in der Einkommens- und Vermögensverteilung. Jeder hatte nun zwar vom neuen Reichtum etwas abbekommen, aber der eine wesentlich mehr als der andere.

Und heute merken wir, daß eine Einigung über die Verteilungsprinzipien in der Bundesrepublik nie erzielt wurde. Dies aber birgt für ein demokratisches Staatssystem in Zeiten ohne Wachstum die Gefahr von Verteilungskämpfen und der Erosion sozialer Strukturen in sich.

Leider hält sich die akademische Zunft der Philosophen bei dieser Debatte bislang vornehm zurück. Nicht so Pfannkuche. Er möchte gern über die Mauern des akademischen Elfenbeinturms hinaus: »Insbesondere bei Lohnverhandlungen wäre ein klarer Begriff von Gerechtigkeit für Betriebsräte sehr wichtig«, insistiert er.

In Pfannkuches Buch »Wer verdient schon, was er verdient« hinterfragt seine Protagonistin Elisa Merten, eine Ostberliner Warenhaus-Verkäuferin mit einer gehörigen Portion *common sense*, die Verteilungsprinzipien der Tarifverträge:

»Wenn die Gerechtigkeit verlangt, daß Belastungen ausgeglichen werden sollen, dann ist es weitaus plausibler und dringender, für den täglichen Stumpfsinn der mechanischen Tätigkeiten und für Arbeitsformen, die das Familienleben und die Gesundheit schädigen, eine Kompensation zu zahlen, als für solche nur vorgeschobenen Belastungen wie Ausbildung und Verantwortung. Gemessen am Ausgleichsprinzip ist die bestehende Verteilungspraxis doch geradezu absurd: Die an sich schon attraktiven Arbeiten werden auch noch gut bezahlt, und die elenden Jobs werden wie zum Hohn mit einem Almosen abgespeist.«[7]

Wie wird ungleiche Bezahlung gerechtfertigt?

Gerechtigkeit bedeutet nicht notwendigerweise, daß alle in gleichem Maße bei dem zu Verteilenden berücksichtigt werden. Daß es überhaupt Einkommensunterschiede gibt, wird ja auch von den meisten stillschweigend akzeptiert.

Bei allem Reden über Gerechtigkeit darf man zwei Aspekte nicht vernachlässigen: Begründung und Transparenz. Eine ungleiche Vertei-

Wie wird eine ungleiche Bezahlung gerechtfertigt?

lung muß immer offen und schlüssig begründet werden, damit eine Einsicht in die Folgerichtigkeit der Entscheidung ermöglicht wird.

Entscheidungen können als gerecht empfunden werden, wenn man die Hintergründe versteht. Durch mangelnde Transparenz und die sich dadurch ergebenden Unsicherheiten kommt schnell ein Gefühl von Ungerechtigkeit auf. Manche Entscheidungen werden daher in öffentlichen Diskussionen und Verhandlungen gefällt, so z. B. in Tarif- und Gerichtsverhandlungen.

Beim Thema Lohngerechtigkeit ist es zunächst wichtig, die üblicherweise angeführten Kriterien für eine ungleiche Bezahlung zu untersuchen. Wir kennen vier:

1. Wer viel leistet, verdient viel. Zentrales Element einer Leistungsgesellschaft ist die Leistungsfähigkeit des einzelnen. Die Bewertung aufgrund von Leistungskriterien wirft jedoch eine notorische Frage auf: Wer leistet eigentlich wieviel? Leistet die Krankenschwester in der Nachtschicht mehr als der Umweltschützer, der Sponsorengelder für die Rettung des Regenwalds sammelt? Arbeitet der Marketing-Chef auf seinen Meetings und Geschäftsessen mehr als die Sekretärin, die währenddessen eine Vielzahl von Aufgaben und Terminen koordinieren muß?

Manchen Einkommensunterschieden ist mit dem Leistungsargument überhaupt nicht beizukommen. Beispiel Showstars: Thomas Gottschalk, Spitzenverdiener im deutschen Fernsehen auf allen Kanälen, verbucht für sich und seine Produktionsfirma jährlich zweistellige Millionengewinne – bei z. T. deutlich sinkenden Einschaltquoten.

2. Wer ein hohes Maß an Verantwortung trägt, bekommt ein hohes Gehalt. Je größer die Verantwortung für Projekte, Entscheidungen und Personal, desto höher die Bezüge. Das Problem liegt aber darin, die vielbeschworene Verantwortung eines Spitzenverdieners und die daraus abzuleitenden Konsequenzen eindeutig zu definieren.

Wenn ein Manager ein Projekt in den Sand setzt, worin dokumentiert sich dann seine Verantwortlichkeit, für die er angeblich so fürstlich entlohnt werden muß?

Ein Beispiel aus der Chefetage von *Daimler-Benz*: Nachdem Jürgen Schrempp sein »Lovebaby« *Fokker*[8] dem Giganten *Daimler-Benz* hinzugefügt hatte, konnte er trotz der anhaltenden Verluste bei *Fokker* ohne Probleme den Vorstandsvorsitz übernehmen. Edzard Reuter, der die Sache damals absegnete und noch einige andere Fehlentwicklungen zu verantworten hatte, ließ sich im Aufsichtsrat nieder, wo der ebenfalls beteiligte *Deutsche Bank*-Chef Hilmar Kopper es sich bereits bequem gemacht hatte. In solchen Fällen erscheint für einen Außenstehenden die Begründung von Topverdiensten allein mit der hohen Verantwortung wenig einleuchtend.

Wenn Gerechtigkeit etwas damit zu tun hat, Lasten auszugleichen, könnte man sagen: Hohe Verantwortung wird durch hohe Bezüge entschädigt. Demnach müssen also Mitarbeiter, die sich durch eine enorme Verantwortung zu Boden gedrückt fühlen, mit Finanzmitteln wieder »fitgespritzt« werden. Doch wer Verantwortung trägt, hat in der Regel schon allein dadurch bessere Arbeitsbedingungen und einen höheren sozialen Status. Vielleicht müßten eher diejenigen entschädigt werden, die bei ihren einfachen und mechanischen Arbeiten keinerlei Verantwortung übernehmen dürfen.[9]

3. Wer besser qualifiziert ist, wird besser bezahlt. Am unteren Ende der Lohnskala finden sich reproduktive, schematische und mechanische Tätigkeiten, die wenig bis keine Ausbildung erfordern und die man bereits nach kurzer Zeit aus dem Effeff beherrscht. Besonders qualifizierte Tätigkeiten werden höher entlohnt. Allerdings gilt auch hier: Qualifizierte Tätigkeiten sind in der Regel bereits von sich aus attraktiver, weil sie abwechslungsreicher und anspruchsvoller sind und eine höhere Wertschätzung in der Gesellschaft finden.

Das Problem ist so neu nicht: Bereits 1871 – mitten in der Hochzeit der englischen Industrialisierung und der gewerkschaftlichen Diskussion um die damals erbärmlich und existenzbedrohlich niedrigen Löhne – fragte der Wirtschafts-Philosoph John Stuart Mill: »Ist es gerecht oder ungerecht, daß in einem genossenschaftlichen Industriebetrieb die geschickteren und erfahreneren Arbeiter ein Anrecht auf bessere Bezahlung haben? ... (Und es wird) argumentiert, daß alle, die ihr Bestmögliches leisten, sich gleichermaßen verdient machen und nicht eines Mangels wegen zurückgesetzt werden sollten, an dem sie keine Schuld haben, da höhere Fähigkeiten ohnehin schon genug Vorteile verschaffen, indem sie Bewunderung erregen, zu persönlichem Einfluß verhelfen und innere Befriedigung gewähren.«[10]

Eine weitere Frage lautet: Was qualifiziert einen eigentlich für eine gehobene Position? Durchsetzungsvermögen? Verständnis von wirtschaftlichen Entwicklungen? Ein geschicktes Händchen für Leute, Markt und Macht?

Als besondere Qualifikation der hochdotierten Managerposten führt der Wirtschaftsredakteur Günter Ogger in seinem Bestseller »Nieten in Nadelstreifen« unter anderem an: kleinkarierter Egoismus, Unfähigkeit zur Teamarbeit, Opportunismus, Konformismus und Bürokratismus. Zur Psyche der Leistungsträger zitiert er das *manager magazin*: »Profitsucht ist hier kein Makel, sondern ökonomische Notwendigkeit, Gier heißt Wachstum, brennender Ehrgeiz gilt als karriereförderlicher Siegeswille. Und wenn einer es geschafft hat, werden die Nullen auf seinem Konto gezählt, nicht die Leichen auf seinem Weg.«[11] Ist die sich hier anschließende Frage eigentlich naiv: Wieso sollten ausgerechnet solche Verhaltensmuster hoch bezahlt werden?

4. Angebot und Nachfrage bestimmen den Preis. Diese Formel ist fast zu einem Totschlagargument geworden. Aber trifft sie auf die faktischen Verhältnisse zu? Nun kann doch wirklich keine Rede davon sein, daß die Nachfrage nach Managern so groß, das Angebot aber ganz klein ist. Wenn überhaupt, existiert ein gewisser Mangel an nachweislich guten, besonders befähigten Managern. Doch auch schlechte Manager werden massenweise hoch bezahlt.

Es ist eher ein Mythos der Besserverdienenden, die Bezahlung von Heizungsmonteuren resultiere aus einem Angebotsüberhang, oder der Unterschied zwischen dem Gehalt eines Arztes und dem einer Krankenschwester basiere auf der großen Nachfrage nach Ärzten und dem geringen Bedarf an Krankenschwestern. Da es genau andersherum ist, ist die Begründung realer Einkommensunterschiede auf der Basis der Formel von Angebot und Nachfrage schlichtweg falsch.

Die meisten nicht tariflichen Einkommen werden nach keinen allgemeingültigen oder durchschaubaren Regeln verteilt: Wer gute Beziehungen zu seinem Vorgesetzten hat, wer es versteht, andere unter Druck zu setzen und sich selbst zu inszenieren, wer von alten Seilschaften profitiert oder im Goldfischteich schwimmt, wird bei der Bezahlung bevorzugt. Man könnte vermuten, daß bei der faktischen Verteilung irgendwelche Gerechtigkeitsüberlegungen überhaupt keine Rolle spielen. Vielleicht wird ja auch ein höheres Gehalt eher »erpreßt« als verhandelt?

Oft hört man, daß Manager, die für ihre Arbeit nicht hoch genug entlohnt werden, eventuell unzufrieden, gar unmotiviert sein könnten. Doch dann wäre das Unternehmen Opfer einer Erpressung. Man stelle sich vor, daß ein Großbetrieb mit einer entsprechenden Anzahl an Arbeitsplätzen in die roten Zahlen gerät und der Manager sich einfach demotiviert zeigt: »Zu wenig Gehalt«, rechtfertigt er sich. Die Drohung, bei einer bestimmten Bezahlung nicht motiviert zu sein, funktioniert allerdings nicht bei allen. Qualifizierte Facharbeiter können diese zwar vorbringen, müßten aber nicht nur mit unverständigem Kopfschütteln, sondern auch mit Sanktionen rechnen.

Für die meisten Angestellten gilt es als selbstverständlich, daß sie auch ohne Spitzenbezüge hoch motiviert sein müssen, es häufig auch wirklich sind. Manager in Spitzenpositionen aber haben die Macht und die *Connections*, sich mit solchen Drohungen durchzusetzen. »Was in dem Gefüge von Macht und Ohnmacht wirklich abläuft, ist die allgegenwärtige Erpressung einer Mehrheit durch eine gut organisierte Minderheit«, behauptet Elisa Merten, die literarische Heldin des Berliner Gerechtigkeits-Philosophen Pfannkuche.[12]

Zwar meinen manche, allein schon, daß Gehälter zwischen verschiedenen Kräften ausgehandelt würden, mache sie einigermaßen gerecht. Es gibt aber auch Verhandlungen, die einen erpresserischen Charakter haben:

Elisa Merten konstruiert folgende Situation: Ein Arzt eröffnet einem soeben Verunglückten, daß in seine Augen leider eine Vielzahl von Splittern eingedrungen sei, die binnen kurzem zur Erblindung führen würden. Als Arzt sei er jedoch in der Lage, die Sehkraft des

Patienten zu retten, fühle sich zu dieser Leistung aber nur dann motiviert, wenn der Verunglückte ihm vorher sein gesamtes Vermögen überschriebe. Falls ihm das zu teuer erscheine, stehe es ihm natürlich völlig frei, den Rest seines Lebens in Blindheit zu fristen. Würde diese Androhung unterlassener Hilfeleistung bekannt, so Elisa Merten, ginge ein Aufschrei der moralischen Entrüstung durch das Land. Man würde den Arzt für einen schamlosen Erpresser halten.[13] Anders bei wirtschaftlichen Spitzenkönnern, vermeintlichen oder wirklichen.

Jedenfalls sind alle Argumente problematisch, mit denen erhebliche Einkommensunterschiede begründet werden. Keines erklärt zufriedenstellend, warum beispielsweise Frauen noch immer erheblich weniger verdienen als Männer, obwohl sie weder leistungsschwächer, weniger qualifiziert oder weniger verantwortungsbereit sind.

Das einkommensschwache Geschlecht

Das durchschnittliche Einkommen von Frauen in der Bundesrepublik liegt auch in der Endphase des 20. Jahrhunderts noch um ein Drittel unter dem ihrer männlichen Kollegen, so der Vorsitzende der Deutschen Angestellten Gewerkschaft, Roland Issen.[14] Die Gründe für diese Entwicklung: Die *hard facts* bestehen aus der Unzumutbarkeit von schwerer körperlicher Arbeit, Nachtschichten (deren Verbot für Frauen das Bundesverfassungsgericht 1992 aufhob) und der Unterbrechung der Lebensarbeitszeit durch Geburten beziehungsweise Erziehungszeiten.

Die *soft facts* dagegen sind nur diffus zu fassen: Frauen tun sich häufig schwer, ihre Gehaltsvorstellungen durchzusetzen. Nicht selten berichten sie, das Gefühl zu haben, etwas Schlechtes zu tun, auch wenn sie nur eine angemessene Entlohnung fordern. Anderen Frauen ist es offensichtlich unangenehm, ihre eigenen Fähigkeiten und Qualifikationen in den Vordergrund zu rücken. Schließlich fehlt es vielen an ausreichendem Beharrungsvermögen und Dickköpfigkeit, jedes Jahr wegen einer Gehaltserhöhung beim Chef vorzusprechen.

Ist es deswegen gerechtfertigt, daß Frauen weniger verdienen (vgl. S. 50)?

An der Leistungsfähigkeit kann es jedenfalls nicht liegen: »Denn an der Frau mit Karriereambition, so hat die Wissenschaft mit erstaunlichem Aufwand nachgewiesen, liegt es nicht, daß der Fortschritt so zäh ist: Sie ist motiviert und mobil, gut ausgebildet und verantwortungsbewußt, entscheidungsfreudig und sensibel, (...) dafür aber keinesfalls weniger arbeitsbereit.«[15] Und auch für Führungspositionen mit hoher Mitarbeiterverantwortung sind sie aufgrund ihrer Sozialisation und der daraus entwickelten sozialen Kompetenz viel besser geeignet (vgl. dazu auch unser Buch »Die Neurosen der Chefs«, S. 206 ff.).

Definiert man nicht nur ihre Erwerbstätigkeit, sondern auch Kindererziehung und Unterstützung ihrer beruflich erfolgreichen Männer als Arbeit, so werden in den Industrieländern Frauen lediglich für ein Drittel ihrer Arbeitsstunden entlohnt. Mit der juristischen Gleichstellung im Grundgesetz ist es nicht vereinbar, daß Frauen schon rein statistisch nicht die gleichen Aussichten auf eine hochdotierte Position inklusive höherem sozialen Status haben. In den Chefetagen der deutschen Unternehmen arbeiten etwa 1% Frauen im Vorstand und 5% im Aufsichtsrat; letzteres hauptsächlich in Familienunternehmen, in denen die Tochter des Gründers quasi per Erbschein in die Position gehievt wurde. Selbst Vorzeigeunternehmen wie das Warenhaus *Hertie* kommen bei einem Frauenanteil von 73% lediglich auf 13% weibliche Führungskräfte. Der Computerriese *IBM* bringt es auf ganze 5% Managerinnen.

Eine Abteilung, die »sogar« eine Frau leiten kann, gilt als weniger bedeutsam und verliert an Ansehen. Die Managementberaterin Ina Schmid-Jörg berichtet im *manager magazin* von der Abteilungsleiterin eines Handelsunternehmens, die angewiesen wurde, weniger Frauen einzustellen. Als Leiterin einer Frauenriege würde sie sich »irgendwie selbst degradieren«, so ihr Vorgesetzter. Sie sei das auch ihren Mitarbeiterinnen schuldig. Schließlich brächte sie mit so vielen Frauen auch das Gehaltsgefüge durcheinander.

In »Frauenabteilungen« stagnieren die Gehälter langfristig, und darüber sinkt die Attraktivität des Arbeitsplatzes. Solche Problematiken sind für eine reine Männerabteilung indes nicht denkbar. Ist eine Abteilung ausschließlich mit Männern besetzt, ist das kein Problem und die Rechtfertigung einfach: »Wir haben halt keine geeignete Bewerberin gefunden.«[16]

Ein Männerbündnis für Männerarbeit. Als die Trümmerfrauen nach dem Zweiten Weltkrieg ihre Arbeit geleistet hatten und die Häuser wieder standen, mußten sie zurück zu Küche und Kindern. Trotz 68er- und Frauenbewegung und der in der DDR relativ hohen Frauenbeschäftigung hat Deutschland heute im internationalen Vergleich die niedrigste Frauenerwerbsquote.[17]

In der Hektik der bundesdeutschen Lohnsenkungs-Diskussion (von manchen auch Lohn-*Anpassungs*-Diskussion genannt) ist die emanzipatorische Forderung nach einer gleichmäßigen Aufteilung der häuslichen und familiären Aufgaben zwischen Frau und Mann wieder in Vergessenheit geraten. Der Beitrag des Mannes zur Kindererziehung hört in den meisten Fällen nach der Zeugung auf. »Ein reines Männerbündnis für Männerarbeit« nennt der Sozialethiker Friedhelm Hengsbach daher die Vorschläge im Zusammenhang mit dem »Bündnis für Arbeit«.[18]

Die mittlerweile alles dominierende Spardiskussion forciert den Gedanken, die ungleiche Verteilung der Kaufkraft zwischen Männern und Frauen als eine Art Naturereignis hinzunehmen. »Daß erwerbstätigen Frauen im Durchschnitt zwei Drittel des Einkommens zugestanden wird, das erwerbstätige Männer verdienen, mag zwar unmittelbar durch die vorhandenen Qualifikationen, übernommene Arbeitsaufgaben und die Marktlage erklärt werden, aber mittelbar sind die gesellschaftlichen Rahmenbedingungen für eine solche Asymmetrie der Primärverteilung verantwortlich.«[19] »Schließlich war bei Freiheit, Gleichheit und *Brüder*lichkeit auch keine Rede von den Frauen.«[20]

Niedrigere Löhne, niedrigere Renten: Nur 18 % der deutschen Rentnerinnen erhalten eine Rente, die deutlich oberhalb der Sozialhilfe liegt. Die Frauen stützen das Rentensystem am stärksten, profitieren aber am wenigsten davon. Die Erziehung von Kindern wird kaum honoriert, obwohl die jüngere Generation laut Generationenvertrag die Renten der Alten verdienen muß.

Kindererziehung allein gewährt nur eine Altersversorgung am Existenzminimum. *Die Woche* rechnet vor: 35 Kinder müßte eine Frau, die nie erwerbstätig war, zur Welt gebracht haben, um wenigstens eine Rente auf Sozialhilfeniveau zu erhalten.[21] Noch schlimmer sind Frauen dran, die aus Scham über ihre persönliche Armut den Weg zum Sozialamt scheuen. Gerade ältere Frauen tun sich schwer damit, ihre Rechte geltend zu machen.

Und noch etwas: Wegen ihres geringeren Einkommens haben Frauen weniger Möglichkeiten, sich für ihr Alter privat abzusichern, wie z. B. durch kapitalbildende Lebensversicherungen, Immobilienbesitz (»Beton-Gold«) oder private Rentenversicherungen.

Sparen und Gerechtigkeit

Um Entwicklungen von Gerechtigkeit und Ungerechtigkeit auf die Spur zu kommen, wurde 1995 in Potsdam ein *Zentrum für Gerechtigkeitsforschung* eröffnet. Die Zielsetzung ist ehrenwert: Diese Institution soll interdisziplinär gesellschaftliche und private Konflikte sowie grundsätzliche Fragen der Gerechtigkeit wissenschaftlich analysieren und Lösungsmöglichkeiten erarbeiten. Doch wie schwierig die Realisierung von Gerechtigkeit ist, weiß auch der Leiter Leo Montada: »Es gibt keine Lösung der Ungerechtigkeit, die nicht zu neuen Ungerechtigkeiten führen würde.« Wie soll beispielsweise die Erbschaft eines wohlhabenden Unternehmers auf seine Kinder verteilt werden? Mögliche Vorschläge sind:

- Alle Kinder erhalten einen gleich großen Anteil;
- wer sich mit dem Vater am besten verstanden hat, erhält einen größeren Anteil;

- die Tochter erhält am meisten, die sich immer besonders für den Vater eingesetzt hat;
- der Sohn erhält am meisten, der in Not lebt und wegen seiner vielen Kinder am bedürftigsten ist;
- die Söhne und Töchter erhalten am meisten, die ihr Erbe am sinnvollsten einsetzen werden.

Beruft man sich bei der Verteilung auf eines dieser Prinzipien, so der Psychologe Montada, blieben die anderen unberücksichtigt.[22] Ein unlösbares Dilemma.

Gerechtigkeit spielt für Montada vor allem in der emotionalen Welt eine Rolle: »Neue Verhältnisse bringen neue Gewinner, aber auch neue Verlierer hervor. Verluste werden dann nicht mehr einfach als selbstverständlich hingenommen, sondern subjektiv als zutiefst ungerecht erlebt.« So fühlen sich z.B. die zu DDR-Zeiten zum großen Teil erwerbstätigen Frauen in Ostdeutschland als Opfer einer extremen Ungerechtigkeit: Zu zwei Dritteln sind es die Frauen, die von der Arbeitslosigkeit in den neuen Ländern betroffen sind. In den zunehmenden Verteilungskämpfen um Arbeitsplätze und den dazugehörigen Wohlstand gewinnt die Frage der Verteilungsgerechtigkeit neue Brisanz.

Gerecht sparen – wie geht das? titelte *Die Zeit* im Juli 1996 und fragte besorgt: »Zwanzig Mark mehr Kindergeld kann sich der Staat nicht leisten, aber die Vermögenssteuer wird abgeschafft. Für Zahnkronen gibt es bald keinen Kassenzuschuß mehr, aber die Bonner Beamten lassen sich ihren Widerwillen gegen den Umzug nach Berlin mit 120000 Mark pro Mann und Nase abkaufen. Und dann sind da noch der teure Transrapid, die Subventionen für die Bauern und wen sonst noch. Wem soll das einleuchten?« Bundespräsident Herzog forderte: Wenn der Gürtel unvermeidlich enger geschnallt werden müsse, dann gehöre es sich aber auch, an allen Gürteln gleichzeitig zu ziehen.[23] Das Bild ist schief: Wer gut im Fleisch steht, dem machen fünf Zentimeter weniger nichts. Für Magere können sie bereits tödlich sein.

Wer von Gerechtigkeit spricht, wird inzwischen fast reflexartig auf die Globalisierung der Wirtschaft und ihre Bedrohung der Arbeitsplätze hingewiesen. *Sparen* müßte das Wort des Jahres 1996 werden. Wenn die Bundesrepublik sich aber damit brüstet, ein gerechter Staat zu sein, und den sozialen Frieden in Deutschland als Standortvorteil rühmt, dann muß sie auch in schwierigen Zeiten für eine gerechte Verteilung der Lasten sorgen.

Einige aktuelle Vorschläge jedoch machen nicht den Eindruck der sozialen Ausgewogenheit. »Keine Sensibilität gegenüber sozialer Ungerechtigkeit« attestierte denn auch DGB-Vorsitzender Dieter Schulte dem Bundeskanzler Helmut Kohl.[24] Und der *Zeit*-Redakteur Nikolaus Piper schlägt in dieselbe Kerbe: »In den Kanzlerrunden ist Gerechtigkeit zu einer Veranstaltung geworden, um wahlweise Gewerkschaften, Bauernverband, Sozialausschüsse oder die CDU-Frauenvereinigung ruhigzustellen.«

Als Anschauungsmaterial hier Sparvorschläge aus der aktuellen Diskussion:[25]

Senkung der Löhne
- »Nullrunden«: Senkung der Reallöhne durch fehlenden Inflationsausgleich
- Streichung/Kürzung von Lohnfortzahlung im Krankheitsfall
- Einführung von Karenztagen, Anrechnung von Krankheitstagen auf den Urlaub
- Verzögerte Angleichung der Ost-Gehälter
- »Lohndifferenzierung«: Die unteren Lohngruppen sollen schlechter bezahlt werden
- allgemein untertarifliche Einstiegslöhne
- Streichung/Kürzung von Urlaubs- und Weihnachtsgeld
- Streichung der Zuschläge für Samstagsarbeit

Entzug von Rechten
- Abschaffung der 35-Stunden-Woche
- Samstag als Regelarbeitstag
- Umwandlung von Vollzeit- in Teilzeitarbeitsverhältnisse
- Fortschreibung befristeter Arbeitsverträge

- Aufhebung der Zumutbarkeitsklausel für Arbeitslose
- Aufhebung des Kündigungsschutzes in Firmen mit weniger als 10 (bisher 5) Arbeitnehmern. Das sind über 80% der deutschen Betriebe!
- Lockerung des Kündigungsschutzes auch für große Unternehmen
- Öffnung der Flächentarifverträge für betriebliche Abweichungen bei Bezahlung und Arbeitszeit

Streichen/Kürzen von Leistungen
- Kürzung von Arbeitslosengeld und Sozialhilfe bei Ablehnung »zumutbarer« Arbeit
- Kürzung der Renten
- Anhebung der Rentenversicherungsbeiträge
- Erhöhung der Selbstbeteiligung bei der Krankenversicherung
- Besteuerung von Nacht-, Sonntags- und Feiertagszuschlägen
- Senkung der steuerfreien Arbeitnehmerpauschale
- Verschiebung der geplanten Kindergelderhöhung

Unterstützung für Unternehmer und Unternehmen
- Senkung des Spitzensteuersatzes
- Abschaffung von Kapitalertrags-, Gewerbe- und Vermögenssteuer
- Senkung der Gewerbeertragssteuer
- Senkung der Erbschaftssteuer (bis 1,5 Millionen steuerfrei!)
- Erhöhung der staatlichen Subventionen für »marktnahe Forschung und Entwicklung neuer Produkte«
- Gesetzliche Voraussetzungen für längere Maschinenlaufzeiten
- Senkung der Besteuerung von Dienstwagen

Komprimiert betrachtet erschiene ein Sparpaket dieser Dimension als Frontalangriff auf den sozialen Frieden und auf das System der Sozialen Marktwirtschaft überhaupt. Selbst Ludwig Erhard, Vater des Wirtschaftswunders, schrieb 1971: »Wer (...) erkannt hat, daß die marktwirtschaftliche Ordnung als Teil der freiheitlich demokratischen Gesamtordnung unentbehrlich ist, wird seine Aufgabe darin erkennen, die Marktwirtschaft vollkommener zu machen und sie durch Elemente zu ergänzen, die ihr einen noch höheren Grad an Gerechtigkeit und Menschlichkeit verleihen. Als strategischer Punkt ist hierbei die Vermögensverteilung anzusehen.«[26]

4,3 Billionen Vermögen. Wer den Finanzsorgen der Unternehmer, Manager und der politischen Haushaltsexperten Glauben schenkt, könnte meinen, den Deutschen sei das Geld ausgegangen. Das jedoch ist ein Irrtum: Auch 1996 gibt es in der Bundesrepublik Geld im Überfluß, nur kein öffentliches. Die Konten der Deutschen sind prall gefüllt mit vier Billionen Mark. Allerdings ist die Verteilung ungleich: 30% des gesamten Privatvermögens ist in der Hand von nur 1% der Bevölkerung[27], der Soziologe Ulrich Beck gibt an, 10% hätten etwa 50% des Vermögens.[28]

Das Privatvermögen z.B. von *Metro*-Gründer Otto Beisheim wird auf fünf Milliarden Mark geschätzt, für die er künftig keine Steuern mehr zu zahlen braucht. Zusätzlich arbeitet der Milliardär an einem Konzept für eine *Zero-Tax-Company*, zu deutsch: ein Unternehmen, das keine Steuern zahlt.[29] Der Elektrokonzern *Siemens* hat es bereits geschafft: 1995 zahlte das Münchner Traditionsunternehmen keinen Pfennig Ertragssteuern in Deutschland.* [30]

Beim Produktivvermögen sind die Relationen noch extremer: Was die deutschen Privatmenschen an Produktivvermögen halten, befindet sich zu 70% in den Händen von knapp 2% der Bevölkerung.[31]

Wäre der Besitz ausgewogener verteilt, würden die Leistungen des sogenannten »ausufernden Sozialsystems« gar nicht benötigt. »Erst die zu ungleiche Verteilung der Vermögen bedingt den allgegenwärtigen Sozialstaat«, erklärt Dr. Hans-Peter Grüner vom Institut für Gesellschafts- und Wirtschaftswissenschaften der Universität Bonn.[32]

Auch die beiden Kirchen haben in einem gemeinsamen Thesenpapier auf die extrem ungleiche Verteilung des Produktivvermögens hingewiesen: »Die soziale Gerechtigkeit, aber auch die Sorge um die innere Stabilität unserer Industriegesellschaft dringt auf die Beteiligung der Arbeitnehmer am Produktivkapital.«[33] Die neuen Vor-

---

* Die bei einem Bruttogewinn von 2,6 Milliarden DM fälligen Steuern fielen vollständig im Ausland an.

schläge dienen jedoch eher dazu, die Diskussion um die ungleiche Verteilung weiter zu polarisieren.

All animals are equal, but some animals are more equal than others – über die Spezies Politiker

Parlamentarier sind die einzigen Menschen, die über ihre Gehaltserhöhungen selbst entscheiden. Wenn es um mehr Geld auf dem eigenen Konto geht, schließen sich die bürgerlichen Parteien auf Bundes- und Länderebene gern zu Kartellen zusammen: »Koalition der Selbstbediener« nennt *Der Spiegel* so etwas[34] (vgl. S. 175).

Rund eine Milliarde Mark geht 1996 aus dem bundesdeutschen Steuertopf an die Volksvertreter – eine Steigerung seit 1968 um 800 %. Zum Vergleich: Das Durchschnittseinkommen stieg in diesem Zeitraum lediglich um etwa 250 %[35] – ein parlamentarisches Schlaraffenland im Angesicht der immer wieder geforderten Nullrunden.

Im Selbstbedienungsladen Deutschland sind die Zuschüsse an Parteien, Fraktionen und parteinahe Stiftungen die höchsten der Welt.[36] Zusätzliche Verschleierungstaktik: Oft werden Diäten-»Anpassungen« gestaffelt für Jahre festgelegt, damit sich die Selbstentlohner nicht ständig vor der Öffentlichkeit rechtfertigen müssen.

»Die Diäten steigen am Stichtag von selbst – kein Wähler merkt etwas.«[37] Diäten-Experte Hans Herbert von Arnim bezeichnet in seinem Bestseller »Staat ohne Diener« solche Vorgehensweisen als »Geheimverfahren«[38], die dem Grundsatz der Offenlegung und Transparenz widersprechen.

Auch die Bundesparlamentarier wollten 1995 ihre Bezüge an die Spitzengehälter der obersten Bundesrichter koppeln, um die öffentlichen Debatten nicht jedes Jahr wieder führen zu müssen. Der parteiübergreifende Schulterschluß der traditionellen Volksparteien bröckelte erst, als durch den öffentlichen Druck die Politiker reihenweise umfielen und begannen, ihre bisher angeblich geheimgehaltenen Zweifel an der geplanten Diätenerhöhung zu artikulieren.

»Das Volk muß sparen, die Bonner Politiker bedienen sich noch immer, als ob im Lande Milch und Honig flössen«, spottete *Der Spiegel* Mitte Juni 1996. Obwohl mancher Politiker aus PR-Gründen mit einer Nullrunde liebäugelte, sollten die Bezüge von Kohl & Co. um knapp 5% steigen. Und das bei einem Tarifabschluß im öffentlichen Dienst, der unterhalb der Inflationsrate liegt. Die letzte Gehaltserhöhung von Frau Süssmuth betrug immerhin 8%. Ihr Einkommen liegt damit bei rund 344000 Mark jährlich (vgl. S. 77).

Die Wehrbeauftragte mit schloßähnlichem Dienstsitz erhielt gar 9% mehr und liegt so bei 263000 Mark.[39] Kräftiger gestiegen als die Bundestagsdiäten sind die Bezüge der Ministerpräsidenten. Das geht aus einem Bericht an den Bonner Haushaltsausschuß hervor, der der *Hannoverschen Allgemeinen Zeitung* vorliegt. »Die Angaben«, so Irmgard Karwatzki, Parlamentarische Staatssekretärin im Bundesfinanzministerium, »wurden von den Ländern nur zögernd übermittelt.«[40]

Kurt Biedenkopf (CDU), Ministerpräsident des gebeutelten Freistaats Sachsen, bringt es auf 141,9% Gehaltserhöhung in fünf Jahren (von 7985,18 DM im Oktober 1990 auf mittlerweile 19313,15 DM). Die Bezüge des bayerischen Ministerpräsidenten sind seit dem 1.1.1977 um 130,8% gestiegen, den dritten Platz in der Höhe der Steigerung belegt der niedersächsische Ministerpräsident (108,3%). Eine große Ausnahme ist Sachsen-Anhalts Ministerpräsident Reinhard Höppner (SPD), der gegenüber 1992 eine Kürzung um 17,9% auf nur noch 18436,76 DM hingenommen hat. Unter Höppners Vorgänger Christoph Bergner war das hohe Gehalt als Konsequenz aus der Affäre um Ministerpräsident Werner Münch drastisch gesenkt worden.[41]

Die Parlamentarier schonen ihre Portemonnaies durch Dienstwagen, Ersatz von Büro- und Personalkosten und zusätzliche Versorgungsansprüche, von denen Normalverdiener nur träumen können. Die möglichen Zugewinne aus Lobbyisten- und Beratungstätigkeiten sind noch nicht mitgerechnet: Seit der Bundestag aufgrund des öffentlichen Widerstands die Diätenerhöhung verschoben hat, suchen die Abgeordneten händeringend nach weiteren Zusatzverdiensten. Stiftungen beispielsweise gelten als beliebtes Jagdrevier. Die deutsche Umweltstiftung, kein Einzelfall, zahlt den Mitgliedern für wenige jährliche Sitzungen des Kuratoriums ein monatliches Salär von 2000 Mark. Auch die Volkswagenstiftung gilt als heißer Tip, denn dort gibt es ebenfalls viel Geld für weniges Sitzen.[42]

Selbstbedienungsladen Hamburg. Einen spektakulären Diätencoup leistete sich 1991 die Hamburger Bürgerschaft unter Vorsitz von Henning Voscherau. Wieder störte Diäten-Kritiker von Arnim, und so scheiterte das Selbstbedienungsvorhaben, und auch die Rufe nach Voscherau als möglichem Kanzlerkandidaten verhallten schnell. Das *Hamburger Abendblatt* nannte das Motto der Volksvertreter: »Vor der Wahl bedienen wir die Wähler, danach uns selbst.«[43]

Nach dem neuen Diätengesetz sollten der Hamburgische Parlamentspräsident und die Fraktionsvorsitzenden das fünffache Einkommen der normalen Abgeordneten, also fast 20000 DM monatlich erhalten. »Der eigentliche Clou aber«, berichtet von Arnim, »war die Altersversorgung.« Die Dechiffrierung des in einem unlesbaren Paragraphen versteckten Plans ergab, »daß Spitzenparlamentarier schon nach dreieinhalb Jahren Amtszeit einen Anspruch auf über 10000 DM monatliche Rente erlangen sollten (wenn sie nur vorher fünf Jahre lang Abgeordnete waren), dynamisiert, auf Lebenszeit und ohne Beiträge«.[44] Zur Erinnerung: Die Parlamentarier erwirtschaften nichts – sie werden aus Steuern bezahlt, nicht aus Unternehmensgewinnen.

Warum steht gerade die Diäten-Frage immer wieder moralisch im Fokus? Warum werden starke Erhöhungen der Abgeordneten-Bezüge als besonders ungerecht wahrgenommen?

Wortbruch und Nichterfüllen einer besonderen Verantwortung. In demokratischen Staatssystemen obliegt Politikern aufgrund ihrer Macht eine besondere Verantwortung für das Gemeinwesen. Mit der Übernahme eines Amts verpflichtet der Politiker sich, dem Volk zu dienen (*minister*: lat. für Diener). So wie dem Arzt die Rettung eines Patienten wichtiger sein muß als die Präsentation der fälligen Rechnung und einem Universitätsprofessor die Freiheit von Forschung und Lehre mehr am Herzen liegen sollte als die Anhäufung von Honoraren auf seinem Konto, so wird von Politikern erwartet, daß sie die Interessen des Volkes vertreten und ihre Privatinteressen hintanstellen. Auch wegen der hier deutlich werdenden Diskrepanz zwischen Anspruch und Wirklichkeit nimmt die Politikverdrossenheit in diesem Lande zu.

Bestechlichkeit und Parteilichkeit. Stichwort Parteispenden: In einigen Fällen ist in der Öffentlichkeit schmerzlich bekannt geworden, wie die Wirtschaft durch direkte Geldzuwendungen versucht hat, Einfluß auf die Politik zu nehmen. Die größte Affäre in diesem Zusammenhang ist wohl mit dem Namen Flick verbunden.

Neben den unmittelbaren *Einwirkungen* in bar besetzen zahlreiche Unternehmen hochdotierte Aufsichtsrats- oder Beraterposten mit Leuten, die aus der Politik stammen. Politiker jedoch treten an, um die Interessen des Volkes zu vertreten und nicht die eines einzelnen Unternehmens. Wie aber können Politiker freie Entscheidungen treffen, wenn sie oder ihre Parteifreunde auf der Lohnliste eines speziellen Unternehmens stehen? Das gilt auch für Einladungen zu Ausflügen per Firmen-Jet in den sonnigen Süden oder zu Opernbällen.

Unaufrichtigkeit und Egoismus. Wer die Notwendigkeit von einschneidenden Opfern beschwört und sich zeitgleich selbst dicke Diätenzuwächse beschert, muß mit Zweifeln an seiner Integrität rechnen. Diese Unverhältnismäßigkeit wird von den Bürgern als Verstoß gegen die Gebote von Fairneß und Ausgewogenheit empfunden. Gerade diese beiden Grundtugenden sind aber elementare Voraussetzungen für die Glaubwürdigkeit von Volksvertretern. Defizite werden daher von den Bürgern als Ungerechtigkeit erlebt.

Quod est iustitia?

Als der Richter Pontius Pilatus an den Antworten des zum Tode verurteilten Jesus verzweifelt, fragt er resigniert: »Quod est veritas?« Was ist Wahrheit? Die Schwierigkeiten, die der Begriff der Wahrheit mit sich bringt, sind ähnlich dem Begriff der Gerechtigkeit. Dennoch soll hier der Versuch eines positiven Ausblicks gewagt werden.

Trotz aller Uneindeutigkeiten ist die Forderung nach Gerechtigkeit ein wirkungsvolles Argument gegen Willkür, Parteilichkeit, Unehrlichkeit und mangelnde Begründung der neuen Umverteilungen. Auch die Konzepte für Mitarbeiterbeteiligung, Frauenförderung oder die Sparpläne der Bundesregierung sollten dem Gerechtigkeitsgrundsatz entsprechen und sich immer wieder neu an ihm messen lassen.

Es gibt radikale Forderungen, die eine weitgehende Abschaffung der sozialen Absicherung im selben Atemzug mit einer Senkung des Spitzensteuersatzes auf 35 % verlangen. Abgesehen von der Fragwürdigkeit solcher Maßnahmen für die wirtschaftliche Prosperität des sogenannten Standorts Deutschland, kann man mit dem Argument der Ungerechtigkeit kontern: So lange die Marktwirtschaft auch eine *Soziale* Marktwirtschaft sein will (und sich damit schmückt), so lange müssen auch in schwierigen Zeiten die noch zur Verfügung stehenden Güter und die notwendigen Lasten gerecht verteilt werden. Niemand möchte einen Staat, in dem die Hälfte der Bevölkerung in Pappkartons übernachtet.[45]

Auch unter dem Gesichtspunkt der langfristigen Produktivität der Deutschland AG ist es notwendig, daß die Mitarbeiter sich trotz möglicherweise dringender Sparpläne nicht ungerecht behandelt fühlen.

Gerade in Krisenzeiten kann es sich kein Unternehmen leisten, auf die Motivation, die innovative Kraft und die Loyalität des einzelnen zu verzichten. Empfinden von Ungerechtigkeit aber provoziert genau das: mangelndes Engagement, Dienst nach Vorschrift, Blaumachen, innere Kündigung bis hin zu subtilen Formen von Sabotage.

Kein Unternehmen, in dem sich die Ungerechtigkeiten häufen, wird dauerhaft Erfolg haben können. Lohngerechtigkeit kann dabei immer nur ein Teilaspekt der umfassenden Frage nach der gerechten Gestaltung der Arbeitsverhältnisse sein. Letztlich müssen alle Bedingungen auf ihre Gerechtigkeit hin geprüft werden, unter denen Arbeit gesellschaftlich organisiert werden soll.[46]

Nicht nur das große Bedeutungsspektrum des hehren Begriffs der Gerechtigkeit, sondern auch die vielen unterschiedlichen Modelle bedingen die Schwierigkeiten einer gerechten Verteilung der Güter und Lasten. Je weniger Klarheit aber über den Begriff der Gerechtigkeit herrscht, desto mehr Raum existiert, *Gerechtigkeit* für unlautere Zwecke zu mißbrauchen. Es gilt daher also auch, die Augen und Ohren besonders aufzusperren und kräftig nachzufragen, wenn jemand unter dem Deckmantel der Gerechtigkeit eine neue Ungerechtigkeit verkaufen will.

Die Meinung der Vorstände – eine Umfrage

Den Vorstandsvorsitzenden der 100 größten Aktiengesellschaften in Deutschland wurde im Rahmen dieses Buchprojekts ein Fragebogen mit drei Fragen vorgelegt.

Als Ausgangspunkt im oberen Teil des Fragebogens verwendeten wir eine kleine Meldung der *Wirtschaftswoche*, daß Jérome Monod, Chef des französischen Wasserkonzerns *Lyonnaise des Eaux*, als erster Vorstandschef einer privaten französischen Aktiengesellschaft sein Jahressalär offengelegt hat (umgerechnet 1,3 Millionen Mark plus ca. 140 000 Mark Aufwandsentschädigung aus Aufsichtsratsmandaten). Außerdem verriet Monod seinen Aktionären, daß er über 35 000 Aktienoptionen verfügt. Diese von der *Wirtschaftswoche* als Tabubruch bezeichnete Vorgehensweise diene dazu, das Image des Unternehmens zu verbessern.

Lediglich zwei weitere französische Chefs hatten bisher ihre Bezüge offengelegt: Staatsbankchef Peyrelevade (umger. 500 000 Mark) und *Air-France*-Chef Blanc (umger. 400 000 Mark). Wie in Deutschland ist auch in Frankreich nur die Veröffentlichung der addierten Bezüge des gesamten Vorstands gesetzlich vorgeschrieben.[47]

Unsere Fragen lauteten:

1. Was halten Sie von der in dem obigen Artikel skizzierten Offenlegung des Einkommens einzelner Vorstandsmitglieder zugunsten einer größeren Transparenz?

Die Meinung der Vorstände

2. In den USA sind sogenannte *Stock options* Bestandteil eines jeden Managergehalts. Bei einigen Unternehmen sollen zukünftig die variablen Teile der Vergütung des Managements an den Aktienkurs gekoppelt werden (Aktienoptionen). Wie stehen Sie bezogen auf Ihr Unternehmen dazu?

3. Welchen Einfluß auf die Leistungsmotivation hat Ihrer Meinung und Erfahrung nach die Entlohnung auf den verschiedenen Ebenen (Geschäftsführung, Bereichsleiter, Hauptabteilungsleiter, Abteilungsleiter, Gruppen- u. Projektleiter, Fachkräfte ohne Führungsverantwortung)?

Zusätzlich gab es Raum für persönliche Anmerkungen.

Die erste Antwort kam 36 Stunden nach Aussendung von *Shell*-Vorstand Peter Duncan.

Die Rücklaufquote lag bei 12%. Sieben Vorstandsvorsitzende sandten einen ausgefüllten Fragebogen zurück, zwei waren ausgeschieden, drei Unternehmen teilten mit, an der Befragung nicht teilnehmen zu wollen.

Trotz der geringen Zahl von Antworten sind dennoch die Details mit ihren Trends interessant:

Zu Frage 1: Zwei Vorstandsvorsitzende befürworten eine Offenlegung des Einkommens, einer hält dies für vorstellbar, wenn andere Unternehmen ebenso verfahren, vier kreuzten »Nein, überzeugt mich nicht« an.

Zu Frage 2: Vier Vorstandsvorsitzende befürworten *Stock options*, einer könnte sich dieses Modell vorstellen, wenn andere Unternehmen ebenso verfahren, zwei sind dagegen.

Zu Frage 3: Der Einfluß der Entlohnung auf die Leistungsmotivation wird auf den verschiedenen Ebenen als wichtig bzw. sehr wichtig beurteilt (ohne daß sich hier bei den wenigen Antworten ein Trend abzeichnet). Ein Vorstandsvorsitzender schrieb, daß bei Geschäftsführern ein leistungsorientierter Anteil unabdingbar und die absolute Höhe weniger wichtig sei als eine »im Quervergleich faire Vergütung«.

BMW-Chef Bernd Pitschetsrieder bat seine Abteilung für Presse- und Öffentlichkeitsarbeit um die Beantwortung: Es sei nicht schlüssig, daß das Offenlegen der Einkommen einzelner Vorstandsmitglieder zu einer größeren Transparenz führe. »Die Bezüge aller Mitglieder des Vorstandes sind bekanntlich im Geschäftsbericht veröffentlicht. Das ist eine für die Wirtschaftlichkeit des Unternehmens relevante Aussage. Eine Aufschlüsselung auf einzelne Mitglieder würde daran nichts ändern. Wem wäre mit solchen Zahlen wirklich gedient? Soll die Öffentlichkeit dann darüber entscheiden, ob die Aufteilung richtig ist? Wenn es auf der internationalen Bühne Vorstandsmitglieder gibt, die so etwas tun, dann ist das deren Angelegenheit, muß aber nicht zwangsläufig Nachahmer finden. BMW wird bei der bisherigen Praxis bleiben und möchte sich an derartigen Befragungen nicht beteiligen.«[48]

Auch die *Friedrich Krupp AG* wollte »aus grundsätzlichen Erwägungen« an der Umfrage nicht mitwirken, ebensowenig wie die *Adam Opel AG*, die mitteilte, daß sie »grundsätzlich auf Anfragen der gewünschten Art nicht näher eingehen möchte«.

Daimler Benz InterServices (debis)-Vorstandsvorsitzender Dr. Klaus Mangold schrieb hingegen, daß er den Fragebogen gern ausgefüllt habe, da er dem Thema »erfolgsabhängige Vergütung« große Bedeutung beimesse. Auch die *VIAG-AG* äußerte sich in einem Begleitschreiben positiv zu unserer kleinen Umfrage.

*

Die geringe Beteiligung signalisiert, wie unangenehm den meisten Vorstandsvorsitzenden und Unternehmen eine breitere Diskussion über Gehaltsfragen zu sein scheint. Es gilt das alte Motto: Si tacuisses, philosophus mansisses (wenn du geschwiegen hättest, wärest du ein Philosoph geblieben). Und natürlich: Über Geld spricht man nicht.

In den USA haben die institutionellen Anleger die Offenlegung aller Gehaltsbestandteile des Topmanagements durchgesetzt und so der Geheimniskrämerei entzogen und einer öffentlichen Diskussion zugänglich gemacht. Die Briten haben nachgezogen. Beispiele aus

Frankreich sind oben genannt, und auch in Schweden werden inzwischen die Unternehmen aufgefordert, die Vorstandsbezüge offenzulegen.[49]

In Deutschland dagegen herrscht das große Schweigen. Die hierzulande lediglich in der Bilanz als Gesamtsumme ausgewiesenen Vorstandsbezüge ergeben eine Zahl, die das *manager magazin* für wenig aussagekräftig hält, weil weder Altersversorgung noch Nebenleistungen darin auftauchen. Wegen der Differenz im Einkommen von Vorstandsvorsitzendem und einfachem Vorstand (20 bis 100%) ließen sich hinter der Gesamtsumme absolute Spitzengehälter verbergen. Folge der Geheimniskrämerei: »Chaos, Neid und Mißtrauen«.[50]

»In dieser Tabuzone hat sich ein Wildwuchs entwickelt«, konstatiert das *manager magazin*, »den selbst die Kontrolleure kaum durchdringen. Warum der eine Vorstand viel verdient, der andere wenig, ist mit Branche, Firmengröße oder Schwere der Aufgabe nur halbwegs zu erklären. Gesetze und Regeln hat die Personalberatung Amrop International bei einer Studie über Vorstandsgehälter nicht ausgemacht: ›Deutsche Aufsichtsräte‹, so ihre Bilanz, ›bestimmen weitgehend aus dem Bauch, wieviel die Vorstände mit nach Hause nehmen‹«.[51]

Vielleicht will man durch die Geheimhaltung auch eine von wachsendem Unmut gekennzeichnete kritische Diskussion verhindern, wie es sie in den USA über die immer größer werdende Schere zwischen den Gehältern der Topmanager und ihren Angestellten und Arbeitern gibt. Dabei ist natürlich zu berücksichtigen, daß die amerikanischen Bosse ein Mehrfaches von dem ihrer deutschen Kollegen verdienen (deutsche Vorstände verdienen im Durchschnitt 49% von dem Gehalt ihrer US-Kollegen, Franzosen 45% und Italiener 29%).[52]

Andererseits bestehen ja in Deutschland Tendenzen einer Amerikanisierung des Entlohnungssystems, wie die Stock-Options-Diskussion zeigt, auch nach dem Vorbild der Vorstands-Kollegen in Großbritannien, die bis 1992 unter schlechter Bezahlung litten und über Aktienoptionspläne nun zu den bestbezahlten in Europa gehören. Ihre Einkommen stiegen derart drastisch, daß die öffentliche Meinung rebellierte.[53]

1995 erhielten die Topmanager von amerikanischen Unternehmen 212mal soviel wie ihre durchschnittlichen Angestellten. 1965 waren es nur 44mal soviel. »Die Differenz in der Bezahlung von Unternehmensleitern und ihren Mitarbeitern ist obszön«, urteilt Warren Bennis, Wirtschaftsprofessor an der Universität von Süd-Californien. Wenn sich an dieser Situation nicht bald etwas ändere, hält der Wissenschaftler soziale Unruhen und umfangreiche Arbeitskämpfe für unvermeidlich.[54]

Auch die Spitzen der Gehaltspyramiden in einzelnen Branchen und Unternehmen in Deutschland und der Schweiz bezeichnet der Schweizer Unternehmensberater Christopher Lauterburg als »obszön hoch« und jeden für »überbezahlt«, der »im Jahr mehr als eine halbe Million Mark oder Schwyzerfränkli nach Hause schleppt«.[55]

In den USA gibt es inzwischen Bemühungen, das Thema durch eine gesetzliche Kontrolle zu entschärfen, die die Chefgehälter auf das 50fache der Bezüge der durchschnittlichen Mitarbeiter begrenzen. Die Aussichten für die Durchsetzung eines solchen Gesetzes werden allerdings als gering eingeschätzt.[56]

Aus sozialpsychologischer Perspektive analysiert der Augsburger Psychologieprofessor Oswald Neuberger die Geheimhaltung der Einkommen von Vorständen, indem er auf die gesellschaftliche Funktion von Management hinweist, mit seinen symbolischen Bedeutungselementen wie Hierarchie, Leistungsprinzip und Differenzierung: »Die absolute Höhe des Einkommens ist sekundär, weil es um die Stellung in einer Vergleichsgruppe und die Abstände zu den wichtigsten Konkurrenten geht. Dem dienen auch die partielle Verschleierung der wahren Einkommensverhältnisse und das ›Impression Management‹, weil hier mikropolitisches Manövrierpotential liegt. Das wirklich gläserne Konto, das geldliche und symbolische Leistungen vergleicht, wäre für Vorstände nicht ideal, weil es Unklarheiten beseitigte, die man politisch-taktisch nutzen kann.«[57]

Keiner bedient Sie so gut, wie Sie sich selbst

SB-Tanken im Schlaraffenland

> Viele Menschen, die in bescheidenen Verhältnissen leben, haben eine großartige Vorstellung von der Intelligenz derjenigen, die täglich wie selbstverständlich mit großen Geldsummen umgehen. Dieses ist ein ungewöhnlich irriger Glaube.
>
> *John Kenneth Galbraith*

Verdienen die Führungskräfte in Wirtschaft und Politik eigentlich das, was sie verdienen?

Selbstbedienung, ursprünglich eingeführt, um den zeit- und personaltechnisch aufwendigen Verkaufsprozeß zu beschleunigen, hat auch seine Tücken. Sie verführt. Wenn alles an der Kasse bezahlt wird, mag das in Ordnung sein. Wenn es vor dem Bezahlen in die eigene private Tasche wandert, nennt man das Diebstahl.

Angesichts verdeckter Zahlungen, überzogener Alterversorgungen, einer ganzen Reihe pekuniärer Sonderprivilegien bis hin zu selbstgenehmigten Gehaltserhöhungen kann man zu dem Eindruck gelangen, Positionen in Staat und Wirtschaft förderten die Selbstbedienungsmentalität zu Lasten der Allgemeinheit.

Dicke Diäten

Was würde wohl mit einem Unternehmen passieren, in dem die Mitarbeiter ihre Löhne und Gehälter selbst festlegen? Vermutlich genehmigten sich die Angestellten zunächst eine hohe monatliche Entlohnung, gemäß der Selbsteinschätzung ihrer Leistung und ihrer Bedürfnisse. Etwas später käme man sicherlich noch auf Sonderzahlungen, Boni etc. Und aufgrund der gähnenden Leere in den öffentlichen Rentenkassen würde bald noch eine großzügige betriebliche Altersversorgung obendraufgelegt.

Schön und gut das alles, aber nach einer gewissen Zeit bräuchte man doch noch etwas mehr. Jährliche zweistellige prozentuale Gehaltssteigerungen, lukrative Nebenjobs, die noch mal zusätzlich Geld einbringen, ohne daß sie wirklich belasten, spezielle Privilegien wie Dienstwagen, Bundesbahnfreifahrtscheine, Umzugskostenzuschüsse, der Mensch ist ja nie ganz zufrieden, will immer mehr.

Ahnen Sie, von welchem Unternehmen wir reden? Es ist das Unternehmen Bundesrepublik Deutschland, die Angestellten sind »unsere« Bundestags- und Landtagsabgeordneten.

In Parlamentssitzungen führen sie regelmäßig Debatten über die Erhöhung ihrer Bezüge der steuerfreien Pauschalen und weiterer günstiger finanzieller Leistungen. Das Problem: Die Parlamentarier beschließen in eigener Sache und sind somit parteiisch. Es mangelt an Gegengewichten, an einem Korrektiv.

Neben einer als rasant zu bezeichnenden Einkommensentwicklung (s.u.) lassen sich viele Angehörige der politischen Klasse auch noch von externen Geldgebern bezahlen. Dafür wurde eigens der elegante Begriff der *Finalen Spende* ersonnen.

Seit 1994 existiert zwar ein Anti-Korruptionsgesetz, doch sind Experten sicher, daß es wegen seiner Mangelhaftigkeit nie zur Anwendung kommen wird.[58] Schon allein, weil sich das Gesetz darauf beschränkt, nur den unmittelbaren konkreten Stimmenkauf zu bestrafen, nicht aber eine langfristige Einflußnahme auf das Verhalten eines Politikers. Auch Besuchsfahrten, Urlaubsaufenthalte und Einnahmen aus Schein-Beratungsverträgen für Wirtschaftsunternehmen sind nichts anderes als weißgewaschene Bestechungsgelder. Das Anti-Korruptionsgesetz in seiner jetzigen Form ist eine reine Alibi-Maßnahme.

Dicke Diäten

Verdienen Politiker eigentlich, was sie verdienen? Das Gehalt eines Bundestagsabgeordneten liegt im Sommer 1996 bei 11 300 Mark monatlich, die normal versteuert werden müssen. Das allein ist noch kein fürstliches Gehalt, auch wenn es den durchschnittlichen Verdienst der Bundesbürger bereits weit übersteigt. Wesentlich interessanter und auch problematischer sind die zusätzlichen finanziellen Leistungen aus der Staatskasse. Dazu gehören eine steuerfreie Aufwandsentschädigung in Höhe von 6142 Mark (bzw. 4607 Mark, soweit ein Dienstwagen ausschließlich zur Verfügung steht[59]) und eine äußerst großzügige Altersversorgung, für die die Abgeordneten keine Mark in die Rentenkasse einzahlen müssen.

Insgesamt, so kann man überschlagen, müßte ein Normalbürger wohl weit über 30 000 Mark monatlich verdienen, um denselben finanziellen Spielraum wie ein Bundestagsabgeordneter zu haben. Dazu kommen Übergangsgelder, freie Benutzung der öffentlichen Verkehrsmittel und Zusatzleistungen in Hülle und Fülle. Auch das Einkommen aus Spenden wird noch privilegiert behandelt, indem es nicht als Einkommen versteuert wird, sondern nach der viel niedrigeren Schenkungssteuer.

Nach mehr oder weniger getaner Arbeit. Während kein Tag vergeht, an dem die Bevölkerung nicht durch Hiobs-Botschaften über den Zustand der Rentenkassen verunsichert wird, bedienen sich die Politiker bei den Rentenansprüchen, als besäße der Bundestag eine Lizenz zum Gelddrucken. Bereits nach 18 Jahren Parlamentszugehörigkeit haben Politiker einen vollen Rentenanspruch, d.h. sie bekommen 75% ihrer Bezüge. Normalmenschen dagegen müssen mehr als doppelt so lange arbeiten, um auf diesen hohen Satz zu kommen.

Im kleinen Saarland erwirbt ein Minister bereits einen Tag nach Amtsantritt Anspruch auf die Höchstversorgung von 75% der Aktivenbezüge, die sich auf 13 000 Mark monatlich belaufen. Er muß dafür nur vorher lange genug Mitglied im Parlament gewesen sein. Zusätzlich kann er verschiedene Renten akkumulieren: beispielsweise

Ansprüche aus seiner Zeit als Bürgermeister, Abgeordneter und Bundestagsvizepräsident.

Der Staatsrechtler Hans-Peter Schneider bemerkt dazu: »Mag das eigentliche Einkommen der Politiker noch halbwegs angemessen sein, so hat das Mehrfacheinkommen zahlreicher Abgeordneter aus früherer oder beratender Tätigkeit ein Niveau erreicht, das die Vorstellungskraft des einfachen Bürgers schlicht übersteigt.«[60]

Warum sollten nicht auch Politiker versuchen, das meiste aus ihrer Position herauszuholen? Schließlich, so hört man oft von Politikerseite, verdienen Wirtschaftsbosse, Sportler und Showstars noch viel mehr.

Dem Vergleich mit den hohen Gehältern in anderen Bereichen liegt aber ein fundamentaler Irrtum zugrunde: Wer aus öffentlichen Geldern bezahlt wird, trägt eine ganz andere Verantwortung und ist in besonderem Maße dem Gemeinwohl verpflichtet. Im übrigen darf man nicht vergessen, daß die meisten Bundesbürger nicht mehr, sondern viel weniger verdienen als ihre Politiker.

Verschleierungstaktiken. Im Zentrum der Kritik steht immer wieder die systematische Irreführung der Bevölkerung und der Medien über beabsichtigte Einkommenserhöhungen. Die Politiker müssen sich vorhalten lassen:

1. Überstürztes Einbringen von Gesetzen. Als die hessischen Landtagsabgeordneten 1981 ein 13. Monatsgehalt für Politiker einführen wollten, sollte das Gesetz in einer Nacht-und-Nebel-Aktion durch den Landtag gepeitscht werden. Um die Gehaltserhöhung an kritischen Bürgern, Journalisten und gewissenhaften Kollegen vorbeizuschmuggeln, lag der Gesetzesentwurf zu Beginn der Beratungen noch nicht einmal vor. Bereits am darauffolgenden Tag aber beschloß das Parlament die Erhöhung: ohne Aussprache. Danach zogen die hessischen Parlamentarier in die Sommerpause.[61]

2. Verklausulierung der Gesetze. Eine Kostprobe: »Der Auszahlungsbetrag der Abgeordnetenentschädigung und der Amtszulage vermindert sich in Ansehung der zu den Kosten in Pflegefällen nach § 27 gewährten Zuschüsse vom 1. Januar 1995 an um ein Dreihundertfünfundsechzigstel. Satz zwei gilt nur, wenn die Bundesregierung in der Rechtsordnung nach Artikel 69 des Pflegeversicherungsgesetzes festgestellt hat, daß die Aufhebung eines weiteren Feiertags, der stets auf einen Werktag fällt, notwendig ist.«[62]

3. Verwirrende Formeln und Verweise auf andere Gesetze. Der Gesetzesentwurf vom 28. 6. 1995: »Ein Mitglied des Bundestages erhält eine monatliche Abgeordnetenentschädigung in Höhe eines Zwölftels der jährlichen Bezüge eines Richters an einem obersten Bundesgericht (Besoldungsgruppe R 6 – Grundgehalt, Ortszuschlag Stufe 2, Allgemeine Zulage, Zulage nach Nummer 2 der Anlage III zum Bundesbesoldungsgesetz in der Fassung vom 21. September 1994, BGBl. I S. 2646, Grundbetrag nach dem Gesetz über die Gewährung einer jährlichen Sonderzuwendung in der Fassung vom 23. Mai 1975, BGBl. I S. 266) nach dem Stand der für Januar geltenden Bezüge.«[63]

Allein um die Richterbezüge zu ermitteln, sind neben dem Abgeordnetengesetz sechs weitere Gesetze heranzuziehen.[64] Auch der Bezug auf die Besoldungsgruppe R 6 ist wenig hilfreich. Mehr Transparenz? Bundestagsvizepräsident Burkhard Hirsch (FDP) meldet im *Spiegel* seine Zweifel an: »Klarheit schafft das nicht, R 6 ist für die meisten Bürger eine Zigarettenmarke.«[65]

4. Konspirative Verfahren oder Kuhhandel. Damit die Regierungsparteien ihre finanziellen Erhöhungswünsche durchsetzen können, verbünden sie sich gerne mit der Opposition: Die Unionsparteien samt FDP strebten 1983 eine Erhöhung der Steuerbegünstigung für Spenden an, gegen die sich die SPD zunächst vehement zur Wehr setzte. Doch da die hochverschuldete Parteizentrale der Sozialdemokraten eine Anhebung der Wahlkampfkostenpauschale wünschte, wurde man sich schnell einig.[66]

5. Fehlende Nennung der konkreten Beträge. Im Gesetzentwurf zum letztlich gescheiterten Bonner Diätencoup vom Juni 1995 waren jeweils nur die Prozentpunkte angegeben, nach denen sich die Besoldung jährlich erhöhen sollte:

vom 1. Januar 1995:   80 v. H.
vom 1. Januar 1996:   84 v. H.
vom 1. Januar 1997:   88 v. H.
vom 1. Januar 1998:   92 v. H.
vom 1. Januar 1999:   96 v. H.
vom 1. Januar 2000:   100 v. H.[67]

Nur anhand der konkreten Beträge aber hätte sich jeder ein klares Bild von der geplanten Erhöhung machen können.

6. Stufenweise Anhebungen. Eine stufenweise Erhöhung der Diäten dient lediglich der Verschleierung einer insgesamt zu hohen Anhebung. Gerade die Gehaltserhöhungen der Politiker aber sollten jedes Jahr aufs neue diskutiert und der kritischen Öffentlichkeit präsentiert werden, anstatt schleichend zu wachsen. Eigentlich paradox: Für noch nicht geleistete Arbeit bekommt der Abgeordnete bereits im voraus eine Gehaltserhöhung.

7. Koppelungen. Ankoppelungen der Gehälter und Zusatzgelder an die Bezüge von Beamten oder auch an die Lebenshaltungskosten dienen nicht der Transparenz und entheben die Politiker von ihrer Pflicht, jährlich öffentlich über ihre finanziellen Zuwendungen debattieren zu müssen. Wer sich selbst aus öffentlichen Kassen bedienen darf, sollte wenigstens der öffentlichen Kontrolle unterliegen, die ohne Transparenz nicht möglich ist.

8. Anhäufung von Privilegien. Wenn jemand z. B. nacheinander Oberbürgermeister einer Stadt, Vorstandsmitglied der privatrechtlich organisierten Stadtwerke, Fraktionsvorsitzender in einem Landesparlament und Fraktionsvorsitzender im Bundestag war, so könnte er seine Rentenansprüche unbegrenzt kumulieren – obwohl es sich in allen Fällen um öffentliche Mittel handelt![68]

Um solche Überversorgungen aus der Staatskasse zu verhindern, müsse eine Anhäufung finanzieller Privilegien von Politikern gesetzlich zumindest eingeschränkt werden, meint Diäten-Kritiker von Arnim. Er hat ähnliche Vorbehalte dagegen, daß Bundesminister, die zusätzlich Abgeordnete sind, neben ihrem Einkommen als Minister immerhin noch das halbe Gehalt eines Abgeordneten beziehen. Hans-Ulrich Klose hätte nach dem Gesetzentwurf vom 28.6.95 zusammen mit seiner Versorgung als ehemaliger Bürgermeister von Hamburg monatliche Bezüge von 40000 Mark erhalten.[69]

Wer sich nicht wehrt, lebt verkehrt. Die eigene Ohnmacht gegen die Selbstbedienungsmentalität der politischen Klasse vor Augen, befällt einen leicht das Gefühl von Resignation. Was kann man schon tun, gegen »die da oben«, wenn man nur einer da unten ist?

Einer zumindest tut etwas: Der Verwaltungsrechtler Professor Hans Herbert von Arnim hat es in den vergangenen Jahren geschafft, zu einer Instanz zu werden, die Mißstände in der Politiker-Bezahlung anprangert und von dem *Die Zeit* schreibt, er habe mehr Gesetze zu Fall gebracht als jeder andere, abgesehen vom Bundesverfassungsgericht.[70]

Der Jurist und Volkswirtschaftler an der Hochschule für Verwaltungswissenschaften in Speyer hat in seinen Büchern *Staat ohne Diener* (1993), *Der Staat als Beute* (1993), *»Der Staat sind wir!«* (1995), und *Die Partei, der Abgeordnete und das Geld* (1996) mit einer unermüdlichen Akribie auf die Mißstände der bundesdeutschen Politik-Finanzierung hingewiesen.

Während die normalen Bezüge von Politikern seiner Meinung nach in der Regel nicht zu beanstanden sind, verberge sich »in den Aufwandsentschädigungen, Übergangsgeldern, Ruhestandsgehältern und sonstigen Versorgungsregelungen der eigentliche Skandal. Vor den Augen der Öffentlichkeit gut getarnt, hat sich die politische Klasse finanzielle Privilegien von teilweise unglaublichem Umfang genehmigt«.[71]

Von Arnim diagnostiziert einen immer deutlicher werdenden »grenzenlosen Hunger der politischen Klasse nach Posten und Geld«.[72]

Den bisherigen Höhepunkt seiner Karriere als Diäten-Experte erreichte er mit der Vereitelung des Bonner Diätencoups vom Juni 1995. Der damalige Gesetzentwurf hätte eine automatische Erhöhung der Abgeordnetenbezüge um über 50% bis zum Jahr 2000 bedeutet.[73] Und das in einer Zeit, in der an allen Ecken und Enden der Bundesrepublik gespart werden muß!

Hand auf – Augen zu – und durch. Den ohnehin schon großzügig entlohnten Abgeordneten legte man im Juni 1995 einen Gesetzentwurf der Fraktionen CDU/CSU und SPD vor, der die Diäten für die Mitglieder des Bundestages von 10 366 Mark in vier Stufen bis 1998 auf 13 809 Mark erhöhen sollte. Zum Ausgleich wollte man die stets kritisierten überzogenen Altersbezüge und Übergangsgelder kürzen. Zusätzlich versprach man eine Verkleinerung des Bundestages, um dem Wahlvolk die Erhöhung der Bezüge schmackhaft zu machen.

»Dann geschah jedoch etwas Merkwürdiges«, berichtet von Arnim. »Die Vorlage der Rechtsstellungskommission und des Ältestenrates wurde von den Bundestagsfraktionen der CDU/CSU und SPD unmittelbar vor der Einbringung in den Bundestag am 28. Juni und in der ersten Beratung im Bundestag am 29. Juni völlig verändert, ohne daß dies die Öffentlichkeit bisher gemerkt hätte – und ohne daß sie es wohl hätte merken *sollen*. Denn in der neuen Vorlage wurde noch einmal kräftig ›draufgesattelt‹. Der nun maßgebliche Gesetzentwurf sieht (...) sechs Stufen bis ins Jahr 2000 vor (Erhöhung der Entschädigung auf etwa 16 500 Mark), und auch die Rentenanwartschaften, besonders für amtierende Abgeordnete, werden massiv erhöht.«[74]

Ein Abgeordneter, der im Jahr 2000 pensioniert worden wäre, hätte durch die geplante Gesetzes-Wohltat eine Prämie in siebenstelliger Höhe einstreichen können. Als Normalsterblicher müßte er für ähnliche Rentenansprüche bei einer Lebensversicherung bis zu 700 000 Mark einzahlen – und zwar aus zu versteuerndem Einkommen.[75] Gleichzeitig sollte die Abgeordnetenentschädigung an die Bezüge von Bundesrichtern gekoppelt werden. Genau das aber widerspricht einem Urteil des Bundesverfassungsgerichts, nach dem Bundestagsabgeordnete eine Erhöhung ihrer Bezüge stets öffentlich und aufs neue debattieren müssen. Um dem Bundesverfassungsgericht die Möglichkeit zum Einspruch zu nehmen, brachten die Parteien einen Antrag zur Grundgesetzänderung ein. *Spiegel*-Kommentar: »Verfassungsbruch aus Geldgier... Der bislang dreisteste Versuch.«[76]

Als die geplante Grundgesetzänderung, die allein der Bereicherung der Politiker dienen sollte, am 13.10.95 in den Bundesrat eingebracht wurde, verweigerten sämtliche Länder aufgrund des enorm angewachsenen öffentlichen Drucks ihre Zustimmung, außer den allein regierenden Ministerpräsidenten Stoiber und Biedenkopf. Kurze Zeit später unterbreiteten Bundestagspräsidentin Süssmuth und Vizepräsident Klose nach fraktionsübergreifenden Absprachen einen neuen Entwurf, der rasch Gesetz wurde.

Demnach steigen die Diäten jährlich in vier Stufen auf 12 875 Mark zum 1.1.1998, was immer noch ein Plus von 24% bedeutet. Die Altersversorgung amtierender und ehemaliger Abgeordneter steigt bis 1998 um 12%. Dafür sinken die Versorgungsansprüche zukünftiger Abgeordneter.

Auch das renovierte Diätengesetz wurde wieder in großer Eile noch vor Weihnachten 1995 durchgepaukt. Der Fortbestand diverser Privilegien ist zu kritisieren: Die Möglichkeit von Doppelbezügen aus öffentlichen Kassen; die steuerfreie Kostenpauschale (z.Z. 6142 Mark, s.o.) wird zum 1.1. eines jeden Jahres der Entwicklung der allgemeinen Lebenshaltungskosten angepaßt – was von Arnim für »besonders anstößig« hält, »weil die meisten *steuerlichen* Pauschalen, Freibeträge und Grenzen für Otto Normalverbraucher seit Jahren nicht mehr angehoben wurden und zudem die steuerliche Geltendmachung von Werbungskosten und Betriebsausgaben seit Anfang 1996 auch noch empfindlich eingeschränkt wurde«[77]; außerdem können Abgeordnete weiterhin Spenden in unbegrenzter Höhe entgegennehmen, gegen Scheinberater- und Scheinarbeitsverträge wird nichts unternommen.[78]

Zähneknirschender Verzicht. Die für den 1.7.95 geplante Diätenerhöhung um 4,6% (von 11 300 auf 11 825 Mark) wurde am 13.6.95 vom Bundestag um ein Jahr verschoben. Dies geschah vor allem auch auf Initiative von Bündnis 90/Die Grünen: Die beschlossene Diätenerhöhung sei »überhöht und angesichts der realen Einkommenseinbußen bei einem Großteil der Bevölkerung sowie der zu erwartenden Nullrunden im öffentlichen Dienst nicht zu rechtfertigen.«[79]

»Viele Abgeordnete machten ihrem Ärger über die Verschiebung der Erhöhung Luft«, berichtet die *Frankfurter Rundschau*, »andere folgten der Empfehlung widerwillig. Etwa die Hälfte der Abgeordneten nahm an der Abstimmung nicht teil«[80], zeigte auf diese Weise ihren Protest.

Schätzungsweise 300 der 672 Parlamentarier befürworteten die Verschiebung der Diätenerhöhung, etwa 50 stimmten dagegen, unter ihnen Bundestagspräsidentin Rita Süssmuth (CDU) und Vizepräsident Hans-Ulrich Klose (SPD). Etwa 20 bis 30 enthielten sich. »An der hohen Abwesenheit und am Beifall für bestimmte Redner war abzusehen, daß der bei CDU/CSU und SPD von den Fraktionsführungen durchgesetze Beschluß unpopulär ist. Die anwesenden Abgeordneten von FDP und Bündnisgrünen stimmten für die Verschiebung, ebenso die Mehrzahl der PDS. Es war deutlich hörbar, daß die Entscheidung mit Rücksicht auf die öffentliche Meinung fiel.«[81]

Was Nettes obendrauf

Glühbirnen leuchten heller, wenn sie mehr Strom bekommen. Wirtschaften Manager besser, wenn sie noch mehr verdienen, noch stärker am Unternehmenserfolg beteiligt sind?

Darüber jedenfalls zerbricht sich unsere geschätzte Wirtschafts-Führungselite, Aufsichtsräte, Vorstände und Topmanager, die Köpfe. Und das zu einer Zeit und in einem Land, das eine Rekordarbeitslosigkeit verzeichnet und in dem beständig weiter Mitarbeiter entlassen werden.

Wie Bettler müssen sie Gott sei Dank nicht leben, aber sie haben mit ihnen etwas gemeinsam: die offene Hand. Und im Vergleich zu Schumi, Steffi und Boris, insbesondere aber im Vergleich zu ihren amerikanischen Kollegen fühlen sich die deutschen Wirtschaftsbosse mit ihren Einkommen zwischen einer lächerlichen und ganz selten fünf Millionen Mark unterbezahlt.

Der Blick auf die Dollar-Gehaltsberge ihrer Kollegen jenseits des großen Teiches läßt sie neidisch werden und nicht ruhen: Da erhält *General-Electric*-Chef John F. Welch 21, 9 Mio. Dollar pro Jahr, *Goodyear Tires*-Boss Stanley Gault 16,5 Mio., *Compaq*-Computer: Eckfard Pfeiffer 16,1 Mio., *Disney*-Chef Michael Eisner 14,7 Mio, *IBM*: Louis Gerstner, ein Deutscher in Amerika, 13,2 Mio., *Coca Cola*: Robert Guizeta 12,9 Mio.[82]

Neid – etwas, was sie gern ihren Kritikern unterstellen – macht bekanntlich mobil, und so haben deutsche Topmanager – Amerika war schon immer ein Vorbild – geforscht, wie diese Traumbezüge ihrer amerikanischen Kollegen eigentlich zustande kommen.

Eine – wie in den USA – am Unternehmenserfolg ausgerichtete Entlohnung würde sie zu zusätzlichen Leistungen anspornen, und das sei ja schließlich auch im Interesse der Aktieninhaber, der eigentlichen Besitzer der Großunternehmen.

Shareholder Value

Das Wohlergehen der Aktionäre steht plötzlich ganz im Zentrum ihrer Bemühungen und ist zum neuen Wirtschaftsmodewort avanciert. Orientiert an amerikanischen Verhältnissen und prima ausgestattet mit Aktienoptionen und Bonuszahlungen, versprechen sie sich und den Aktionären auf Hauptversammlungen eine goldene Zukunft.

So legte z.B. der Vorstand der *Deutschen Bank* seinen Aktionären auf der Hauptversammlung am 28.5.96 zur geplanten Einführung von Aktienoptionen folgenden Bericht vor:

»Um einem engen Kreis von Führungskräften, deren Entscheidungen von großem Einfluß auf die Entwicklung eines Unternehmens beziehungsweise der mit ihm verbundenen Unternehmen sind, einen besonderen Anreiz für ihre Tätigkeit und eine zusätzliche Bindung an dieses Unternehmen zu schaffen, ist es international gebräuchlich, Optionsrechte einzuräumen, die bei einer besonders positiven Entwicklung der Gesellschaft, die ihre Ausprägung im Börsenkurs findet, eine entsprechende Beteiligung an diesen Erfolgen verschaffen. Dieser Entwicklung möchte sich auch die Deutsche Bank öffnen, um ihren – zunehmend auch im Ausland angeworbenen – Führungskräften eine dem internationalen Standard entsprechende Vergütungskomponente anbieten zu können. Die Bank sieht in diesem Instrument eine Möglichkeit, die Orientierung der Führungskräfte auf einen nachhaltigen Erfolg des gesamten Konzerns zu unterstützen. Um diese Ziele über das flexible Instrument der Optionsanleihe zu verwirklichen, muß das nach dem Gesetz bestehende Bezugsrecht der Aktionäre für die im Rahmen dieser Zwecksetzung auszugebenden Schuldverschreibungen ausgeschlossen werden. Mit einem bedingten Kapital von 40 Mio. DM ist für diese Zwecke ein Betrag vorgesehen, der nur ca. 1,6 % des Grundkapitals umfaßt. Eine Verwässerung der Beteiligungsrechte der Aktionäre ist bereits angesichts dieses recht geringen Volumens nicht zu befürchten. Zudem ist durch die Ermächtigung sichergestellt, daß die entsprechenden Optionsrechte nur ausgeübt werden, wenn der Kurs der Deutschen Bank-Aktie um mindestens 10 % gegenüber dem Niveau im Zeitpunkt der Ausgabe steigt. Auf diese Weise sind Vorteile aus den Optionsrechten eng an den wirtschaftlichen Erfolg der Gesellschaft gebunden, der über den erhöhten Börsenkurs auch den Aktionären zugute kommt. Die Koppelung der Vorteile des Berechtigten aus der Verwertung seiner Optionsrechte an seine weitere Tätigkeit im Konzern erhöht die Bindung gerade der für die weitere Entwicklung wichtigen Mitarbeiter an das Unternehmen. Indem die Bestimmung der im Einzelfall zum Erwerb von Optionsschuldverschreibungen berechtigten Führungskräfte Vorstand und Aufsichtsrat überlassen ist, wird eine leistungsorientierte Nutzung dieses Instruments ermöglicht. (...)«[83]

Auf dieser Hauptversammlung der *Deutschen Bank* trat auch Dr. Leonhard Knoll auf, wissenschaftlicher Mitarbeiter am Lehrstuhl für allgemeine Betriebswirtschaft, Bank- und Kreditwirtschaft der Universität Würzburg, ein enger Mitarbeiter des legendären Wirtschaftsprofessors Ekkehard Wenger, ein Pendant zum Diäten- und Politikfinanzierungskritiker Professor Hans Herbert von Arnim. Wenger hat sich durch systematische Besuche von Hauptversammlungen mit Studenten und jeder Menge umbequemer kritischer Fragen an Vorstände und Aufsichtsräte ein einzigartiges Terrain geschaffen.

Auf der Hauptversammlung befragte Kleinaktionär Knoll den Vorstandssprecher Kopper zu Einzelheiten der Ausgestaltung der Aktienoptionspläne, inbesondere, ob das eine zusätzliche Form der Vergütung sei. Knoll berichtet:

»Da hat Kopper sich verraten und erst gesagt, das darf man sich nicht so vorstellen, daß da noch was oben draufgesattelt wird.

In einer zweiten Intervention habe ich gesagt, das ist ja schön, aber wir möchten dann gerne wissen, wenn das so ist, was denn da im Bereich des Fixums oder der anderen variablen Vergütungsbestandteile gekürzt wird.

Na ja, hat Kopper geantwortet, am Fixum wird nichts verändert, und bei den variablen Vergütungsanteilen, in der Tat, da wird es neuer Bestandteil, und das geht wohl am einfachsten, wenn man das dazutut.

Ich habe gedacht: Wie das in einem geordneten Kopf zusammengehen kann, daß man da nichts wegnimmt, aber nichts draufsattelt, aber doch was dazutut, na ja...«

Das Problem ist eben die gesamte Zusammenschau der Entlohnung, kritisiert Knoll: »Wenn ich von Hause aus schon über mein Fixum und andere variable Bestandteile eine Million im Jahr verdiene, und dann wird noch mal was draufgesattelt, und zwar in einer Form, daß ich selbst bei einer normalen Leistung noch einmal ordentlich Cash mache, und sogar noch bei unternormalen Leistungen, dann halte ich das quasi für pervers.«[84]

Stock Options

Stock Options bzw. Aktienoptionspläne, so die weit verbreitete Meinung, veranlassen das Management, Unternehmen im Sinne der Unternehmer zu führen – erläutert Dr. Stefan Winter, wissenschaftlicher Mitarbeiter am Institut für Management an der wirtschaftswissenschaftlichen Fakultät der Humboldt Universität Berlin: »In diesem Sinne werden die bereits realisierten oder bevorstehenden Pläne bei *Daimler-Benz* oder der *Deutschen Bank* von der Wirtschaftspresse meist positiv, oft sogar enthusiastisch aufgenommen. Ein Blick in die wissenschaftlichen Arbeiten zum Thema Aktien-Optionspläne hingegen läßt jedoch zu Recht eine gewisse Skepsis aufkommen.

Zunächst fehlt bisher der Beweis, daß Unternehmen durch die Einführung von Stock Options für die Führungselite tatsächlich erfolgreicher werden. Zwar gibt es Beispiele für erfolgreiche Unternehmen mit, aber auch für erfolgreiche ohne Stock Options. Zweifel an der Motivationswirkung dieser exklusiven Zugewinnmöglichkeit hierzulande für die Topetage kommen auch dann auf, wenn man die geschichtliche Entwicklung der Aktienoptionspläne in den USA betrachtet. Dort erfreuten sie sich plötzlich besonderer Beliebtheit nach der Einführung von Steuervergünstigungen in den 50er Jahren, die bis heute noch gelten und von daher den amerikanischen Erfolg erklären.

Aber auch vor dem Hintergrund von verhaltenswissenschaftlichen Forschungen muß die Brauchbarkeit von Aktienoptionsplänen zur Motivation von Managern angezweifelt werden. Es ist seit langem bekannt, daß Aktienkurse sehr stark von gesamtwirtschaftlichen Faktoren beeinflußt werden. In Boomphasen können damit selbst die Aktienkurse schlecht geführter Unternehmen steigen, während im Abschwung auch die Kurse der bestgeführten Unternehmen fallen. Im einen Fall wird schlechtes Management belohnt, im anderen gutes bestraft. Der zur Motivation notwendige Zusammenhang zwischen Leistung und Belohnung ist damit nicht gegeben.

Schließlich verbleiben weitere Einwände, die gegen eine Einführung von Optionsplänen sprechen. Ein wesentlicher Nachteil sind die derzeitigen rechtlichen Regelungen zur Offenlegung aller Konsequenzen der Optionspläne. Es besteht die Gefahr, daß mittels Aktienoptionsplänen exorbitante Vergütungen durch die Hintertür eingeführt werden. Eine Auseinandersetzung darüber ist nicht möglich, da das realisierte Einkommen der Manager in Deutschland bisher nicht oder nur unzureichend ersichtlich ist.

Damit soll nichts gegen die grundsätzliche Idee marktwertorientierter Vergütungsformen gesagt sein. Allerdings ist die einfache Grundkonstruktion von Optionsplänen ungeeignet. Als Minimalforderung ergibt sich, daß die Aktienoptionspläne indexgebunden auszugestalten sind. Bei solchen Plänen verdient das Management immer nur dann, wenn die Marktwertentwicklung des Unternehmens besser ist als diejenige eines Vergleichsindex. Dabei ist es gleichgültig, ob der Index steigt oder fällt: Man muß nur besser sein. Daneben sind eindeutige Vorschriften zur Offenlegung der Optionspläne notwendig. Dazu gehört auch, daß die genaue Anzahl und die Konditionen von gewährten Optionsrechten veröffentlicht werden. Ferner sind Regelungen über die Behandlung von Dividendenzahlungen notwendig, denn bleiben diese bei der Festlegung des Bezugskurses unberücksichtigt, entsteht für das Management ein erheblicher Anreiz, Dividenden zu kürzen, um so durch das einbehaltene Geld den Marktwert des Unternehmens zu steigern. Unabhängig davon ist auch zu überlegen, ob die beabsichtigte Ausübung von Optionen vorher von den Führungskräften angezeigt werden muß, da ja ansonsten auch immer eine Gefahr des Mißbrauches von Insiderinformationen bestehen könnte.«[85]

Besonders diese Gefahr der Selbstbedienung wird auch von Dr. Knoll gesehen: »So wie dieses Instrument ausgestaltet werden kann, bei der *Deutschen Bank* noch mehr als bei *Daimler-Benz*, könnte man das wirklich als Selbstbedienungsinstrument verwenden.

Wichtig ist, daß man sich ganz klar bewußt macht: Es geht nicht um Sozialneid. Das Instrument hat Vorteile, nur so, wie es hier gemacht ist, wird es eigentlich denaturiert, so möchte ich das mal nennen.

Wir brauchen eine stärkere Koppelung der Interessen der Agenten, seien das Vorstände oder Aufsichtsräte, an die Interessen der Aktionäre. Das halte ich im Prinzip für richtig und sinnvoll. Nur bei der Ausgestaltung, wie sie hier vorliegt, drängt sich einem der Eindruck einer Selbstbedienungsmentalität auf. Und dagegen wehre ich mich. Es gibt ja viele gute Dinge, die einfach falsch gemacht werden und deren Ruf und deren weitere Verbreitung durch eine solche schlechte Einführung total verhunzt werden. Und das genau liegt meines Erachtens bei der *Deutschen Bank* und bei *Daimler-Benz* vor. Es ist so, wie es ein US-Banker gegenüber der *Wirtschaftswoche* formulierte: Die Deutschen sehen das als etwas Nettes obendrauf. Und das ist nicht Sinn der Sache.«[86]

Nicht zimperlich zugelangt. »Es hat eine Zeitlang gedauert, bis Ekkehard Wenger Mitleid für Hilmar Kopper empfinden konnte«, schreibt *Capital* in einem Porträt über Wenger.[87] »Eigentlich, sagt er, habe der Sprecher der *Deutschen Bank* ja eine ›Schneise der Verwüstung‹ in Deutschland hinterlassen. Aber inzwischen hat er verziehen. Denn eigentlich, sagt er nun, könne der Kopper ja nichts dafür. Wer nehme schon einen ›Buchhalter ernst, der zu weit nach oben befördert wurde‹?«[88]

Aufsichtsratsvorsitzender Kopper hatte bei einer *Daimler-Benz*-Hauptversammlung 1993 dem vehement kritisch nachfragenden Wirtschaftsprofessor zunächst das Mikrofon abstellen und, als das nicht half, ihn durch Saaldiener vor laufenden Fernsehkameras hinaustragen lassen.[89]

Auf einer anderen *Daimler*-Hauptversammlung ließ sich Edzard Reuter durch die kritischen Fragen zu dem Satz hinreißen, er würde sich lieber das Fußball-Länderspiel im Fernsehen angucken, als mit Aktionären wie Wenger zu diskutieren.[90] Wenger hält übrigens Reuter für den größten Kapitalvernichter der Nation und rechnete ihm vor, rund 37 Milliarden Mark in den Sand gesetzt zu haben.[91]

Gegen ihn, Edzard Reuter, den früheren Vorstandsvorsitzenden der *Daimler-Benz AG*, dessen Nachfolger Jürgen Schrempp und *Daimler*-Aufsichtsratschef und *Deutsche Bank*-Vorstandssprecher Hilmar Kopper ermittelt nun die Staatsanwaltschaft Stuttgart aufgrund einer Strafanzeige von Jochen Knoesel, Wenger-Mitarbeiter und Sprecher des Vereins zur Förderung der Aktionärsdemokratie. Der Vorwurf: Die Manager haben die Gewinnsituation des *Daimler-Benz*-Konzerns 1995 bewußt falsch dargestellt. Reuter hatte damals einen steigenden Jahresüberschuß von über 1 Milliarde DM vorausgesagt. Wenige Wochen später kündigte Schrempp für 1995 einen Rekordverlust von 1,5 Milliarden an. Etwas später stellte sich heraus, daß der Verlust sogar bei 5,7 Milliarden lag.[92]

In diesem Zusammenhang ist es nun wirklich nicht ohne Brisanz, in der *Frankfurter Allgemeinen Zeitung* lesen zu müssen, daß nach diesem »Katastrophenjahr 1995«[93] zwar erstmalig in der Nachkriegsgeschichte an die Aktionäre keine Dividende gezahlt wurde, jedes

Vorstandsmitlied von *Daimler-Benz* aber eine Leistungszulage in Höhe von sage und schreibe 600 000 DM erhielt.[94]

Nach Angaben des *Daimler-Benz*-Aufsichtsratsvorsitzenden Hilmar Kopper wurde dem Vorstand die Sonderzahlung »in Anbetracht der Arbeitsbelastung und Leistung« gewährt.[95] »Gefällt hat diese Entscheidung im Frühjahr 1996 das Präsidium des Aufsichtsrats, das damals aus Kopper, Rechtsanwalt Johannes Semler, dem Konzernbetriebsratsvorsitzenden Karl Feuerstein und dem IG-Metall-Abteilungsleiter Bernhard Wurl bestand.«[96]

Zurück zu Professor Wenger und zurück zur *Deutschen Bank*: Aktionär Wenger hat im Juni 1996 beim Landgericht Frankfurt eine 17seitige Anfechtungsklage gegen die *Deutsche Bank* eingereicht. Diese bezieht sich auf den auf der o.g. Hauptversammlung gefaßten Beschluß über die Ermächtigung zur Ausgabe von Optionsschuldverschreibungen an Führungskräfte.

In der Klageschrift heißt es, daß es sich bei der Optionsanleihe »in Wirklichkeit einzig und allein um eine auf willkürliche Grundlage gestellte Vorteilszuwendung an den Vorstand und andere leitende Mitarbeiter der Deutschen Bank handelt. (...) Der 12köpfige Vorstand der Deutschen Bank erhielt (...) nach rund 23,7 Mill. DM in 1994 in 1995 Bezüge von insgesamt rund 23,5 Mill. DM oder rein rechnerisch etwa 2 Mill. DM pro Person je Jahr. Für die Aktionäre der Gesellschaft hat der Vorstand demgegenüber über Jahre hin nichts erwirtschaftet.«[97]

Zur Begründung der Anfechtungsklage wird aus aktienrechtlicher Sicht u.a. angeführt, daß nach §§ 86, 87 AktG ausschließlich der Aufsichtsrat für die Gewährung von Entgelt und Entgeltsbestandteilen an den Vorstand zuständig ist. In dem Beschluß werde hingegen der Kreis der Begünstigten zwar vorrangig mit »bestimmten Führungskräften« umschrieben, dem werde aber hinzugefügt, daß dieser Begriff der »Führungskräfte« »unter Einschluß von Vorstandsmitgliedern der Gesellschaft« verstanden werden soll.[98]

Die Hauptversammlung habe »gerade den Vorstand ermächtigt, auch über die Vergabe von Zuwendungen an sich selbst zu entscheiden. Eine solche ›Ermächtigung zur Selbstbedienung‹ ist mit dem Wesen der deutschen Aktiengesellschaft ganz einfach unvereinbar«.[99]

Selbstbedienungs-Szenarien. Die Klageschrift verdeutlicht in zwei »Bedienungs-Szenarien«, um welche Summen es für Vorstände und Führungskräfte bei den Aktienoptionsplänen gehen kann:

»*1. Ausgangsannahmen*
a) Optionsfrist: 10 Jahre; Optionsausübung am Laufzeitende
b) 50% der 8 000 000 Optionen zu gleichen Teilen an 12 Vorstandsmitglieder
c) Bezugskurs: 70,45 DM (= Börsenkurs am 19. 6. 1996)
d) Dividendenrendite der Deutschen Bank: 3,65%

2. Bedienungsszenario I
Aktienkursrendite der Deutschen Bank entspricht bereinigt nur dem langjährigen Erwartungswert für DM-Anleihen von 7%

– das bedeutet Kurssteigerungs-Soll von 1,07 : 1,0365 = 1,0323, mithin also 3,23% p.a. = (unter Einrechnung von Zinseszins) 37,45% in 10 Jahren
– Kurs-Soll-Endwert = 137,45% aus 70,45 DM = 96,38 je Aktie
– Endwert der 4 000 000 beziehbaren Aktien für den Vorstand nach 10 Jahren = 387, 32 Mill. DM oder
Wertsteigerung = 387,32 ./. 281,8 Mill. DM = Bedienungsergebnis:
105,52 Mill. DM für den Vorstand insgesamt oder
8,79 Mill. DM je Vorstandsmitglied

3. Bedienungsszenario II
Aktienkursrendite der Deutschen Bank entspricht bereinigt dem langjährigen Erwartungswert deutscher Standardaktien von 8,5%

– das entspricht Kurssteigerungs-Soll von 1,085 : 1,0365 = 1,0468, mithin also 4,68% p.a. = (unter Einrechnung von Zinseszins) 57,98% in 10 Jahren
– Kurs-Soll-Endwert = 157,98% aus 70,45 DM = 111,30 DM je Aktie
– Endwert der 4 000 000 beziehbaren Aktien für den Vorstand nach 10 Jahren = 445,2 Mill. DM oder
Wertsteigerung = 445,2 ./. 281,8 Mill DM = Bedienungsergebnis:
163,4 Mill. DM für den Vorstand insgesamt oder
13,62 Mill. DM je Vorstandsmitglied«[100]

In der Anfechtungsklage heißt es weiter: »Die Willkür des nach wie vor ermöglichten Selbstzugriffs für den Vorstand mit Beträgen zwischen 105,52 Mill. DM und 163,4 Mill. DM oder 8,79 Mill. DM und

13,62 Mill. DM je Vorstandsmitglied wird erst dann voll bewußt, wenn zusätzlich dies gesehen wird: Es kann in keinem Fall als die im Bericht (...) beschriebene ›besonders positive Entwicklung‹ der Deutschen Bank gesehen werden, wenn der Vorstand gerade eben die Durchschnittsrendite von deutschen festverzinslichen Anleihen oder auch die von deutschen Standardaktien erreicht.

Und auch hier kommt hinzu, daß der Börsenwert der Aktie der Deutschen Bank nach eigener Bekundung des Sprechers des Vorstandes, des Herrn Hilmar Kopper, gegenwärtig nicht unerheblich unter dem wirklichen Wert der Aktie liegt. Das Erreichen der Durchschnittsrenditen von Anleihen oder Standardaktien wäre also zu einem nicht unerheblichen Teil nur die Wiedergutmachung bisheriger Schlechtleistung, die darin liegt, daß es dem Vorstand der Deutschen Bank bisher noch nicht einmal gelungen ist, die Börse, den Kapitalmarkt, vom wirklichen Wert der Bank zu überzeugen.«[101]

In einem zusammenfassenden Kommentar zu den Aktienoptionsplänen der *Deutschen Bank* schreibt Wenger:

»Der Aufsichtsrat hat die hemmungslose Raffgier, die das Management hier auf Kosten unwissender Aktionäre ausgelebt hat, seiner generellen Rolle entsprechend verschlafen.

Verkauft wurde das ganze als ›Leistungsanreiz‹, der den Vorstand veranlassen soll, dem Aktienkurs und damit dem Vermögen der Aktionäre zukünftig einen höheren Stellenwert einzuräumen als bisher. Aber eine Option, in 10 Jahren die Aktie zum heutigen Kurs beziehen zu dürfen, erlaubt vor allem anderen zunächst einmal einen Akt exzessiver Selbstbedienung für ein Management, das auch für schlechte Leistungen üppig honoriert werden will. Denn bei einer Dividendenrendite von gut 3 % muß der Aktienkurs im Jahr um knapp 4 % steigen, wenn die Aktionäre der *Deutschen Bank* mit einer Hausfrau Schritt halten wollen, die risikolos bei Theo Waigel investiert.

In 10 Jahren entspricht das einer Kurssteigerung von knapp 40 % des heutigen Börsenwertes, die die teuren Führungskräfte des Bankhauses schon dann einsacken können, wenn für ihre Aktionäre im Vergleich zu fest verzinslichen Wertpapieren keine Risikoprämie übrig bleibt. Aktien im Nennwert von 40 Millionen DM haben heute – bei einem Kurswert von gut 70 DM je Aktie im Nennwert von 5 DM – einen Kurswert von über 560 Millionen DM. Die darauf entfallende Kurssteigerung von knapp 40% ist das, was dem Vorstand und seinen Freunden im oberen Management in 10 Jahren zufließen wird, wenn er das Leistungsniveau unserer Hausfrau erreicht. Die Vereinnahmung von über 200 Millionen DM, die dann zugunsten des Managements fällig werden, könnte als größter Bankraub in die Geschichte eingehen, der jemals von Privatleuten verübt wurde.«[102]

Der Bereicherungs-Trieb – zur Unersättlichkeit der Gier

In zahlreichen Märchen spiegelt sich der Wunsch nach unermeßlichem Reichtum. Da gibt es Feen, die drei Wünsche erfüllen, da regnet es Gold bei »Sterntaler« und der »Goldmarie«, oder ein Esel entleert sich nach der Art eines modernen Geldautomaten.

Ohne dieses Thema wäre auch die Traumfabrik Hollywood um einiges ärmer, und ob Denver oder Dallas, auch im Heimkino dreht sich ein Großteil der endlosen Familien- und Wirtschaftsdramen um die Reichen und die Schönen und wie sie wurden, was sie sind. Jeder bessere Krimi basiert auf dem Tatmotiv Geld – ob in dem Klassiker »Riffifi« oder der britischen Postraubverfilmung »Die Gentlemen bitten zu Kasse«.

Der Wunsch, unermeßlich reich zu werden, sich aller finanzieller Sorgen entledigt zu wissen, beschäftigt die Menschen seit alters her. Verbunden mit der Phantasie vom Reichtum und der Befreiung von allen materiellen Sorgen, geht es um zentrale Bedürfnisse wie Sicherheit, Anerkennung, Ansehen, Liebe, aber auch Triumph und Rache.

Zugegeben: Wer von uns möchte nicht gerne reich sein. Was aber sind die eigentlichen Motive, was veranlaßt Menschen, in ihrem Streben nach Reichtum und unter Ausnutzung ihrer Machtpositionen u.U. moralische und sogar juristische Grenzen zu überschreiten, ja sogar weit hinter sich zu lassen?

Anders gefragt: Was läßt die Olympischen Spiele zu einer reinen Marketing-Veranstaltung verkommen, was motiviert Parlamentarier in Zeiten des von ihnen selbst propagierten Sparens, sich quasi heimlich, still und leise die Diäten raufzusetzen, was veranlaßt Vorstandsmitglieder, Bilanzen zu frisieren, was sind die Tatmotive für die Entführung eines Zigarettenerben?

Der schon an anderer Stelle zitierte Psychoanalytiker Otto Fenichel veröffentlichte bereits 1938 eine klassische psychoanalytische Studie zum Thema Bereicherungs-Trieb.[103]

Ähnlich wie es beim Menschen z.B. einen Spiel- und einen Geselligkeitstrieb gibt, hält es Fenichel für gerechtfertigt, von einem Bereicherungs-Trieb zu sprechen. Dabei geht es ihm vor allem darum, dessen psychologische Hintergründe zu beleuchten, nicht aber das Streben nach Geld generell als krankhaftes Verhalten zu stigmatisieren.

Für Fenichel basiert das Streben nach Geld und Besitz auf vier Komponenten, drei mit psychologischem, eine mit soziologischem Hintergrund:

1. Das rationale Motiv: Bedürfnisbefriedigung. »Je mehr Geld einer besitzt, desto besser kann er seine Bedürfnisse befriedigen.«[104] Geld erlaubt, sich (Konsum-)Wünsche zu erfüllen, ohne daß es dazu einer Fee bedarf.

2. Der Wille zur Macht. Mit Geld lassen sich nicht nur eigene, sondern auch die Bedürfnisse anderer Menschen befriedigen. Dies kann zu Abhängigkeitsverhältnissen führen. Wer Geld besitzt, hat damit auch Macht und Prestige. Es geht um den narzißtischen Hintergrund des Bereicherungstriebes: »Der Phantasie des Reichwerdens jagen die Menschen nach, weil der Reichtum eine enorme Steigerung des Selbstgefühls verspricht.«[105] Es geht um Macht über andere Menschen und Anerkennung durch diese.

3. Das Besitzstreben. Reich sein geht einher mit der Anhäufung von Besitztümern: das schöne Haus, die teure Kleidung, das schnelle Auto, der (ebenfalls als Besitz verkannte) attraktive Partner. Erst ein Haus und dann ein zweites (Ferienhaus...) und immer mehr... Hinzu gesellt sich nun aber auch die Sorge, etwas von dem Besitz verlieren zu können. »Im Unbewußten entspricht der Besitz dem Körperinhalt, der einem genommen werden könnte. In dieser Hinsicht kommt dem Geld – wie allem Besitz – die Bedeutung von Körperteilen zu, die man verlieren kann, oder die man, nachdem ihr Verlust imaginiert wurde, wieder zu erlangen hofft – besonders aber die Bedeutung von Faeces (= Kot), die man aufspeichern möchte.«[106] Der Geizhals sitzt auf seinem Reichtum und kann nichts hergeben.

4. Die gesellschaftliche Komponente: der Marktmechanismus. Neben den drei aufgeführten individualpsychologisch bedingten Motiven haben gesellschaftliche Rahmenbedingungen einen nicht zu unterschätzenden Einfluß auf den Bereicherungs-Trieb. Gewinnbestrebungen sind Konsequenzen der marktwirtschaftlich ausgerichteten Gesellschaft, in der unablässig drängende Konkurrenz das Individuum wie auch ein Unternehmen ständig zu einer neuen und verbesserten Produktion drängen.

Diese von Fenichel benannte vierte Komponente in Gestalt einer zunehmenden Ökonomisierung der Gesellschaft ist heute besonders aktuell. In immer mehr Bereichen des öffentlichen wie privaten Lebens wird das Miteinander nur noch vom Kriterium des meßbaren und in einem Geldwert formulierbaren Nutzens bestimmt.

»Längst ist der kühl kalkulierte Vorteil auch im Alltag ein dominierendes Motiv«, schreibt die *Süddeutsche Zeitung*, »der Standort Deutschland soll fit gemacht werden, damit er in Konkurrenz zu Billiglohnländern Investoren anziehen kann.«[107] Die Konsequenz, so die Rufe aus dem Arbeitgeberlager: Abbau des Sozialstaates. Absurdeste Forderung: zurück zur 40-Stunden-Woche und geradezu lächerlich: Kürzung der Lehrlingsgehälter um ein Drittel.

*

In unserem Buch »Die Neurosen der Chefs« haben wir dargestellt, wie gravierende emotionale Defizit- und Ohnmachtserfahrungen in der Kindheit später zu dem Bedürfnis führen können – eine gewisse Begabung vorausgesetzt –, eine Machtposition anzustreben.[108]
Die Machtposition dient einerseits dazu, quasi den Spieß umzudrehen und anderen rächend zufügen zu können, was man selbst erlitten hat, sie erlaubt aber auch – wie die Selbstbedienung in Politik und Wirtschaft zeigt –, orale Riesenerwartungen zu realisieren. Die überhöhten Gehälter, der Griff nach und in die Kasse – ob in privatwirtschaftlichen oder staatlichen Unternehmen – soll die emotionalen und materiellen Entbehrungen aus der frühen Kindheit ungeschehen machen oder zumindest kompensieren. Die Generation der herrschenden Elite – eine Generation der Zukurzgekommenen, könnte man fragen. Sie waren in einer Zeit Kinder, in der Kriegs- und Nachkriegswirren alles andere als eine liebevoll-versorgende Atmosphäre zuließen. Anlaß jetzt für Selbstbedienungsmentalität, für eine kollektive orale Regression.

In diesem Zusammenhang eine Bemerkung des Psychoanalytikers Harald Schultz-Hencke: Es gibt eine »Linie, die von der Gier und ihrer affektiven Tönung bei und vor dem Saugen zur Gier und Ungeduld überhaupt im Leben des Erwachsenen führt, wenn dieser davorsteht, etwas ›haben‹ zu wollen. Wir setzen das Wort: haben in Anführungsstriche, um (...) dazu aufzufordern, sich einmal zu fragen, warum wohl der Stamm ›hab‹ die Schnappbewegung des Mundes wiederholt«.[109]

Strategien gegen die Ungerechtigkeit

»Sind die Deutschen noch zu retten?« fragen sich Cleverle Lothar Späth und der oberste Personal-Chirurg von *McKinsey*, Unternehmensberater Herbert Henzler. Chirurgisch kühl kommen sie zu dem Ergebnis: Sicher nicht alle. Die kleine »leistungsfähige Elite« ja, die »Kompetenzintensiven«, die »hochmobilen« und »hochbezahlten«

Wohlstandsschaffer brauchen sich keine Gedanken zu machen. Ihnen bleiben schmerzhafte Einschnitte und Amputationen erspart. Der Erfolg dieser »Leistungsträger«, so erfahren wir, sei in unser aller Interesse, denn ihnen verdanken wir schließlich Wohlstand und Sicherheit. Wenn's denn mal reicht.

Die Dreiteilung der arbeitenden Bevölkerung ist längst vollzogen. Zitat: »1. Weltmarkttaugliche, 2. lokal gebundene Produzenten in Industrie, Dienstleistung und Landwirtschaft und 3. die Gelegenheitsarbeiter und Überflüssigen«, man lese und staune.[110] Dies sei inzwischen das fatalistische Credo fast aller Nationalökonomen: »Die Weltmarktkompetenten sorgen für sich, die Minderkompetenten werden auf abgesenktem Niveau sozialversichert, die Ausgegrenzten vom Staat alimentiert. Fast alle Versuche, die neue Weltordnung zu begreifen, laufen auf eine Anthropologie der Spaltung hinaus.«[111]

Gibt es ein Recht auf Arbeit und damit auf Lohn? Matthias Greffrath argumentiert, daß es einen solchen Anspruch unter historischem Aspekt sehr wohl geben müsse.

Der produktive Reichtum und die aus ihm (mit) entstehende neue Arbeitslosigkeit seien das positive Resultat der Vorarbeit von Generationen. Denn all die neuen, immer schneller und effektiver arbeitenden Maschinen, die erst den Abbau von Arbeitsplätzen in großem Umfang ermöglichten, »sind das Ergebnis von Menschheitsarbeit, akkumuliertes historisches Mehrprodukt, kulturelle Produktivität«.[112]

Vieler Menschen Arbeit also hat erst die Maschine ermöglicht, die ihrerseits dazu geschaffen wurde, die Arbeit der Menschen zu erleichtern, sie ihnen bisweilen sogar gänzlich abzunehmen. Die neuen Maschinen benötigen immer weniger Bedienungspersonal mit immer weniger qualifizierter Ausbildung. Dabei produzieren sie immer schneller und effizienter.

Die menschliche Vorleistung jedoch scheint in den Maschinen verschwunden zu sein und wird zum Privateigentum der »Maschinenaufsteller«, die beliebig über den Produktionsstandort verfügen können. Nun ist, wie wir alle wissen, die chinesische Arbeitsstunde preiswerter als die deutsche. Muß man deshalb mit Gleichmut ertragen, daß

Unternehmen ihre Maschinen jetzt im Fernen Osten aufbauen, um dort billiger produzieren zu lassen?

Das Bewußtsein um diesen komplexen Veränderungsprozeß begründet hierzulande jedoch zu Recht eine Art Eigentumsanspruch, wenn auch nicht im Sinne eines einklagbaren Rechtes.

Linkskatholiken wie Friedhelm Hengsbach oder Josef Homeyer reagieren deshalb konsequenterweise auf die Abwanderung der Industrien nach Asien mit der Forderung einer Beteiligung der Arbeiterschaft am Produktivvermögen. Ihre Arbeit erst, ihre Wertschöpfung habe diese wirtschaftliche Expansion ermöglicht.

Nun ist jedoch die Bereitschaft, die Dinge so geschichtsbeladen zu sehen, nach Einschätzung von Bischof Homeyer derzeit nicht besonders ausgeprägt. Dabei bräuchte es keineswegs den totalen Umbau unserer Gesellschaft. Auch das ständige Wiederholen, es sei nun einmal nicht genug Arbeit für alle da, stimmt so nicht. Weder die Arbeit an sich noch das Prinzip der Solidargemeinschaft in unserer Demokratie ist überholt. Was nicht mehr stimmt, völlig überholt ist, ist der traditionelle 8-Stunden-Arbeitstag.

Die skizzierte Entwicklung der Arbeit in unserer europäischen Gesellschaft fordert – so der Philosoph und Publizist André Gorz – ein neues solidarisches Handeln: ihre massive, methodische, planmäßige und gesamtgesellschaftliche Verteilung: »Massiv, damit sie beschäftigungswirksam ist; methodisch, weil manche Berufszweige kürzere Tagesarbeitszeit vertragen, in anderen die Arbeit nur monats-, quartals- oder jahresweise zu teilen ist; planmäßig, weil Betriebe im voraus für den Fall ausbilden müssen, daß nicht 5 000, sondern 6 000 Menschen die Arbeit tun sollen«.[113]

Diese Strategie, eine Arbeitszeitverkürzung allerdings ohne Lohnausgleich, wäre möglicherweise der Königsweg der bürgerlichen Demokratie: »Alle müssen weniger arbeiten, damit alle ihr Leben mit Arbeit verdienen können.«[114]

Eine um ein Drittel bis gar zur Hälfte verkürzte Arbeitszeit ohne Lohnausgleich mobilisiert schnell Verarmungsängste. Aber die Arbeitnehmer bei *VW* in Wolfsburg zeigen, daß so ein Modell nicht nur Arbeitsplätze sichert, sondern auch die individuellen Härten viel weniger dramatisch sind als befürchtet, in keinem Vergleich stehen zu dem Desaster, längere Zeit gänzlich ohne Arbeit aus- und klarkommen zu müssen.

Erste Zeichen der Bereitschaft, diesen Weg zu gehen, gibt es. Die Einsicht, Opfer bringen zu müssen, die Bereitschaft, Arbeit abzugeben und auf Zuwachs zu verzichten, ist im Entstehen. Die Politik muß jetzt deutliche Signale geben. Es ist nicht hinnehmbar, daß etwa ein Drittel der Gesellschaft aus der Arbeits- und Verdienstwelt ausgegrenzt wird. Wenn der Staat hier nicht endlich aus seiner Stagnation herauskommt und deutliche Direktiven gibt, könnte der sich bereits jetzt bildende hochbrisante soziale Sprengstoff die Kraft haben, das komplette politische System ins Wanken zu bringen.

Jenseits des Geldes

Ist die Entwicklung noch aufzuhalten, daß die Reichen reicher und die Armen ärmer werden? Der jüngste Entwicklungsbericht der Vereinten Nationen (vgl. S. 93) führt in nüchternen Zahlen die Inhumanität unserer Weltwirtschaftsordnung vor Augen. Wenn die Kluft zwischen Wohlhabenden und Habenichtsen sowohl innerhalb der Gesellschaften als auch unter den Staaten dieser Welt immer größer wird, birgt das an der Schwelle zum nächsten Jahrtausend ein unabsehbares Konfliktpotential für uns alle.

Die Beibehaltung der monomanischen Wachstums- und Gewinnorientierung ohne ausreichendes soziales Korrektiv läßt uns national wie global immer mehr auf einen Abgrund zurasen. Das Miteinander der Menschen darf nicht ausschließlich vom Kriterium des im Geldwert meßbaren Nutzens bestimmt sein. Medien, Wissenschaft, Forschung, Kunst, Musik und Sport – von Politik und Wirtschaft ganz zu schweigen –, alles wird durchdrungen von der Frage: Was kommt dabei heraus, das sich gewinnbringend zu Markte tragen ließe? Der kühl kalkulierte egoistische Vorteil ist längst zum dominierenden Alltagsmotiv geworden.

»Man könnte meinen«, so der Präsident Brasiliens, Fernando Henrique Cardoso, in einem Aufsatz über *Humanisierung des Wachstums* –

durch mehr Gerechtigkeit, »das Hinscheiden des realen Sozialismus fiele mit einer späten ›Rache‹ von Karl Marx zusammen. Die Ökonomie herrscht über alles, sie bestimmt die politischen Entscheidungen und legt die Grenzen sozialer Maßnahmen fest. Der freie Markt ist zur Leitideologie geworden, die den Konkurrenzkampf und einen übertriebenen narzißtischen Individualismus fördert, die das Wertesystem dem Diktat der Effizienz unterwerfen.

Der Realismus zwingt uns, die Effizienz nicht außer acht zu lassen, aber wenn wir eine Entwicklung erreichen wollen, die menschlich genannt werden kann, müssen wir die Logik der Ökonomie hinter uns lassen. Zwar ist Wachstum vor allem in den ärmeren Ländern eine unverzichtbare Voraussetzung, aber die menschliche Entwicklung muß von Werten abgesichert werden, die verdeutlichen, daß wirtschaftliche Fortschritte einen sozialen Sinn haben.«[115]

»Die derzeitige Krise«, schreibt Konrad Stopp in seinem lesenswerten Buch »Wider die Raffgesellschaft«, »ist vorrangig keine Wirtschafts-, sie ist eine Verhaltenskrise.«[116]

Die Einkommensverteilung in der Gesellschaft, aber auch in der Welt darf kein Tabuthema bleiben. Es scheint an der Zeit, neben dem Wort *haben* auch das Wort *teilen* wieder buchstabieren zu lernen.

Überlassen wir das Schlußwort Antoine de Saint-Exupéry:

Die Größe eines Berufes besteht vor allem anderen darin, daß er Menschen zusammenbringt. Es gibt nur eine wahrhafte Freude: den Umgang mit Menschen. Wenn wir nur für Geld und Gewinn arbeiten, bauen wir uns ein Gefängnis und schließen uns wie Klausner ein. Geld ist nur Schlacke und kann nichts schaffen, was das Leben lebenswert macht. Sollte ich unter meinen Erinnerungen die namhaft machen, die ihren kräftigen Geschmack gehalten haben, sollte ich die Summe der Stunden ziehen, die in meinem Leben zählen, so finde ich gewiß nur solche, die mir kein Vermögen der Welt je verschafft hätte. Die Freundschaft ist nicht käuflich, man erhandelt keinen Mitkämpfer, an den einen gemeinsam bestandene Prüfungen binden. Das Wiedererleben der Erde nach einem schweren Flug, die Bäume, die Blumen, die Frauen, deren Lächeln wie neugefärbt ist durch das Leben, das uns mit dem Morgen neu geschenkt wurde, dieses Allerlei von kleinen Dingen, die unser Lohn sind, auch sie lassen sich nicht für Geld erwerben.[117]

* Wir sind an Ihren persönlichen Erfahrungen mit den Themen Lohn und Lohngerechtigkeit interessiert und freuen uns auf Ihre Zuschriften (Adresse siehe vorn im Buch).

VI. Anhang

Gehaltsverhandlung

Über Geben und Nehmen reden

> Die Götter lachen nur, wenn sie
> von Leuten um Geld gebeten werden.
> *Japanisches Sprichwort*

Wenn Sie beim Kauf dieses Buches an Ihr eigenes Einkommen gedacht haben, werden Sie jetzt mit besonderen Erwartungen an den letzten Abschnitt herangehen, der sich mit Gehaltsverhandlungsstrategien beschäftigt.

Wir versuchen hier, komprimiert und auf den Punkt gebracht zu vermitteln, worauf es für Sie nun wirklich ankommt, wenn es um das Thema Geld und Entlohnung in der Arbeitswelt geht. Dazu bieten wir Ihnen einen aktiven Einstieg mit einer Reihe von Fragen an, die Ihnen bei der wichtigen Vorbereitung Ihrer Gehaltsverhandlungsstrategie Klarheit, vor allem aber ein neues Bewußtsein verschaffen sollen.

Wir unterscheiden zwei grundlegende Ausgangssituationen:

1. Sie bewerben sich um eine neue Position und verhandeln Ihr Gehalt aus dieser Situation heraus und
2. Sie suchen das Gespräch mit Ihrem Chef und wollen eine Steigerung Ihres jetzigen Gehaltes bewirken.

Über Geben und Nehmen reden – zur Annäherung an das Thema einige Fragen.

Einstiegsfragen. Bevor Sie sich in eine Gehaltsverhandlung begeben, hilft es Ihnen, wenn Sie sich mit den folgenden Überlegungen intensiv auseinandergesetzt haben. Dazu beantworten Sie am besten die folgenden 14 Fragen schriftlich. Sie haben den größten Nutzeffekt, wenn Sie nicht jetzt erst einmal überblicksartig alle Fragen kurz anlesen, sondern Frage für Frage hintereinander schriftlich beantworten.

Am besten, Sie holen sich gleich Papier und Schreibwerkzeug und einen Extrabogen zum Abdecken der weiteren Fragen, um wirklich die nächste Frage erst dann zu lesen, wenn Sie die davor beantwortet haben. Auf diese Weise wird das Ergebnis, Ihr Lern- und Bewußtseinsgewinn um ein Vielfaches größer und damit effektiver sein, und Sie werden bei Ihren bevorstehenden Verhandlungen stärker davon profitieren.

- Welches Jahresbruttoeinkommen wünschen Sie sich realistischerweise? *(bitte aufschreiben)*
- Womit/wodurch rechtfertigen Sie diese Summe? *(bitte ausführlich aufschreiben)*
- Welches Jahresbruttoeinkommen erzielen Sie derzeit? *(bitte unter die erste Zahl/Antwort schreiben)*
- Wie hoch ist die Differenz zwischen Ihrem jetzigen und dem von Ihnen realistisch erwünschten Jahresbruttoeinkommen? *(bitte aufschreiben)*
- Wie erklärt sich aus Ihrer Sicht die Differenz?
- Wie aus der Sicht Ihres jetzigen Arbeitgebers?
- Womit/wodurch ist aus Ihrer Sicht die Steigerung Ihres Einkommens gerechtfertigt?
- Wieviel Geld geben Sie monatlich aus, d.h. wie hoch sind im Durchschnitt Ihre monatlichen Lebensunterhaltskosten?
- Wieviel Geld bräuchten Sie monatlich zur freien Verfügung (also netto auf Ihrem Privatkonto), um einigermaßen ordentlich über die Runden zu kommen? Keine Großanschaffungen oder Sparbeträge wären in dieser Summe enthalten, aber alles sonst, was Sie und Ihre Lieben für einen Monat zum Leben bei mittlerem Standard bräuchten.
- Wieviel haben Sie derzeit monatlich für Ihren Lebensunterhalt zur Verfügung?

- Wie hoch ist die Differenz zwischen real verfügbarer und realistisch gesehen benötigter Monatsnettosumme?
- Korreliert die Netto-Differenz mit dem von Ihnen realistisch gewünschten und angestrebten Jahresbruttoeinkommen – nach entsprechender Umrechnung auf Monats-Netto-Basis?
- Was, glauben Sie, muß Ihr Arbeitgeber an Gesamtkosten im Jahr allein für Ihre Beschäftigung aufwenden?
- Was, schätzen Sie, bringen Sie mit Ihrer Arbeitskraft dem Unternehmen an jährlicher Einnahme?

Sie sollten erst weiterlesen, wenn Sie die aufgeführten Fragen nach bestem Wissen (und Gewissen) schriftlich beantwortet haben. Die Mühe wird sich für Sie lohnen. Das Ergebnis, eine Art neues Bewußtsein in Sachen Gehalt und Umgang mit Geld, ist von nicht zu unterschätzendem Wert für Ihr Vorankommen in dieser für Sie sicher sehr wichtigen Angelegenheit.

Unsere Erfahrung bei »Geld- und Gehalts-Seminaren« in Berlin war immer wieder, daß fast alle Teilnehmer bei der Beantwortung dieser zunächst einfachen Fragen früher oder später an einem Punkt »steckenblieben« und sich hoffnungslos zu »verheddern« drohten. Widersprüche und Ungereimtheiten traten plötzlich auf, und manch einer der Teilnehmer bereute schon fast den Besuch dieses Seminars – so unerträglich schien plötzlich der aufkommende Frust.

Klar, solche Gefühle können Sie bei einer so ernsten Angelegenheit wie beim Thema Verdienst überhaupt nicht gebrauchen. Ganz im Gegenteil. Um so wichtiger ist es, derartige negative Affekte bei einer Gehalts-(Neu-)Verhandlung am besten auszuschließen.

Besser, Sie sind vielleicht jetzt ein bißchen verwirrt und gehen dieser Verunsicherung nach, als wenn Ihnen so etwas in der Gehaltsverhandlung passiert. Aus diesem Grund ist eine gewisse Irritation oder auch nur Unruhe vielleicht gar kein schlechtes Zeichen. Also besser jetzt darum kümmern als später, wenn es auf die volle Konzentration Ihrer Überzeugungskräfte und die damit möglichst einhergehende Unbeirrtheit ankommt.

Also, was irritiert Sie, läßt in Ihnen Unsicherheit und/oder Verdruß bei der Beantwortung der obigen Fragen aufkommen?
(Eine Erläuterung zum Hintergrund unserer Fragen finden Sie auf S. 230).

Trotz schlechter Zeiten: Gehaltsverhandlungen. In der Bundesrepublik sind zur Zeit knapp vier Millionen Menschen arbeitslos gemeldet, in staatlichen und privaten Unternehmen wird man gleichermaßen nicht müde zu betonen, daß nur der eiserne Wille zum Sparen weitere Entlassungen verhindern könne. Für die Arbeitgeber ist es längst eine ausgemachte Sache, daß – mit Ausnahme ihrer eigenen – die Löhne und Gehälter in der Bundesrepublik zu hoch sind. Im internationalen Vergleich werde für die bei uns bezahlten Löhne und Gehälter zu wenig geleistet und so der Wohlstand der Republik langsam, aber sicher verspielt.

Vor diesem Hintergrund mag es schwerfallen, einem ermutigend verlaufenen Bewerbungsgespräch auch noch eine gewiefte Gehaltsverhandlung anzuschließen. Muß man nicht froh, ja geradezu dankbar sein, in Zeiten wie diesen überhaupt einen halbwegs akzeptablen Job ergattert zu haben? Macht man sich mit (zu hohen) Gehaltsforderungen unter Umständen nicht selbst alle Chancen auf den Arbeitsplatz zunichte? Gibt es überhaupt einen Verhandlungsspielraum für das Gehalt, oder steht nicht bereits von vornherein unabänderlich fest, was das Unternehmen zu zahlen bereit ist?

Diese Vorbehalte sind ebenso verständlich wie überflüssig. Wenn Sie sich um einen Arbeitsplatz bewerben und mit ihrem künftigen Chef die Konditionen dafür aushandeln, geht es ausschließlich um diesen einen Arbeitsvertrag, der abgeschlossen werden soll. Die schlechte Arbeitsmarktlage ist in diesem Fall nur eine psychologische Größe, die bestenfalls dem Arbeitgeber nützt, um den Verdienst seines Angestellten zu drücken. Aber seien Sie sicher, wenn er es sich nicht leisten könnte, Sie angemessen zu bezahlen, würde er die Stelle sicher nicht besetzen.

Die Erfahrung zeigt vielmehr, daß Arbeitgeber nicht nur damit rechnen, daß der neue Mitarbeiter mit ihnen über das Gehalt verhandelt, sondern dies oft genug ausdrücklich erwarten. Und nicht wenige Jobsuchende bringen sich um ein Stellenangebot, weil sie versäumen, zur richtigen Zeit ihre diesbezüglichen Interessen adäquat zu artikulieren.

Ein Käufer-und-Verkäufer-Markt. Die Beziehung zwischen Arbeitgeber und Arbeitnehmer läßt sich am zutreffendsten als eine zwischen Käufer und Verkäufer beschreiben. Kommt es zum Geschäftsabschluß, verpflichtet sich der Käufer zur Zahlung eines bestimmten Preises an den Verkäufer, also an Sie, den Arbeitnehmer, der dafür die Erfüllung einer bestimmten Aufgabe garantiert. Das aber heißt: Nicht nur Ihre Qualifikationen und Fähigkeiten sind bei dieser Verhandlung von Interesse, sondern ebenso der Gegenwert, der Verkaufspreis, den Sie dafür erzielen.

Momentan konkurrieren sehr viele Verkäufer auf diesem Markt miteinander, doch wenn Sie Ihr »Produkt« geschickt anbieten, können Sie auch einen guten Geschäftsabschluß erwarten. Durch »Preisnachlaß« schnell handelseinig werden zu wollen, kann dagegen sogar fatal sein.

Viele glauben, sie könnten sich einfach nicht gut verkaufen. Die folgenden Ausführungen werden Ihnen zeigen, daß bei Gehaltsverhandlungen kein diabolisches Verhandlungsgeschick gefragt ist, das der anderen Seite horrende Summen abschwatzt. Vielmehr geht es darum, in einer zugegebenermaßen nicht ganz einfachen (Prüfungs-) Situation den Überblick zu behalten und dadurch das Gespräch mit dem Arbeitsplatzanbieter – und zwar in jeder Phase bis hin zur Geldfrage! – positiv zu lenken.

Machen Sie sich Ihre Ausgangssituation klar: Sie haben sich um eine Stelle beworben, und man hat Interesse an Ihnen gezeigt. Sie kommen daher nicht als Bittsteller, sondern als eine der wenigen »auserwählten« Personen, die der Firma aus einer (personellen) Verlegenheit helfen kann. Werden Sie sich aufgabenbezogen einig, muß »nur« noch der Preis festgelegt werden. Und den können Sie viel häufiger zu Ihren Gunsten beeinflussen, als Sie bisher angenommen haben.

Erfolge werden Sie bereits erzielen, wenn Sie ein paar einfache Grundregeln beherzigen.

Über was wird verhandelt? Bevor man in Gehaltsverhandlungen einsteigt, sollte man sich näher mit den verschiedenen Formen der Vergütung beschäftigen. Außer dem monatlichen Grundgehalt gibt es eine Reihe von zusätzlichen Leistungen, die die Gesamtvergütung entscheidend beeinflussen können. Wer ausschließlich mit dem Blick aufs monatliche Gehalt verhandelt und eventuelle Zusatzleistungen außer acht läßt, stellt sich womöglich schlechter – auch wenn das Gehalt höher ist als im ehemaligen Job.

Denkbar sind folgende Zusatzleistungen:

- ein Firmenwagen, der auch privat genutzt werden darf
- eine Betriebsrente
- ein eigenes Spesenkonto
- eine Gewinn-Beteiligung an der Firma (z. B. per Aktien oder Umsatzbeteiligung)
- Urlaubsgeld
- 13. bzw. 14 Monatsgehalt
- eine großzügige Urlaubs- oder Arbeitszeitregelung (in kleinen Firmen vermutlich eher durchsetzbar und auch ein guter Verhandlungsgegenstand, seine Konditionen zu verbessern, wenn man bereits in der Firma angestellt ist)
- die Übernahme von Fahrtkosten
- Beteiligung an der Wohnungsmiete

Erst aus dem Gesamtwert aller Leistungen ergibt sich das wirkliche Einkommen. Sie sollten also grundsätzlich weniger über ihr künftiges Monatsgehalt, sondern besser über das Jahreseinkommen verhandeln und dieses auch als rechnerische Größe für den eigenen Überblick im Auge behalten.

Überlegen Sie gut, ob Sie nicht lieber die private Nutzung des Dienstwagens zum Verhandlungsgegenstand machen als eine Anhebung des Grundgehaltes. Solche indirekten Vergütungen (z. B. auch eine großzügigere Provisionsregelung) kann man auch am Ende der Verhandlungen noch etwas leichter als Sonder-Zugeständnisse durchsetzen.

Auch Arbeitnehmer, die eine Gehaltserhöhung erreichen wollen, sind gut beraten, die Möglichkeiten eventueller Zusatzleistungen auszuloten. Erfahrungsgemäß ist hier die »Hemmschwelle« der Chefs geringer, dem Mitarbeiter entgegenzukommen, als bei einer Anhebung des monatlichen Salärs.

Vorsichtig sollten Sie sein, wenn Sie ein übertarifliches Gehalt aushandeln wollen (und dazu soll Sie dieses Kapitel natürlich ausdrücklich ermuntern). Viele Arbeitgeber rechnen den Anstieg des Tariflohnes auf die außertarifliche Vergütung an, Sie verdienen dann unter Umständen jahrelang keinen Pfennig mehr – oder müssen erneut in Verhandlungen treten.

Ein Beispiel: Der Tariflohn beträgt 6 000 DM monatlich, Sie aber erhalten 7 000 DM Gehalt. Im folgenden Jahr wird das Tarifgehalt um 100 DM erhöht. Statt einer Gehaltserhöhung bekommen Sie jedoch nur einen Brief von Ihrem Chef, der Ihnen mitteilt, daß sich der tarifliche Anteil Ihres Gehaltes erhöht, dies jedoch keine Auswirkung auf Ihr Einkommen habe.

Besser ist es, durch eine möglichst deutlich formulierte Vertrags-Klausel auszuschließen, daß Sie Jahr für Jahr leer ausgehen. Die könnte dann so lauten: »Das Gehalt wird den jährlichen Tariferhöhungen entsprechend angepaßt.« Verzichten Sie auch nicht auf diese Klausel, wenn Ihnen nur folgende Formulierung angeboten wird: »Das Gehalt wird jährlich/regelmäßig überprüft.« Das ist zwar wachsweich formuliert, gibt Ihnen aber immerhin die Möglichkeit, in dieser Sache beim Chef erneut vorstellig zu werden.

Probleme kann es beim übertariflichen Gehalt auch mit dem Weihnachtsgeld und anderen Zusatzleistungen (13. oder 14. Gehalt, Urlaubsgeld) geben. Steht nichts anderes im Vertrag, dann ist es nämlich durchaus möglich (und rechtens!), daß sich Ihr Arbeitgeber bei der Festlegung dieser Bezüge am Tarifgehalt orientiert. Das 13. Gehalt wird dann beispielsweise nur in der Höhe des Tarifgehaltes ausgezahlt und nicht in der Ihres tatsächlichen, übertariflichen Einkommens.

Sprechen Sie dieses Problem an, und lassen Sie entsprechende Ergänzungen in den Vertrag aufnehmen.

Was haben Sie zu verkaufen? Nachdem Sie sich darüber klar geworden sind, aus wie vielen Komponenten der zu erzielende »Preis« zusammengesetzt sein kann, sollten Sie sich Gedanken darüber machen, was Sie zu »verkaufen« haben. Das mag banal klingen, doch es ist erstaunlich, wie unvorbereitet viele Bewerber/innen die Frage nach ihren Fähigkeiten trifft. Wenn Sie aber einen möglichst hohen Preis erreichen wollen, müssen Sie auch mit der mehr oder weniger verblümten Frage rechnen: »Was bieten Sie uns?« Und: »Warum sollen wir gerade Sie einstellen, Ihnen ein so hohes Gehalt zahlen?«

Es ist für Sie unerläßlich, vorab zu diesen beiden Fragen eine Bestandsaufnahme zu machen. Werden Sie sich *vor* dem Gespräch darüber klar, was Sie qualifiziert. Schreiben Sie sich also am besten Ihre Fähigkeiten, die Sie für den Job mitbringen, auf einen Zettel, machen Sie eine Rangfolge, und versuchen Sie, diese Eigenschaften auch im Bewerbungsgespräch darzustellen.

Halten Sie sich dabei nicht allzulange mit Ihrer formalen Eignung auf. Daß Sie Abitur und Studium schnell hinter sich gebracht und welche Auslandsaufenthalte Sie bereits absolviert haben, ist ja bereits aus Ihrer schriftlichen Bewerbung bekannt – und der Grund, warum Sie zum Gespräch eingeladen wurden. Gehen Sie einen Schritt weiter: Sprechen Sie von Ihren Erfolgen. Warten Sie nicht darauf, daß man Sie danach fragt, bringen Sie sie selbst ins Gespräch. Sicherlich werden Sie auf Ihre Erfahrung pochen wollen. Das ist richtig, doch sollten Sie es dabei nicht bewenden lassen und vielmehr auf die positiven Ergebnisse hinweisen, die Sie aufgrund Ihrer Erfahrungen für Ihr bisheriges Unternehmen erzielten (z.B., daß Sie eine Abteilung effizienter organisiert und dabei den Umsatz gehoben haben).

Auch wenn es nicht immer so aussehen mag: Viele Arbeitgeber wenden bei Einstellungsgesprächen weitaus weniger Taktik an, als man ihnen zutrauen möchte. Schließlich ist so etwas für die meisten von ihnen eine Zusatzarbeit, die nebenher miterledigt werden muß.

Die Frage »Erzählen Sie etwas von sich« ist oft weniger strategisch geplanter Persönlichkeitstest als vielmehr pure Verlegenheit. Machen Sie gleich ein paar Punkte gut, indem Sie präzise Ihren Werdegang und Ihre Fähigkeiten schildern. Erzählen Sie, was und wie Sie etwas gemacht haben. Wem die Selbstanpreisung zu unangenehm ist, kann sich bei der Aufzählung seiner Erfolge z. B. mit der Formulierung behelfen: »Es hat mir sehr viel Spaß gemacht, die Abteilung zu leiten, vor allem weil ich die Möglichkeit hatte, selbständig einige Umorganisationen vorzunehmen und dadurch den Arbeitsablauf zu vereinfachen. Die Bearbeitungszeiten haben sich dadurch um ein Drittel vermindert.«

Auch wenn neue Mitarbeiter für eine ganz bestimmte Arbeit gesucht werden – den Ausschlag (auch was das Geld betrifft) gibt die Persönlichkeit des Bewerbers oder der Bewerberin. Den Job kriegt der, der am besten zum Unternehmen paßt und dem man gleichzeitig am ehesten zutraut, die Aufgaben erfolgreich zu bewältigen. Dabei spielt die faire Zusammenarbeit mit den Kollegen eine wichtige Rolle.

Fast überall wird inzwischen arbeitsteilig gearbeitet. Um im Team Erfolg zu haben, braucht man nicht nur Sachverstand für sein Aufgabengebiet, sondern auch ein hohes Maß an Kooperationsbereitschaft, Selbstvertrauen, Engagement und nicht zuletzt einen gewissen Sinn für Humor. Genau das sollten Sie also auch im Gespräch ausstrahlen – bis hin zu den Verhandlungen ums Geld. Ihre Erfolge, die Eigeninitiative und Ihr Engagement sollten Sie mit Beispielen belegen können, sonst laufen Sie leicht Gefahr, in leere Worthülsen und pure Angeberei zu verfallen.

Überhaupt: Sie müssen nicht »überirdisch« wirken – ein wenig besser zu sein als die Mitbewerber genügt. Zudem kann Übertreibung leicht als Verzweiflung ausgelegt werden. Sollte man Ihnen anmerken, daß Sie den Job unbedingt brauchen, werden Sie um so eher eine Absage bekommen, mit Sicherheit aber ein schlechteres Gehalt.

Wie wird am klügsten verhandelt? Aus den bisherigen Ausführungen ergibt sich bereits, daß Sie sich nur selbst schaden, wenn Sie bei der Gehaltsfrage mit Bittstellerattitüden vor Ihren neuen Chef treten.

Gehaltsverhandlung

Sollten Sie selbst im Verkauf tätig sein, könnte Ihnen eine zu nachgiebige Haltung sogar eine Absage einbringen. Niemand wird Ihnen zutrauen, daß Sie für die Firma gute Konditionen erzielen, wenn es Ihnen in eigener Sache nicht gelingt. Versuchen Sie es einmal aus einer anderen Perspektive zu betrachten: Schließlich ist es in aller Regel die Firma, die mit ihrer Stellenanzeige auf ihr Problem aufmerksam macht. Und Sie sind gekommen, weil Sie bei der Lösung behilflich sein können.

Noch einmal: Über das Gehalt zu verhandeln ist ebenso normal wie das Gespräch über Aufgaben und Anforderungen des zu besetzenden Arbeitsplatzes. Manch ein Chef erwartet diese Verhandlungskompetenz sogar, und zu große Passivität Ihrerseits kann negativ ausgelegt werden.

Wenn Sie also nach Ihren Gehaltsvorstellungen gefragt werden, ist das Bewerbungsgespräch noch lange nicht zu Ende. Im Gegenteil: Jetzt beginnt ein für Sie ganz besonders interessanter Teil. Lassen Sie also nicht ausgerechnet jetzt in Ihrer Konzentration nach. Atmen Sie (innerlich) einmal tief durch, denn die Frage nach dem Geld bedeutet, daß man ernsthaft in Erwägung zieht, Sie einzustellen.

Eine Grundregel sollten Sie immer beherzigen: Fangen Sie niemals von sich aus an, über Geld zu reden. Das ist Sache der anderen Seite.

Dafür gibt es mindestens einen ganz plausiblen Grund: Sobald Sie eine Summe nennen, ist sie die Richtmarke, an der sich alle weiteren Gespräche orientieren. Sie haben dann einen Preis genannt, unter Umständen noch bevor Sie sich richtig präsentieren konnten. Das aber verschlechtert Ihre Ausgangslage enorm, denn dann müssen Sie erst einmal beweisen, daß Ihre Leistungen den Preis wert sind, den Sie genannt haben. Dazu haben Sie aber womöglich keine Gelegenheit mehr, weil die Zeit für das Gespräch schon abgelaufen ist oder das Interesse des Chefs wegen zu hoher Gehaltsforderung erlahmt. Mindestens genauso wahrscheinlich ist es aber, daß Sie zu tief gestapelt und einen zu geringen Preis genannt haben. Davon wieder wegzukommen, ist dann so gut wie unmöglich.

Gehen Sie davon aus, daß es immer Gründe gibt, wenn man Sie noch nicht nach Ihren Gehaltsvorstellungen gefragt hat. Entweder ist der Chef noch skeptisch, weil er Sie nicht für die richtige Person hält. Dann gilt es erst einmal, diese Zweifel auszuräumen, bevor man mit der Gehaltsverhandlung anfängt.

Gut möglich ist auch, daß beim ersten Vorstellungsgespräch überhaupt nicht über Geld gesprochen wird. Man geht nach Hause, ohne das Thema auch nur angeschnitten zu haben. Für viele ist das unbefriedigend, zu Unrecht. Gedulden Sie sich, denn wenn man Interesse an Ihnen hat, wird auch die Gehaltsfrage früher oder später geklärt werden. Und Sie haben dann noch alle Trümpfe in der Hand.

Aber auch wenn die andere Seite das Entlohnungsthema unpassend früh in den Gesprächsverlauf einbringt: Lassen Sie sich nicht in eine vorzeitige Gehaltsdiskussion verwickeln. Das kommt ganz oft vor: Schon am Anfang fragt der Personalchef: »Welchen Verdienst haben Sie sich vorgestellt?« Die einzige richtige Antwort auf die Gehaltsfrage in einem so frühen Stadium lautet in etwa so: »Ich habe mir darüber im Detail noch keine Gedanken gemacht, das steht für mich nicht im Vordergrund... weil es mir in erster Linie darum geht, beruflich... (z.B. weiterzukommen, mich zu qualifizieren usw.). Daher wüßte ich auch gern, wie...« Und schon haben Sie die Gelegenheit, mit einer Frage nach den künftigen Aufgaben von der jetzt noch heiklen, weil viel zu frühen Geldfrage wegzukommen.

Bereits schon in den schriftlichen Bewerbungsunterlagen gilt: Vorsicht bei Angaben zu Ihrer Gehaltsvorstellung. Versuchen Sie diesen Punkt so geschickt wie möglich zu umgehen. Am besten, Sie thematisieren diesen Aspekt im Bewerbungsanschreiben überhaupt nicht.

Nicht jedesmal allerdings können Sie sich verweigern: z.B. wenn in der Stellenanzeige ausdrücklich die Mitteilung Ihrer Gehaltsvorstellung erbeten wird. Äußern Sie sich möglichst vage, schreiben Sie z.B. etwas vom branchenüblichen Gehalt bzw. operieren Sie mit einer Spanne (z.B. Gehaltsvorstellung zwischen 80 und 90 Tsd. DM p.a.).

Auch wenn man Ihnen im Vorfeld einen sogenannten Personalfragebogen in die Hand drückt, in der die Kategorie »Gehaltswunsch« ausgefüllt werden soll, genügt zunächst einmal dieser Hinweis. Oder kontern Sie mit dem Begriff »branchenübliches Gehalt«. Darauf weisen Firmen gern in ihren Stellenanzeigen hin, oder es heißt: »Die Vergütung der Stelle ist ihrer Position angemessen.« Das bedeutet nur eines: Die Firma will sich in der Geldfrage noch bedeckt halten. Und das sollten Sie auch tun – und die vage Äußerung als Einladung zur einer Gehaltsverhandlung betrachten.

Auch wenn Sie das Gefühl haben, daß man sich im Prinzip ja schon einig sei, und die Frage nach dem Gehalt gewissermaßen schon im Raum steht, sollten Sie es unbedingt der anderen Seite überlassen, sie zu stellen. Es ist also besser, der Käufer fragt den Verkäufer, was die für ihn erstrebenswerte Ware kostet.

Wenn der Arbeitgeber schon in der Anfangsphase des Gesprächs das Thema Gehalt ins Spiel bringt, wissen Sie in der Regel noch nicht, ob das sein letztes Wort ist. Andererseits kann Ihnen das zu Beginn der Bewerbung noch ziemlich egal sein. Auch wenn Sie liebend gern wüßten, ob es noch einen Spielraum nach oben gibt – halten Sie sich mit Fragen zurück! Zu diesem frühen Zeitpunkt ist noch nicht klar, ob das Gespräch erfolgreich sein wird. Erst wenn sich dies für Sie deutlich abzeichnet, sind Gehaltsverhandlungen sinnvoll. Aber dann wird Ihr künftiger Arbeitgeber schon von selbst darauf zu sprechen kommen.

Zuvor aber könnte er Ihnen noch die eine oder andere Fangfrage gestellt haben, um Sie aus der Reserve zu locken. Die geschickte Verhandlung hängt auch davon ab, wie Sie sich dabei aus der Affäre ziehen. Im übrigen muß der Arbeitgeber diese Fragen nicht unbedingt als Falle ansehen. Oft steckt ehrliches Interesse dahinter. Nur: Für Sie ist Vorsicht angebracht.

Hier eine kleine Auswahl:

Sehr beliebt vor allem unter Personalchefs ist die allgemein-philosophisch anmutende Frage: »Was bedeutet Geld für Sie?« Geradezu instinktiv betonen die meisten dann, daß ihnen Geld gar nicht so wichtig sei, daß es ihnen eher um das eigene Fortkommen gehe oder ähnliches.

Falsch! Diese Antwort glaubt Ihnen niemand, dennoch wird sie dazu verwendet werden, Ihren Preis zu drücken. Besser wäre es, etwa so zu antworten: »Geld ist schon sehr wichtig für mich, insbesondere als Honorierung meiner Leistungen. Ich finde, das sollte man ehrlich zugeben können. Schließlich kann eine Firma ohne Gewinn auch nicht existieren.«

Oft kommt auch die eher zweifelnde Frage »Glauben Sie, daß Sie das wert sind?« Hier ist es wichtig, daß Sie nicht unsicher werden. »Ich glaube schon« als Antwort lädt geradezu dazu ein, kritisch nachzufragen. Besser wäre es, z. B. so zu argumentieren: »Ich halte es angesichts meiner Auslandserfahrungen und in Anbetracht der Verantwortung, die ich übernehme, für angemessen.«

Was haben Sie bisher verdient? Wie schon angedeutet, sollten Sie das Thema Geld nicht zu früh ansprechen. Unter Umständen wird es erst in einem zweiten Auswahlgespräch verhandelt.

Sicherlich ist es nicht ganz leicht für Sie, den Wert Ihrer Arbeitskraft realistisch einzuschätzen, wenn Sie z.B. als Bewerberin nach einer längeren Familien»pause« wieder in den Beruf einsteigen (kein Grund, sich zu verstecken!).

Wenn Sie Ihre Stelle wechseln möchten, haben Sie es einfacher: etwa 10 bis etwa maximal 20 % mehr als Ihr derzeitiges Gehalt sollten Sie von Ihrem neuen Arbeitgeber verlangen. Begehen Sie dabei nicht den Fehler, bei der konkreten Nachfrage nach Ihrem aktuellen Gehalt zu sehr zu mogeln – Personalchefs wissen in der Regel, was anderswo gezahlt wird (und sehen, wenn Sie in der Mitte des Jahres wechseln, auch Ihre Lohnsteuerkarte!).

Wenn Sie WiedereinsteigerIn sind, sollten Sie sich Informationen über die aktuellen Tarifgehälter und Sonderleistungen von den jeweiligen Gewerkschaften, Industrie- und Handelskammern, Verbänden oder Interessengemeinschaften besorgen.

Gerade Frauen fällt es oft schwer, über ihr Gehalt und den Wert ihrer Arbeitskraft zu sprechen. Stärken Sie Ihr Selbstbewußtsein, und machen Sie sich vor der Verhandlung ganz klar, daß Sie nichts zu verschenken haben und daß Sie sich keinen Gefallen tun, wenn Sie zu große finanzielle Zugeständnisse machen.

Viele Frauen sind auch von dem Gedanken beherrscht, daß ihre Arbeitskraft weniger wert ist als die von Männern, weil sie vermeintlich weniger Energie in das Unternehmen einbringen können, da sie eine Menge Kraft für ihre Familie aufwenden müssen. Befreien Sie sich von dieser Vorstellung! Erstens ist Ihre Familienarbeit von unschätzbarem Wert für die Gesellschaft, und zweitens gibt es keine Beweise dafür, daß Frauen mit Kindern in ihrem Beruf weniger leistungsfähig sind als Frauen ohne familiäre Verpflichtungen.

Und drittens: Bei etwas mehr Gehalt können Sie sich für zu Hause professionelle Unterstützung leisten.

»Wie hoch ist denn Ihr jetziges Einkommen?« fragt der Personalchef den Bewerber nach etwa 45 Minuten Gesprächsdauer. Dieser hatte sich auf das Stellenangebot eines Hochbaukonzerns beworben. Gesucht wurde ein Bau-Ingenieur mit spezieller Erfahrung im Brückenbau. Im Anzeigentext wurden als Jahresanfangsgehalt 90 000 DM angeboten. Nicht zu Unrecht befürchtet der Bewerber, daß bei Nennung seines jetzigen Gehalts – von knapp 60 000 DM, also gut 1/3 weniger als das Angebot dieses potentiellen Arbeitgebers – Zweifel an ihm als Kandidaten für die neue gehobene Position auftauchen würden.

Die 60 000 DM Jahresgehalt waren für den Bewerber dann auch mit ein wichtiger Grund, sich nach einer neuen, besser bezahlten Position umzuschauen. Damals, vor dreieinhalb Jahren, noch quasi als Berufsanfänger, ein Jahr nach dem Hochschulabschluß, schien ihm die Bezahlung nicht so wichtig. Insbesondere das Aufgabengebiet bei der jetzigen Firma fand er seinerzeit attraktiv und den Einstieg wert.

Aufgrund verschiedener Einflüsse und Entwicklungen war für ihn jetzt der Zeitpunkt gekommen, sich nach einer neuen Position in einem anderen Unternehmen umzusehen. Dem Bewerber war klar, daß er sich mit der Frage auseinanderzusetzen hatte, wieso er bisher für lediglich 60 000 DM Jahresgehalt gearbeitet habe. Er befürchtete nicht ohne Grund, daß die Konsequenz daraus bedeuten könnte, bei einem Wechsel mit etwa 75 000 DM »eingekauft« zu werden. 90 000 DM lagen also sehr deutlich über dem, was neue Arbeitgeber in der Regel in Relation zum vorherigen Gehalt zu zahlen bereit sind.

Die Frage nach der früheren Arbeitsvergütung ist unzulässig, so Eckehart Stevens-Bartol, Richter am Bayerischen Landessozialgericht, denn sie dient ja unter anderem dazu, eventuelle Lohnansprüche des Bewerbers zu dämpfen.

Verrate mir dein Jahreseinkommen, und ich sage dir, was du wert bist. Nicht selten versucht der potentielle Arbeitgeber, durch direktes Erfragen das aktuelle Gehalt, die Jahresbezüge des Bewerbers in Erfahrung zu bringen. Hintergrund ist die Überlegung, daß ein Kandidat mit bisher 60 000 DM Jahreseinkommen nicht unbedingt auf einen Schlag einen so großen Gehaltssprung zu machen braucht.

Dieser Kandidat – so der Gedankengang – wäre wahrscheinlich auch mit einer Steigerung auf 75 bis 80 000 DM zufrieden und damit für den Arbeitgeber »preisgünstiger« als ein anderer Bewerber. Aus diesem Grund findet sich – wie schon erläutert – bei Stellenangeboten häufig der Hinweis, man möge sich in seinem Bewerbungsschreiben auch zu seinen »Gehaltsvorstellungen« äußern.

Auch weniger haben zu wollen macht Probleme. Aber nicht nur bei einer größeren Differenz zwischen dem aktuellen Gehalt des Bewerbers und einer deutlichen Gehaltsverbesserung bei einer neuen Position gibt es Probleme, sondern besonders im umgekehrten Fall: Wenn also ein Bewerber aktuell z. B. 80 000 DM im Jahr verdient, sich nun aber, aus welchem Grund auch immer, neu orientieren möchte und sich auf ein Stellenangebot meldet, das pro Jahr 70 000 DM in Aussicht stellt, tauchen ganz besondere Probleme auf.

Der potentielle Arbeitgeber wird sich über diesen freiwilligen Gehaltsverzicht wundern und den Bewerber möglicherweise nicht in die engere Wahl ziehen, da er davon ausgeht, daß bei einer Gehaltsverschlechterung die Motivation des Arbeitnehmers zu wünschen übrig lassen könnte.

Nun mag es sowohl für den Arbeitnehmer wie auch für den Arbeitgeber gute Gründe geben, die diese Annahme bestätigen. Verallgemeinern sollte man sie jedoch besser nicht. Sind Sie als Arbeitnehmer in der schwierigen Situation, wechseln zu wollen und auch gerne einen gewissen Gehaltsabschlag dafür in Kauf zu nehmen, gehen Sie davon aus, daß man Ihnen mit Mißtrauen begegnet. Ein sogenannter Gehaltsabstieg ist unbedingt erklärungsbedürftig.

Kleiner Rhetorikkurs. Es gibt also gute Gründe, einem potentiellen neuen Arbeitgeber sein aktuelles Gehalt nicht sofort und ganz detailliert zu offenbaren. Dazu das folgende Beispiel:

»Wie hoch ist Ihr Einkommen zur Zeit?« fragt der Personalchef den Bewerber.

»Ich kann mir gut vorstellen, mit den von Ihnen im Inserat angebotenen 90 000 DM p.a. zunächst auszukommen«, antwortet der Bewerber.

»Wie darf ich das verstehen, wie meinen Sie das?« fragt der Personalchef, der das »zunächst« nicht überhört hat.

»Wenn ich gesagt habe ›zunächst‹, dann gehe ich davon aus, daß sich im Laufe der Zeit vielleicht Gehaltserhöhungen ergeben werden.«

»Aber sicher doch, selbstverständlich«, bemerkt der Personalchef, »wenn Sie die Leistung bringen«, und setzt noch einmal nach: »Wie sieht denn Ihr aktuelles Monatseinkommen aus?«

»Nun also, meine Jahresbezüge bei meinem jetzigen Arbeitgeber unterscheiden sich schon etwas von dem, was Sie in Ihrem Angebot benannt haben. Gibt es bei Ihnen im Hause bereits Vorstellungen, wann Sie bereit wären, über eine Gehaltsverbesserung – z. B. im Anschluß an die Einarbeitungszeit – nachzudenken?«

Wieder ist der Personalchef beschäftigt und hoffentlich abgelenkt. Es ist nicht unwahrscheinlich, daß es dem Bewerber auf diese Weise gelingen könnte, das Gespräch von der Frage nach seinen aktuellen Bezügen wegzuführen, ohne sich offenbart zu haben bzw. kraß lügen zu müssen.

Damit soll aufgezeigt werden, daß es durchaus ohne größere Schwierigkeiten gelingen kann, sich beim Thema »aktuelles Gehalt« in Relation zum potentiellen neuen Gehalt nicht sofort in alle Karten schauen zu lassen.

Natürlich kann man sich als Bewerber auf die direkte Frage nach den aktuellen Bezügen nur sehr schlecht verweigern, sozusagen hier den »stummen Fisch« markieren. Andererseits sitzt Ihnen weder ein Finanzbeamter der Steuerfahndung gegenüber noch Ihr Steuerberater, so daß Sie sehr wohl etwas großzügier und weniger präzise auf- bzw.

abrunden können und ggf. auf weitere Vergünstigungen, Sozialleistungen besonderer Art, Extras usw. hinweisen dürfen, oder diese überschlagsartig mit einrechnen können, um den Jahreseinkommensbetrag schön gerundet zu präsentieren.

»Ich erwarte im Jahr mindestens 90000 DM«, wäre auch eine Antwortmöglichkeit auf die Frage nach den konkreten Jahresbezügen.

Übrigens: Der Hinweis (ob es stimmt oder nicht, spielt gar keine Rolle), man habe sich vertraglich verpflichtet, über sein aktuelles Gehalt bei der Firma XY Stillschweigen zu bewahren – dafür werde doch der Herr Personalchef sicherlich Verständnis haben –, wirkt Wunder und läßt selbst den unnachgiebigsten Frager relativ schnell verstummen. Wenn Sie dann noch andeuten, daß sich Ihr Jahreseinkommen auf die 80000 DM zubewegt (oder was auch immer), zeigen Sie bei aller Loyalität Ihrem jetzigen Arbeitgeber gegenüber gleichzeitig wieder Kooperationsbereitschaft gegenüber dem potentiellen neuen. Auf diese Weise erreichen Sie auch Ihr Ziel.

Der Wechsel muß sich lohnen. Es liegt auf der Hand, daß ein Arbeitnehmer, der seinen Arbeitsplatz wechseln möchte, damit die Hoffnung verbindet, auch sein Einkommen zu verbessern. Insbesondere bei einer stärker ausgeprägten Karriereorientierung ist ein Wechsel, der sich auch auf Ihre Bezüge auswirkt, die natürlichste Sache der Welt. Eine Verbesserung von etwa 15 % ist dabei für den Um- bzw. Neueinstieg der Regelfall.

Sollten Sie dagegen bereit sein zu wechseln, und Ihr Gehalt würde sich um weniger als 10 % verbessern, erzeugen Sie als Kandidat Mißtrauen (Hintergedanken: Was motiviert den Bewerber wirklich, welche Probleme hat er am jetzigen Arbeitsplatz, daß er für nur 5 % mehr Gehalt bereit ist zu wechseln?).

Wer dagegen gleich zwei oder mehr Stufen auf einmal nehmen will und einen Wechsel anstrebt, der mehr als 25 % einbringt, provoziert Fragen seines potentiellen neuen Arbeitgebers, ob er das Geld auch wirklich wert ist bzw. ob nicht etwas weniger auch ausreichend wäre. Dies wird dann schnell gerechtfertigt durch Argumente wie Alter, Erfahrung, Einarbeitungszeit u.ä. Auf jeden Fall lassen sich immer

Gründe ins Feld führen, warum Sie nicht der richtige, der ideale Kandidat für diese Position sind.

Oftmals finden diese Überlegungen bereits beim Bewerber selbst statt, der mit 60000 DM Jahresgehalt vor Anzeigen zurückschreckt, die ihm 80000 DM anbieten, obwohl der beschriebene Arbeitsplatz durchaus seiner Qualifikation entspricht. Hier verhindert die »Schere im Kopf« bereits bei vielen Bewerbern eine deutliche Gehaltsweiterentwicklung.

Zur Vorbereitung auf das Bewerbungsverfahren gehört unbedingt eine Marktanalyse unter dem Aspekt »Was wird gezahlt – was ist meine Arbeitsleistung wert?« Informationen dazu erhalten Sie bei Berufs- und Interessenverbänden, Gewerkschaften und in Wirtschaftszeitungen bzw. -zeitschriften (z. B. *manager magazin, Capital, Wirtschaftswoche, Handelsblatt*, die regelmäßig Übersichten veröffentlichen, was in den verschiedenen Branchen und Positionen verdient wird). Nun liegt es bei Ihnen, die eigenen Fähigkeiten, Ihren Erfahrungsschatz zu »taxieren« und ein Preismarketing für Ihre »Ware« Arbeitskraft vorzunehmen.

Ob Sie nach der Maxime handeln: Qualität ist kein Zufall und hat ihren Preis (»Es war schon immer etwas teurer, einen besonderen Geschmack zu haben ...«) oder: Bescheidenheit ist eine Zier –, bestimmen zunächst einmal Sie selbst. Erfahrungen zeigen: Wer sich als Bewerber eindeutig unter Wert anbietet, wird nicht geschätzt. Wer sich überschätzt, hat es sicher auch nicht leicht, aber es ist oftmals einfacher, einen Kredit über 10 Millionen DM zu bekommen als einen über 100000 DM.

Übrigens: Dem Wachsen des Geldes folgt die Sorge (Horaz).

»Verhandeln Sie noch mit anderen Firmen?« Das wird manchmal gefragt, um herauszufinden, wie schnell die Entscheidung fallen muß – und natürlich auch, um so einen Rückschluß auf den Marktwert des Bewerbers zu erhalten. Am besten antworten Sie nur recht vage darauf. Auf keinen Fall sollten Sie konkrete Unternehmen nennen, mit denen Sie wirklich in Verhandlungen stehen. Und vollends zu fabulieren, ist auch nicht ohne Probleme. Besser also, mit dem Hinweis auf Diskretion und Verständnis lästige Nachfrager in die angemessenen Schranken verweisen.

Um dem eigenen »Marktwert« gerecht zu werden, empfiehlt sich vielleicht ein Hinweis wie z.B.: »Ich habe noch ein Gespräch außerhalb... bei einer sehr kleinen Firma... in einer etwas anderen Branchenausrichtung als der Ihres Unternehmens...«, mit der gleichzeitigen Betonung, daß man es vorziehen würde, hier bei dieser Firma seinen neuen Arbeitsplatz einzunehmen.

Egal welche (Fang-)Fragen, Taktiken oder Vorgehensweisen ihr Gesprächspartner wählt: Lassen Sie sich niemals zu impulsiven Äußerungen verleiten, egal ob positiv oder negativ. Mit negativen Statements (»Eine Versetzung in eine andere Stadt kommt für mich überhaupt nicht in Frage«) katapultieren Sie sich leicht selbst aus dem Bewerbungsverfahren, und das womöglich zu einem Zeitpunkt, an dem noch nicht alle Möglichkeiten ausgelotet sind.

Blickkontakt. Ein Wort noch zur Körpersprache. Den Rat, gerade beim Bewerbungsgespräch und bei Gehaltsverhandlungen auf die eigene Gestik und Mimik zu achten, werden Sie bestimmt schon oft gehört haben. Umzusetzen ist dieser gute Tip aber nicht so einfach, schließlich handelt es sich dabei um vom Unbewußten gesteuerte Verhaltensweisen.

Deshalb hier nur zwei konkrete Tips: Verkrampfen Sie Ihre Hände nicht, sondern legen Sie sie locker aufeinander. So geraten sie nicht so schnell außer Kontrolle. Statt unruhig mit den Augen hin und her zu wandern, sollten Sie Ihren Gesprächspartner ansehen und ruhig ab und zu mal lächeln. Aber Vorsicht: Es geht nicht darum, wer dem anderen länger in die Augen starren kann!

»Zur Sache, Schätzchen!« Doch irgendwann ist alles besprochen, und wenn die Sache für Sie günstig steht, dann liegt die Frage nach dem Gehalt unvermeidlich auf dem Tisch. Spätestens zu diesem Zeitpunkt sollten Sie eine klare Vorstellung von dem haben, was Sie verdienen möchten. Denn viel Zeit für lange Überlegungen werden Sie höchstwahrscheinlich nicht mehr haben. Vermutlich erklärt Ihnen der Arbeitgeber: »Ich biete Ihnen die Stelle an, das Gehalt ist soundso hoch, nehmen Sie an?« Jetzt noch auf eine Hinhaltetaktik zu setzen, könnte Ihnen schaden. Sie sollten sich also vorher schon einige Dinge klargemacht haben.

Frage Nummer eins: Was ist das für ein Unternehmen, in dem Sie sich beworben haben? Ist es eine kleine, aber möglicherweise sehr flexible Firma in einer Wachstumsbranche (Computerfirma, Werbeagentur)? Ist man an Ihrer Person interessiert, oder sucht man eine Arbeitskraft, die eine genau definierte Position ausfüllen soll? Im ersten Fall können Sie mit einer größeren Bandbreite möglicher Zugeständnisse rechnen. Sind die Möglichkeiten, über eine bestimmte Summe zu verhandeln, weniger groß (zum Beispiel öffentlicher Dienst), können Sie bei entsprechendem Interesse an Ihrer Person eventuell eine großzügigere Anrechnung von Dienstjahren erreichen und so gleich in eine höhere Gehaltsstufe eingruppiert werden.

Vor allen Dingen aber sollten Sie spätestens jetzt genau wissen, was Sie wollen. Geht es Ihnen unbedingt um diesen bestimmten Job, etwa weil er viel interessanter ist als alle anderen Angebote oder weil Sie sich hier die besten Aufstiegschancen ausrechnen oder schlicht und einfach, weil Sie schon lange arbeitslos sind, dann kann es ratsam sein, nicht allzu hoch zu pokern. Denn mal ehrlich: Wenn es um den Traumjob geht, dann sind ein paar Mark hin oder her nicht so wichtig. Das sollten Sie aber unbedingt nur sich selbst klar machen. Sobald der Arbeitgeber merkt, wie sehr Sie interessiert sind, könnte sein Entgegenkommen geringer werden.

Haben Sie dagegen mehrere Eisen im Feuer und sind sich nicht sicher, ob Sie in dieser Firma wirklich anfangen wollen, können Sie ohne weiteres probieren, noch ein paar Zugeständnisse herauszuhandeln. Das kann für weitere Gehaltsverhandlungen andernorts schließlich nur von Vorteil sein. Unklug wäre es allerdings auch hier, einfach seine Forderung zu stellen und mit einem Schulterzucken die Arena zu verlassen, wenn Sie sich nicht hundertprozentig durchsetzen. Den Chef so richtig in die Knie zwingen zu wollen, ist ein albernes Ziel. Bei ideal verlaufenden Verhandlungen gibt es nämlich immer zwei Sieger: Wenn beide Seiten den Eindruck haben, das Optimale für sich erreicht zu haben, ist dies der beste Beginn für Ihr neues Arbeitsverhältnis.

Das Ergebnisgehalt wird wie bei jeder Preisverhandlung irgendwo in der Mitte zwischen dem Angebot des Arbeitgebers und den Vorstellungen des neuen Mitarbeiters liegen. Sie sollten also vorher schon in Gedanken einen finanziellen Rahmen abstecken und sich überlegen, was Ihr (realistisches) Traumgehalt wäre und wo die unterste Grenze dessen liegt, was Sie noch akzeptieren können und wollen. Dazu haben wir Ihnen ja eingangs detaillierte Fragen gestellt.

Spätestens jetzt geht es um Zahlen. Gut möglich, daß Ihnen eine genannt wird, ebenfalls denkbar, daß man Sie nötigt, selbst eine zu nennen. Das wäre, wie bereits ausgeführt, die schlechtere Alternative, muß Sie deshalb aber nicht entscheidend schwächen. Sie müssen jedoch auf jeden Fall damit rechnen, daß Ihre Summe als zu hoch angesehen wird. Reagieren Sie nicht gereizt, enttäuscht oder gar verschreckt auf eine negative Reaktion. Fragen Sie freundlich zurück: »Um wieviel weniger als xyz hatten Sie sich mein Gehalt vorgestellt?« Bleiben Sie weiterhin interessiert, und machen Sie sich klar, daß es um die gemeinsame Lösung einer Frage geht und nicht darum, die Konditionen einer Lösegeldübergabe auszuhandeln.

Ist man sich über die Summe einig, können Sie noch versuchen, weitere Details zu regeln, etwa einen eventuellen Aufschlag nach Ende der Probezeit und/oder eine verkürzte Probezeit, Weiterqualifizierungsmöglichkeiten, Zuschüsse etc. Allerdings sollte das Ganze nicht so wie der Weihnachtswunschzettel klingen, denn dann könnte es vielleicht sogar nochmal kritisch werden. Gehen Sie mit Fingerspitzengefühl an die Sache heran, und stecken Sie lieber einmal etwas zurück, wenn Sie den Eindruck haben, daß Sie den Bogen überspannen.

Schwierig, aber nicht unmöglich: die Gehaltsaufbesserung. Wie Sie bereits lesen konnten (vgl. S. 96), sind in unserem Land und damit sehr wahrscheinlich auch in Ihrem Unternehmen, an Ihrem Arbeitsplatz, Gespräche über das eigene Gehalt und/oder das Ihrer Kollegen weitgehend tabu.

Noch schlimmer: Fragen nach dem Einkommen des Vorgesetzten, Chefs etc. Gedanken dürfen Sie sich machen (diese sind ja bekanntlicherweise frei, wie es in einem deutschen Volkslied so treffend heißt!), aber solche gar laut zu thematisieren, wäre ungeschickt, ja geradezu idiotisch und in höchstem Maße selbstschädigend.

Wichtig in diesem Zusammenhang ist es aber auch zu wissen, daß es zwar als unfein gilt, über sein Gehalt laut zu sprechen, jedoch eventuelle Klauseln in Ihrem Arbeitsvertrag, die Sie zur Verschwiegenheit in dieser Angelegenheit verpflichten (wollen), juristisch völlig unhaltbar und damit unwirksam sind. Kein Recht oder gar Gericht der Welt kann Sie davon abhalten, dieses zu tun, und eine aus diesem Grund (wg. Verstoß) ausgesprochene Kündigung wäre unwirksam.

Ihnen jedoch zu raten, über Ihr Einkommen laut zu sprechen, ist nun wirklich nicht unser Anliegen oder gar unsere Empfehlung. Spätestens bei der Gehaltsverhandlung, der Frage nach Ihrem jetzigen Einkommen, also typischerweise im Bewerbungsprozeß um einen neuen Arbeitsplatz sind Sie mit dem Thema konfrontiert und »dran«. Und auch, wenn Sie Ihre Stelle behalten, aber Ihre Position verbessern möchten, ist es gut zu wissen, wie man darüber verhandelt.

Natürlich ist der Gedanke, zum Chef (oder zur Chefin) zu gehen und um mehr Geld zu bitten, für die meisten von uns ein Greuel, zumal sich die Bittsteller-Position in dieser Situation noch viel mehr aufdrängt als im normalen Bewerbungsgespräch. Hinzu kommt, daß die Begründung für eine Gehaltserhöhung schwerer fällt: Warum ist der Arbeitnehmer auf einmal der Meinung, er verdiene zu wenig? Auch vor diesem Hintergrund ist es immer ratsamer, gleich zu Beginn des Arbeitsverhältnisses richtig zu verhandeln.

Doch was schwierig ist, muß nicht unmöglich sein. Besonders auf dieses Gespräch mit dem Chef sollte man sich natürlich gut vorbereiten und sich vorher schon überlegen, was man mehr haben möchte und wie man die Gehaltserhöhung begründet.

Hauptargumente. Es ist beinahe schon ein Ritual, das Gehaltsverhandlungsgespräch, und vielleicht werden ja deshalb immer wieder von Arbeitnehmerseite die gleichen drei Argumente bemüht, wenn es darum geht, ein Mehr an Lohn, eine bessere Bezahlung zu erzielen:

- Da weist der eine darauf hin, was er alles bereits Besonderes geleistet hat, oder stellt solches in Aussicht für den Fall, daß…,

- da legt ein anderer mehr oder weniger überzeugend dar, daß seine Kollegen für genau die gleiche Leistung mehr verdienen, und beruft sich auf den Gleichheitsgrundsatz, der sich mit dem Leistungsprinzip schlecht verträgt,

- während ein dritter schließlich gute Argumente in den gestiegenen Preisen für … findet, in den Lebenshaltungskosten ganz allgemein, um auf diese Weise mit Wehklagen seiner Forderung nach mehr Lohn Gehör und Nachdruck zu verschaffen.

Ob Sie die Karte »Leistungsprinzip«, »Gleichheitsgrundsatz« oder »Fürsorgepflicht Ihres Arbeitgebers« spielen, Ihre Chancen, mit Ihrem Anliegen erfolgreich zu sein, hängen davon ab, wie sich die Verhältnisse auf dem Arbeitsmarkt aktuell darstellen. Wie ist Angebot und Nachfrage, in welcher Position sind Sie, mit was für einem besonderen Angebot?

Die Jammerkarte »alles wird so teuer« auszuspielen, ist in der Regel am unvorteilhaftesten. Besser ist es da, mit erbrachter oder angekündigter Leistung zu argumentieren (Leistungsfähigkeit und -bereitschaft), wenn es darum geht, höhere Gehaltswünsche plausibel zu machen. Jedoch entscheidend für den angestrebten Erfolg ist Ihre gute Vorbereitung auf die Gehaltsverhandlung.

Auch bei der plausibelsten Begründung für Ihr Anliegen sollten Sie sich klarmachen, daß Sie in erster Linie auf Negativantworten reagieren müssen. Schließlich gibt es für Ihren Chef zunächst überhaupt keinen Grund, für bereits »Gekauftes« mehr zu zahlen.

Eine der häufigsten Abwehrstrategien ist der Verweis: »Das können wir uns nicht leisten.« Nun leben wir auch noch in Zeiten mit besonders hoher Arbeitslosigkeit und unermüdlichen Sparappellen seitens der Unternehmer. Doch sollten Sie sich davon nicht gleich abschrecken lassen, sondern im Vorfeld die Bilanz des Unternehmens sorgfältig studieren. Schließlich ist es ein offenes Geheimnis, daß nicht nur die Zahl der Arbeitslosen Rekordmarken erreicht, sondern auch die Gewinnspanne vieler Unternehmen.

Erwähnt seien hier nur die Boom-Branchen Automobil-, Pharma- und Chemie-Industrie sowie Banken und Energieversorger. Wenn Sie also Ihrem Chef darlegen können, daß das Unternehmen im vergangenen Jahr soundsoviel Gewinn mehr gemacht hat, unter Umständen sogar expandierte und Sie an diesem Erfolg nicht ganz unbeteiligt sind, dann haben Sie schon viel bessere Karten.

Absolut unklug wäre es dagegen, mit dem Hinweis auf den Kollegen XYZ (»Der Müller verdient viel mehr«) einen Gehaltszuschlag zu fordern. Denn das Gehalt ist in den meisten Firmen Geheimhaltungssache; Sie bringen den Kollegen also womöglich in ernste Bedrängnis, weil er seinen Verdienst ausplauderte (und vielleicht hat er Ihnen ja auch nur was vorgeflunkert). Viel wichtiger aber ist, daß der Hinweis auf den bessergestellten Kollegen nicht unbedingt ein Argument dafür darstellt, warum Sie mehr Geld bekommen sollten.

Andersherum könnte aber gerade Ihr Chef damit argumentieren, eine Gehaltserhöhung (und dann auch noch in dem von Ihnen gewünschten Rahmen) gefährde den Betriebsfrieden oder ganz allgemein die Gerechtigkeit der Bezahlung, weil Sie dann Ihre Kollegen finanziell abhängten.

Dazu ist zu sagen, daß heutzutage weniger die Arbeit als vielmehr der Mitarbeiter eingestuft wird. Das Argument »Gleiches Geld für gleiche Arbeit« ist dann nicht mehr stichhaltig, wenn Mitarbeiter im Team verschiedene Aufgaben erfüllen. Deren unterschiedliche Qualitäten können durchaus unterschiedlich bezahlt werden. Das ist in vielen Firmen gang und gäbe. Sogar im öffentlichen Dienst wurde diese Differenzierung über verschiedene Erfahrungs- oder Erschwerniszulagen bereits eingeführt. Es empfiehlt sich allerdings, auf diesen Punkt hinzuweisen, ohne die eigenen Kollegen herabzusetzen.

Auf keinen Fall sollten Sie Unzufriedenheit an Ihrem Job signalisieren. Damit outen Sie sich unfreiwillig als potientieller Störenfried, der womöglich eher auf der Abschuß- als auf der Beförderungsliste landet.

Vorsichtig sollten Sie auch mit Ultimaten sein. Die Drohung »Wenn ich nicht soundsoviel mehr Geld bekomme, dann gehe ich«, kann unglaublich albern wirken, wenn Sie bei Nichterfolg keine Konsequenzen ziehen. Auch das wird Sie in der eigenen Firma eher ins Aus katapultieren. Denn wenn Sie bleiben, sind Sie nicht nur ein unsicherer Kantonist geworden, sondern haben damit demonstriert, daß auch andere Chefs Ihre Leistungen nicht höher bewerten als Ihr eigener.

Sollte Sie Ihr Arbeitgeber mit dem Hinweis: »Diesmal nicht« hinauskomplimentieren wollen, dann dürfen Sie das durchaus als Ermutigung verstehen. Am besten ist es, wenn es gelingt, mit ihm gleich einen festen Zeitpunkt zu vereinbaren, wann Sie mit ihm noch einmal über Ihr Anliegen reden. In der Zwischenzeit kann es nicht schaden, besonderes Engagement an den Tag zu legen.

Besonders günstig ist es, wenn Sie versuchen, sich neue Tätigkeitskreise zu erschließen und mehr Verantwortung zu übernehmen. Damit schlagen Sie zwei Fliegen mit einer Klappe: Ihr Job wird interessanter, und die Gehaltserhöhung ist dann wirklich nur noch eine Frage der Zeit.

Sie können natürlich auch versuchen, sich andere Vergünstigungen als Bargeld zu sichern. Vielleicht kommen Sie zum Beispiel mit einer flexibleren Arbeitszeitregelung ja auch den Bedürfnissen Ihres Chefs entgegen. Zumindest schadet es nicht, es ihm auf diese Art und Weise schmackhaft zu machen.

Wenn dies alles nicht klappen sollte, dann zeigen Sie sich dennoch weiterhin engagiert. Analysieren Sie Ihre Situation, und überlegen Sie, ob sich ein Firmenwechsel für Sie lohnen könnte. Dabei sollten Sie aber alles in die Waagschale werfen, was Sie gewinnen und auch verlieren. Für einen oder zwei Hunderter mehr im Monat lohnt es sich gewiß nicht, die Stelle in einer Firma aufzugeben, in der man sich eigentlich wohlfühlt.

Wer selbst für sich sprechen kann, hat bessere Chancen. Und noch etwas ist wichtig zu wissen: Ihre Chancen, Ihr Gehalt zu steigern, wachsen in dem Maße, wie Sie mit den wirklichen Entscheidungsträgern ins Gespräch kommen. Wenn Ihr direkter/nächsthöherer Vorgesetzter nicht die Power hat, allein zu entscheiden, sondern Ihre Wünsche an höherer Stelle vortragen muß, besteht berechtigterweise Zweifel bis Sorge, wie und vor allem ob Ihre Botschaft richtig ankommt und den gewünschten Effekt erzielt.

Wie bei dem bekannten Kinderspiel »Stille Post« kann auf dem Weg nach oben bis zum entscheidenden Empfänger viel verloren gehen, mißverstanden und herausgefiltert werden und auch einfach verpuffen. Ein beliebtes Argument in diesem Fall von Vorgesetztenseite ist denn auch der Hinweis: »Ich werde mich einsetzen, starkmachen für Sie, aber Sie wissen ja selbst...«

Wenn irgend möglich, versuchen Sie also selbst so nah, so direkt wie es geht, Ihr Gehaltsverhandlungsgespräch mit dem »Entscheider« persönlich zu führen. Klar, daß Sie dabei Ihren Vorgesetzten nicht leichtfertig übergehen und natürlicherweise so gegen sich aufbringen sollten (Stichwort »Dienstweg« – in Deutschland ein Heiligtum).

Fleiß. Ob Sie wirklich Ihrer Leistung entsprechend und damit quasi gerecht bezahlt werden, läßt sich sicherlich nicht so einfach entscheiden. Das Problem dabei ist wohl, ob es überhaupt ein »angemessenes« Meßverfahren gibt, das einer so komplexen Thematik wie Leistung gerecht werden kann. Messen hingegen lassen sich eher Quantität und benötigte Arbeitszeit. Schon bei der zu beurteilenden Qualität treten sicherlich deutliche Einschätzungsdifferenzen auf.

Werden – so bleibt dennoch die Frage – außerordentliche Leistungsanstrengungen, versimplifiziert ausgedrückt, mit dem schönen deutschen Tugendbegriff Fleiß umschrieben, bei der Entlohnung entsprechend gewürdigt?

Zwar lautet das Erziehungsmotto »Ohne Fleiß kein Preis«, und auch die Umkehrung »Ohne Preis...« ist uns nicht unbekannt, jedoch die Zusammenfassung einiger wichtiger Untersuchungen zu diesem Thema verdeutlicht sehr schnell, daß der (nur) Fleißige oft leider auch der »Dumme« ist.

Fleiß allein bringt's also nicht, denn die reine Verlängerung der Arbeitszeit von etwa 40 Wochenstunden auf 60 und mehr bringt Sie eher dem Erfahrungserlebnis eines Herzinfarktes oder einer Scheidung näher (im schlimmsten Falle beidem), nicht jedoch – jedenfalls statistisch gesehen – einer entsprechenden Honorierung Ihrer investierten Lebenszeit.

Warum auch? Ungewöhnlich zeitintensiver Arbeitseinsatz kann möglicherweise ein Mehr an Leistung für Ihren Arbeitgeber bedeuten und wird sicherlich hin und wieder, hier und da auch vergolten werden (Ausnahmen bestätigen eben die Regel!). Der Regelfall aber sieht anders aus. Wird jemand mit seiner Arbeit in der dafür vorgesehenen (Regelarbeits-)Zeit nicht fertig, ist das für die meisten Arbeitgeber noch lange kein Grund, das Gehalt zu erhöhen. Vielleicht ist derjenige ein Workaholic, einfach nur langsam oder gar überfordert, schlecht organisiert und obendrein dumm genug, sich nicht abgrenzen zu können, und so weiter...

Sie werden bezahlt und das hoffentlich gut, und falls Sie ein strenges Über-Ich oder gar ein schlechtes Gewissen haben, das Sie zu immer mehr und längeren Arbeitszeiten antreibt... Ihr Pech, jedenfalls in den meisten Fällen. Also überlegen Sie, bei wem Sie sich beklagen, ausweinen... Besser jedenfalls nicht bei Ihrem Chef und noch am wenigsten nach dem Motto »Ich lege mich krumm, und Sie wollen nichts drauflegen...«

Sollten Sie dagegen in einer Art Tour de force, vor allem mit großem Aufwand und nicht so sehr mit Glück, eine für Sie wichtige, erstrebenswerte, verantwortungsvolle und gutbezahlte Position erobert haben und sich jetzt aus dem Gefühl heraus, um diese zu halten, weiter, wenn nicht sogar noch mehr, krumm legen, dann sind Sie in bester Gesellschaft, nur stöhnen sollten Sie besser nicht, vor allem nicht überall und nicht so laut.

Zusammengefaßt: Worauf kommt es an?
1. Das richtige Bewußtsein (Vorbereitung etc.)
2. Die richtige Verhandlungs-Gesprächsperson/Entscheider
3. Die richtige Form/der gute Ton
4. Der richtige Zeitpunkt

Bewußtsein
– wird meistens unterschätzt: Wissen, was man wert ist, leistet, will, was möglich ist; auch um die Verletzungsgefahr durch Kränkung (auf beiden Seiten); Durchhaltewillen, Konfliktfähigkeit.

Entscheider
– hier gilt es, nicht den »Gegner« zu besiegen, sondern einen Verbündeten zu gewinnen.

Form/Ton
– macht die Musik, ist wesentlich, im Erfolgsfall ein wichtiger Transporteur; wenn es schiefläuft, für die Verletzung, den Gesichtsverlust (mit)verantwortlich.

Zeitpunkt
– die Gunst der Stunde gilt es richtig zu nutzen; ›kairos‹ hieß bei den alten Griechen »der rechte Augenblick«; die Herrschaft über den Augenblick ist die Herrschaft über das Leben (chinesisches Sprichwort).

Übrigens: Sehr wahrscheinlich ist – wie in unserem Ratgeber zum Thema Vorstellunggespräch nachzulesen – weniger die Kompetenz, etwas mehr die Leistungsbereitschaft, hauptsächlich aber die Sympathie entscheidend für das, was für den »Antragsteller« möglich wird.

Abschließend läßt sich sagen, daß es fast immer eine Überwindung und manchmal sogar ein Risiko ist, um Geld zu verhandeln. Die Tips, die wir Ihnen gegeben haben, sollen Sie sicherer im Umgang mit diesem Thema machen. Ob Sie verhandeln wollen, entscheiden Sie selbst. Aber es lohnt sich fast immer.

Zu den von Ihnen beantworteten Fragen (s. S. 204)

- *Ihr Jahresbrutto-Einkommenswunsch:* Was meinen Sie selbst? Realistisch, zu hoch oder zu niedrig?
- *Ihre Rechtfertigung*: Zufrieden mit der eigenen Argumentation? Überzeugend? Wenn nicht, was wären bessere, überzeugendere Argumente?

- *Ihr derzeitiges Jahresbruttoeinkommen:* Diese Zahl kennen Sie, oder? Ist es auch die richtige Zahl, sind alle Extras berücksichtigt?
- *Zur Differenz aktuelles Einkommen und realistisches Wunscheinkommen:* Richtig gerechnet? Und wie groß ist die Differenz?
- *Ihre Erklärung:* Gibt es für Sie plausible Gründe, die den Unterschied rechtfertigen? Können Sie dafür etwas tun?
- *Die mögliche Erklärung Ihres jetzigen Arbeitgebers:* Wie würde diese aussehen, und was meinen Sie zu diesen Argumenten?
- *Wie rechtfertigen Sie die Steigerung:* Zufrieden mit Ihren Argumenten, oder lassen sich noch bessere, substantiellere finden?
- *Zu Ihren monatlichen Lebensunterhaltskosten:* Wie gut, wie sicher wissen Sie über Ihre wirklichen Ausgaben Bescheid? Die meisten unserer Seminarteilnehmer wußten übrigens nicht sicher, was sie so durchschnittlich im Monat ausgeben.
- *Wieviel Geld bräuchten Sie wunsch-, aber doch realitätsbezogen:* Wofür genau benötigen Sie dieses Mehr an Geld? Und wie wichtig ist Ihnen das?
- *Ihr aktuelles Monats-Netto-Budget:* Kennen Sie das wirklich genau? Und wie kommen Sie damit klar? Für den Fall, daß es beim Auskommen mit dem Einkommen Probleme gibt: Benennen Sie diese so präzise wie möglich. Was sind die Ursachen?
- *Wie hoch ist die Differenz zwischen Wunsch und Realität:* Realistisch erreichbar oder nicht?
- *Korrelation Wunsch-Netto-Gehalt und Monats-Netto-Budget/Etat:* Ist das rein rechnerisch sauber, oder gibt es da auffallende Abweichungen, z. B. in Richtung viel mehr Gehalt, als man monatlich eigentlich bräuchte, oder umgekehrt viel mehr monatlich zur Verfügung, als gehältsmäßig drin wäre. Was fällt Ihnen selbst dazu auf/ein, wenn Sie in aller Ruhe darüber nachdenken?
- *Gesamtkosten Ihres Arbeitgebers, bezogen auf Ihren Jahresbruttolohn:* Ihr Bruttogehalt plus 50 bis 100 % rechnen Experten.
- *Was bringen Sie Ihrem Arbeitgeber ein:* Können Sie den Gewinn beziffern, den Sie »Ihrem Unternehmen« erwirtschaften? Versuchen Sie sich darüber Klarheit zu verschaffen, es stärkt Ihr Selbstbewußtsein.

Anmerkungen

I. Auftakt (S. 11–23)
VERDIENEN SIE SOVIEL, WIE SIE VERDIENEN?
Wer verdient schon, was er verdient

1. Axel Springer Verlag AG & Verlagsgruppe Bauer (Hg.): Verbraucheranalyse 96. Hamburg 1996, S. 152
2. Süddeutsche Zeitung, 22./23.6.96, S. 13
3. Videotext ARD/ZDF, 26.7.96
4. Frankfurter Allgemeine Zeitung, 9.7.96, S. B2
5. Hamburger Morgenpost, 20.7.96, S. 3
6. Die Zeit, 21.6.96, S. 2
7. Der Spiegel 37/1994, S. 98
8. a.a.O.
9. Frankfurter Allgemeine Zeitung, 9.7.96, S. B2
10. Wirtschaftswoche 11/96, S. 66ff.
11. a.a.O., S. 73
12. Freud, S.: Aus der Geschichte einer infantilen Neurose (1918). In: ders.: Studienausgabe, Bd. VIII, Frankfurt a.M. 1969, S. 188
13. Issing, Otmar: Wider die Papiergaunereien. Frankfurter Allgemeine Zeitung, 6.4.96
14. von Nell-Breuning, Oswald: zit. nach Otmar Issing, a.a.O.
15. Thomas Morus, zit. nach Otmar Issing, a.a.O.

II. Vertiefung (S. 25–68)
Zur Psychologie des Geldes
Geld (e)regiert die Welt

1. Fromm, E.: Haben oder Sein. München 1979, S. 85
2. zit. nach Harsch, W.: Die psychoanalytische Geldtheorie. Frankfurt a.M. 1995, S. 77
3. vgl. Bornemann, E.: Psychoanalyse des Geldes. Frankfurt a.M. 1976
4. Spiegel Spezial 5/96, S. 8
5. Fenichel, O.: Der Bereicherungs-Trieb (1938). In: ders.: Aufsätze, Bd. II, Olten, Freiburg i.Br. 1981, S. 100-121. (hier: S. 113)
6. Der Spiegel 31/1996, S. 60
7. Horney, K.: Der neurotische Mensch unserer Zeit. München o.J., S. 109
8. Fenichel (s. Anm. 5), S. 107
9. Horney (s. Anm. 7), S. 102
10. a.a.O., S. 205
11. Für diesen Erfahrungsbericht danken wir J.W.
12. Willi, J.: Die Zweierbeziehung. Reinbek b. Hamburg 1975, S. 66
13. Freud, S.: Briefe an Wilhelm Fließ. Frankfurt a.M. 1986, S. 320
14. Schopenhauer, A.: Über die Grundlage der Moral. Sämtliche Werke (Hg. Weichert), Bd. V, S. 347
15. a.a.O., S. 196
16. de la Mora, G.F.: Der gleichmacherische Neid. A. d. Span. von P. Matthes. München 1987, S. 110
17. Freud, S.: Massenpsychologie und Ich-Analyse (1921). In: ders.: Studienausgabe, Bd. IX, Frankfurt a.M. 1974, S. 111

Anmerkungen

18 a.a.O., S. 112
19 ebd.
20 a.a.O., S. 112 f.
21 Freud, S.: Neue Folge der Vorlesungen zur Einführung in die Psychoanalyse (1933). In: ders.: Studienausgabe, Bd. I, Frankfurt a.m. 1969, S. 564
22 Baader, M.: Frauen und Geld: Tiefsitzende Berührungsangst. Psychologie heute 11/95, S. 19
23 Königswieser, R.: Aschenputtels Portemonnaie; zit. nach Brigitte 13/93
24 a.a.O., S. 126
25 ebd.
26 Scitovsky, T.: Psychologie des Wohlstands. A. d. Amerik. von G. v. Rabenau. Frankfurt a.M. 1977, S. 122
27 Katz, D.: The motivational basis of organizational behavior. Behavioral Science 9 (1964), S. 131-146
28 Der Spiegel 32/1971, S. 48
29 Der Spiegel, 18.3.96
30 Der Spiegel 50/1994, S. 115
31 a.a.O., S. 118
32 a.a.O., S. 115
33 ebd., S. 122
34 a.a.O., S. 124
35 Frankfurter Allgemeine Zeitung, 13.7.96, S. 10
36 Der Spiegel 50/1994, S. 118f.; Wiedergabe mit freundlicher Genehmigung des Spiegel-Verlages

III. Zahltag (S. 69-93)
Wer verdient was?
Arm und Reich im Vergleich

1 Der Tagesspiegel, 1.2.96
2 Frankfurter Allgemeine Zeitung, 27.7.96, S. 12
3 Auskünfte der ÖTV Berlin
4 Diese Informationen stammen aus dem »Handbuch für den Öffentlichen Dienst in Deutschland 1996«, hg. vom Deutschen Beamtenbund
5 Zahlen aus: Krauss, R. & Groß, R.: Wer verdient wieviel? Renningen-Malmsheim, Stuttgart 1995
6 Auskünfte von der Pressestelle des Deutschen Bundestages
7 Wirtschaftswoche 10/1996, S. 11
8 von Arnim, H.H.: Der Staat als Beute. München 1993, S.204
9 a.a.O., S. 204 f.
10 a.a.O., S. 206 f.
11 Herzog, R.: Veränderung als Zukunftschance begreifen. Rede anläßlich der Eröffnung der Hannover-Messe 1996 am 21.4.96 in Hannover. Presse- und Informationsamt der Bundesregierung, Bulletin Nr. 32 vom 25.4.96, S. 317-319. (hier: S. 319)
12 Angaben zu Brandenburg, Baden-Württemberg, Berlin und Thüringen: Eigenrecherche; übrige Bundesländer nach Hannoversche Allgemeine Zeitung, 5.6.96. S. 1
13 manager magazin 9/1995, S. 223
14 Der Spiegel 15/1996, S. 23
15 manager magazin 9/1995, S. 223

Anmerkungen

16 Der Spiegel 15/1996, S. 22
17 Wirtschaftswoche 40/1995, S. 69
18 Wenger, E. / Knoll, L. / Knoesel, J.: Der systematische Besuch von Hauptversammlungen im Rahmen der betriebswirtschaftlichen Hochschulausbildung. In: Elschen, R. et. al. (Hg.): Unternehmenstheorie und Besteuerung. Festschrift zum 60. Geburtstag von Dieter Schneider. Wiesbaden 1995, S. 749-774 (hier: S. 771)
19 Der Spiegel 31/1996, S. 63
20 Stand: 1992/93
21 zit. nach: Probst, U.: Aufsichtsratsvergütungen in Deutschland – Eine empirische Untersuchung. Diplomarbeit am Lehrstuhl für allgemeine Betriebswirtschaftslehre, Bank- und Kreditwirtschaft der Universität Würzburg, 1995, S. 84. (Bezüge rückgerechnet aus den Angaben in den Satzungen und Geschäftsberichten.)
22 Wirtschaftswoche 40/1995, S. 66
23 Knoesel, J.: Die deutschen Aufsichtsräte – Verflechtungen und Versagen. In: Verein zur Förderung der Aktionärsdemokratie, e.V. (Hg.): Schriften zur Aktionärsdemokratie und Unternehmenskontrolle. Würzburg 1995, S. 9-26 (Hier: S. 9)
24 Der Spiegel 15/1996, S. 22
25 a.a.O., S. 22
26 Die Welt, 23.2.1996
27 orientiert an: Waadt, M. et al.: Vergütungsstudie 1996. Fach- und Führungskräfte. München 1996
28 a.a.O.
29 von Hoegen, C.: Außendienstler zählen zu den Spitzenverdienern. Der Tagesspiegel, 11.8.96, S. 55
30 ebd.
31 Folgende Einkommensangaben aus Krauss, R. & Groß, R.: Wer verdient wieviel? Stuttgart 1995
32 Bild Zeitung, 17.1.96
33 Statistischer Wochendienst 30/1996, S. 36 f.
34 a.a.O., S. 37 f.
35 ebd.
36 ebd.
37 Angaben, wenn nicht anders vermerkt, nach Krauss/Groß (s. Anm. 31) sowie Eigenrecherchen
38 Der Tagesspiegel, 17.7.96, S. 7
39 Die Zeit, 16.8.96, S. 15
40 Frankfurter Allgemeine Zeitung, 10.8.96, S. 37
41 Bunte, 29.2.96
42 ebd.
43 Welt am Sonntag, 5. 11. 1995
44 Bunte, 29.2.96
45 Berliner Morgenpost, 12.3.96
46 Der Spiegel 28/1996, 8.7.1996
47 Süddeutsche Zeitung, 9.4.96, S. 11
48 Frankfurter Allgemeine Zeitung, 9.4.96, S. 33
49 Süddeutsche Zeitung, 4./5.4.96, S. 20
50 Der Spiegel 32/1996, S. 74
51 Axel Springer Verlag & Verlagsgruppe Bauer (Hg.): VerbraucherAnalyse 96. Hamburg 1996, S. 19 ff.
52 Harenberg, B. (Hg.): Aktuell '97. Lexikon der Gegenwart. Dortmund 1996, S. 119

Anmerkungen

53 Frankfurter Rundschau, 17.7.96, S. 4
54 Die Woche, 9.8.96, S. 10
55 Statistisches Bundesamt (Hg.): Statistisches Jahrbuch 1995. Wiesbaden 1995, S. 524
56 Frankfurter Allgemeine Zeitung, 24.4.96, S. 17
57 Harenberg, B. (Hg.): Aktuell '97. Lexikon der Gegenwart. Dortmund 1996, S. 119; Süddeutsche Zeitung, 17.7.96, S.1; taz 16.7.96, S. 6; Frankfurter Allgemeine Zeitung, 17.7.96, S. 1 f.

IV. Verdeutlichung (S. 95–144)
Entlohnung – Theorie und Praxis
Gibt es einen gerechten Lohn?

1 Krüger, Günter: Einführung einer optimalen Lohn- und Gehaltsstruktur. Personal 3/1991, S. 72-76. (hier: S. 72.)
2 Brockhaus Enzyklopädie in 24 Bänden, Bd. 13, Mannheim 1990, S. 492
3 Leviathan, Kap. 13
4 Lezius, M.: Mitverantwortung tragen. in: Personalwirtschaft, 8/1991. Michael Lezius ist Geschäftsführer der Arbeitsgemeinschaft für Partnerschaft in der Wirtschaft.
5 Untertitel der Broschüre: Wege zum richtigen Lohn, herausgegeben vom Arbeitgeberverband Gesamtmetall. Köln, 1995
6 zitiert nach Albach, H.: Notwendige Innovationen in der Lohnpolitik. In: Arbeitgeberverband Geamtmetall (Hg.): Wege zum richtigen Lohn. Köln 1995, S. 17
7 in: Jede Leistung hat ihren Preis. In: Personalführung 5/94
8 manager magazin 9/95, S. 234
9 manager magazin 7/95, S. 170
10 manager magazin 9/95, S.9
11 Brockhaus Enzyklopädie in 24 Bd., Bd. 13, Mannheim 1990
12 Pohl, H.-R.: Mehr Individualität in der Leistungsvergütung. Personal 5/1992
13 Die Welt, 3.1.1996
14 manager magazin 9/1995, S. 231
15 Neues Entgeltsystem im tariflichen Bereich. Personalführung 10/1995
16 Pohl, H.-R.: Mehr Individualität in der Leistungsvergütung. Personal 5/1992
17 v.Eckardstein, D.: Grundfragen der Entwicklung von Entlohnungssystemen in der industriellen Fertigung. In: Weber, W. (Hg.): Entgeltsysteme: Lohn, Mitarbeiterbeteiligung und Zusatzleistungen. Stuttgart, 1993, S. 183
18 a.a.O., S. 179
19 manager magazin 5/1995, S. 231
20 vgl. Frankfurter Allgemeine Zeitung, 15.6.96; Süddeutsche Zeitung, 15./16.6.96, S. 27
21 vgl. zu dieser generellen Problematik: Hesse, J. & Schrader, H.C.: Die Neurosen der Chefs. Frankfurt a.M. 1994
22 Handelsblatt Karriere, 21.6.96
23 Frankfurter Allgemeine Zeitung, 15.6.96, S. 16
24 Spiegel Spezial »Geld«, Mai 1996, S. 131ff.
25 manager magazin 6/1996, S. 247
26 von Nell-Breuning, O.: Wo finden wir den Maßstab für gerechten Lohn? In: Horné, A. (Hg.): Gibt es einen gerechten Lohn? Frankfurt a.M. 1965, S. 11-16 (hier: S. 15)
27 a.a.O.
28 Duncker, H.: Einführung in den Marxismus. Frankfurt a.M. 1972, S. 126
29 manager magazin 6/1996, S. 178
30 manager magazin 6/1996, S. 245

31 Wirtschaftswoche 26/1996, S. 87
32 Wirtschaftswoche 26/1996, S. 88
33 manager magazin 9/1995, S. 236
34 Süddeutsche Zeitung, 11.4.1996, S. 20
35 Der Spiegel 25/1996, S. 114
36 Tagesspiegel, 21.6.1996, S.8
37 manager magazin 9/1995, S. 228
38 Süddeutsche Zeitung, 30.5.1996, S. 21
39 Wirtschaftswoche, 4.10.1991
40 Graf Lambsdorff, O.: Barlohn in Kapital umwandeln. Das Wertpapier, 28.6.1991
41 Süddeutsche Zeitung, 25.4.1996, S. 24
42 Wagner, Klaus-R.: Mitarbeiterbeteiligung: Erfolg und Risiko teilen. Personalwirtschaft 11/90. / AGP, Wilhelmshöher Allee 283a, 34131 Kassel, Tel. 0561/36044
43 SAP Geschäftsbericht 1994, S.23
44 Kaiser, M.: Erfolgsbeteiligung der Mitarbeiter. zfo 1/1995, S. 31
45 a.a.O., S. 31
46 a.a.O., S. 33
47 DM 8/96, S. 22
48 Zielcke, A.: Der neue Doppelgänger. Frankfurter Allgemeine Zeitung, 20.7.1996
49 ebd.
50 ebd.
51 Sauerborn, W.: Arbeitszeit 2000 – ein Männerproblem. In: Senatsverwaltung für Arbeit und Frauen (Hg.): Arbeitszeitpolitik 2000. Berlin, 1995, S. 292 ff.
52 Bundesvereinigung der deutschen Arbeitgeberverbände (Hg.): Modernes Arbeitszeitmanagement. Köln, 1994, S. 7
53 nach: Bundesministerium für Arbeit und Sozialordnung (Hg.): Teilzeitarbeit. Bonn, 1992
54 Dr. Hoff, Weidinger & Partner, Lückhoffstr 22, 14129 Berlin, Tel. 030 / 8 03 20 41
55 Wirtschaftswoche 26/1996, S. 46
56 Then, W.: Die Evolution in der Arbeitswelt, Bonn, 1994, S. 198 f.
57 a.a.O., S. 195
58 Wirtschaftswoche 26/1996, S. 91
59 Wirtschaftswoche 26/1996, S. 90
60 Focus 11/1996, S. 258
61 Then, W.: Die Evolution in der Arbeitswelt. Bonn, 1994, S. 201
62 Arbeitgeberverband Gesamtmetall (Hg.): Betriebliche Zeitgestaltung für die Zukunft. Köln, 1992, S. 26
63 a.a.O., S. 17
64 a.a.O., S. 6

V. Bewertung (S. 145–201)
Geld, Geltung und Gerechtigkeit
Von der Gerechtigkeitsphilosophie zur Selbstbedienungsmentalität

1 Steinmann, H. & Löhr, A.: Lohngerechtigkeit. In: Gaugler, E. & Weber, W.: Handwörterbuch des Personalwesens. Stuttgart, 1992, Sp. 1284–1294 (hier: Sp. 1285)
2 Rawls, J.: A Theory of Justice. Oxford, 1972. Dt.: Eine Theorie der Gerechtkeit. Frankfurt a.M. 1994
3 Montada, Leo: Diskurse über Gerechtigkeitskonflikte. Potsdam 1995, S. 20
4 Ackermann, B.A.: Social Justice in the Liberal State. New Haven, London 1980, Kap. 2

Anmerkungen

5 Mill, J. S.: Utilitarismus, Kap. 5
6 Montada, Leo: Empirische Gerechtigkeitsforschung. Berlin 1995
7 Pfannkuche, W.: Wer verdient schon, was er verdient. Hamburg 1994, S. 21
8 manager magazin 6/1996, S. 141
9 Pfannkuche, Walter: Wer verdient schon, was er verdient. Hamburg, 1994, S. 20 f.
10 Mill, J.S.: Utilitarismus, Kap. 5
11 Ogger, G.: Nieten in Nadelstreifen. München 1995, S. 67
12 Pfannkuche, W.: Wer verdient schon, was er verdient. Hamburg 1994, S. 35 ff.
13 a.a.O., S. 37
14 Frankfurter Rundschau, 9.3.1996, S. 5
15 manager magazin 5/1993, S. 103
16 manager magazin 5/1993, S. 106
17 Süddeutsche Zeitung, 6.-8.4.1996, S. 8
18 Süddeutsche Zeitung, 6.-8.4.1996, S. 8
19 Hengsbach, F.: Mehr Beschäftigung durch eine andere Verteilung? In: Hengsbach, F. & Möhring-Hesse, M. (Hg.): Eure Armut kotzt uns an. Frankfurt/M. 1995, S. 130
20 Raasch, S.: Kontrapunkt: Der bürgerliche Gesellschaftsvertrag – ein Männervertrag. In: Hengsbach, F. & Möhring-Hesse, M. (Hg.): Eure Armut kotzt uns an. Frankfurt/M. 1995, S. 103
21 Die Woche, 12.6.1996, S. 1
22 Psychologie heute 9/1995, S. 29 ff.
23 Die Zeit 12.7.1996, S. 1
24 konkret 6/1996, S. 10
25 Orientiert an der umfangreichen Liste von M. Schilling: Mit Stumpfe und Stihl. konkret 3/1996
26 zit. nach: Die Zeit 12.7.1996, S. 19
27 konkret, 6/1996, S. 12
28 Der Spiegel 20/1996, S.144; ähnlich Norbert Blüm: Die Zeit 28.6.1996, S. 15
29 Köhler, O.: Der Herr des Handels. In: konkret 7/1996, S. 15
30 Der Spiegel 20/1996, S. 116. Die Zeit, 23.8.96, S. 17
31 Allerdings eine Studie aus den siebziger Jahren, zit. nach: Die Zeit, 12.7.1996, S. 19. Siehe auch: Bolte, K.M. & Hradil, S.: Soziale Ungleichheit. Opladen, 1984. Bolte & Hradil geben an, 1966 hätten über 70% des privaten und in Deutschland befindlichen Produktivvermögens 1,7% der Bevölkerung gehört (S. 132).
32 Die Zeit, 12.7.1996, S. 19
33 Kirchenamt Hannover und Bischofskonferenz Bonn: Zur wirtschaftlichen und sozialen Lage in Deutschland. Hannover/Bonn, 1994, S. 50
34 Der Spiegel 51/1991, S. 30
35 Der Spiegel 51/1991, S. 31
36 von Arnim, H.H.: Staat ohne Diener. München, 1995, S. 181
37 Der Spiegel 49/91, S. 21
38 a.a.O., S. 199
39 Der Spiegel, 24/1996, S. 23
40 Hannoversche Allgemeine Zeitung, 4.6.96, S.1
41 Hannoversche Allgemeine Zeitung vom 4.6.96, S. 1 und vom 5.6.96, S. 1
42 Wirtschaftswoche, 11.7.1996, S. 38
43 zit. nach: Der Spiegel 37/1991, S. 112
44 von Arnim, H.H.: Die Partei, der Abgeordnete und das Geld. München 1996, S. 206
45 Beck, U.: Kapitalismus ohne Arbeit. In: Der Spiegel 20/1996, S. 141 und Hengsbach, F. in einem Interview mit der Süddeutschen Zeitung, 6.-8.4.1996, S. 8

46 Steinmann/Löhr (s. Anm. 1), Sp. 1293
47 Wirtschaftswoche 26/1996, S. 8
48 Schreiben der BMW-AG, Presse- und Öffentlichkeitsarbeit, vom 14.8.96
49 manager magazin 9/1995, S. 223
50 ebd.
51 ebd.
52 Die Welt, 23.4.96, S. WV4
53 Wirtschaftswoche 21/1996, S. 96
54 Die Welt, 23.4.96, S. WV4
55 Management Wissen 2/1989, S. 80
56 Die Welt, 23.4.95, S. WV4
57 manager magazin 9/1995, S. 223
58 von Arnim, H.H.: Die Partei, der Abgeordnete und das Geld. München, 1996, S. 295 ff.
59 a.a.O., S. 278
60 Der Spiegel, 38/1995, S. 30
61 von Arnim, H.H.: Der Staat als Beute. München 1993, S.31 ff.
62 Abgeordnetengesetz −11,4, Gesetzentwurf vom 28.6.95; zit. nach: von Arnim, H.H.: »Der Staat sind wir!« München 1995, S. 27
63 Abgeordnetengesetz −11, 1, Gesetzentwurf vom 28.6.95; zit. nach: von Arnim, H.H.: »Der Staat sind wir!« München 1995, S. 26
64 a.a.O., S. 26 ff.
65 Der Spiegel 38/1995, S. 28
66 von Arnim, H.H.: Die Partei, der Abgeordnete und das Geld. München 1996, S. 371
67 von Arnim, H.H.: »Der Staat sind wir!« München 1995, S. 27
68 von Arnim, H.H.: Die Partei, der Abgeordnete und das Geld. München 1996, S. 270
69 von Arnim, H.H.: Die Partei, der Abgeordnete und das Geld. München 1996, S. 348
70 zit. nach: von Arnim, H.H.: Der Staat als Beute. München 1993, Vorspann
71 von Arnim, H.H.: Der Staat als Beute. München 1993, S. 16
72 a.a.O., S. 17
73 von Arnim, H.H.: Die Partei, der Abgeordnete und das Geld. München 1996, S.332
74 von Arnim, H.H.: »Der Staat sind wir!« München 1995, S. 20 f.
75 Der Spiegel 38/1995, S. 25, gestützt auf Berechnungen von v. Arnim
76 Der Spiegel 38/1995, Titel u. S. 23
77 von Arnim, H.I I.: Die Partei, der Abgeodnete und das Geld. München 1996, S. 350
78 a.a.O.
79 Frankfurter Allgemeine Zeitung, 23.4.96. S. 5
80 Frankfurter Rundschau, 15.6.96, S. 4
81 ebd.
82 Die Welt, 23.4.96, S. WV4
83 zit. nach der Anfechtungsklage Prof. Dr. Wenger ./. Deutsche Bank vom 25.6.96, S. 9 f.
84 Knoll, L.: Persönliche Mitteilung
85 Winter S.: Persönliche Mitteilung. Vgl. auch: Winter, S.: Prinzipien der Gestaltung von Managementanreizsystemen. Wiesbaden 1996
86 Knoll, L.: Persönliche Mitteilung
87 Capital 7/1995, S. 206
88 ebd.
89 manager magazin 4/1996, S. 70. vgl. dazu detaillierter: Süddeutsche Zeitung, 28.5.93; Frankfurter Allgemeine Zeitung, 28.5.96, S. 18; manager magazin 8/1993
90 Capital 7/1995, S. 206
91 Focus 31/1994, S. 143

Anmerkungen

92 Frankfurter Allgemeine Zeitung, 6.4.96, S. 15
93 Frankfurter Allgemeine Zeitung, 28.5.96, S. 13
94 Frankfurter Allgemeine Zeitung, 24.5.96, S. 21
95 ebd.
96 ebd.
97 Klageschrift der Anfechtungsklage Prof. Dr. Wenger ./. Deutsche Bank vom 25.6.96, S. 4 f.
98 a.a.O., S. 5 f.
99 a.a.O., S. 6
100 a.a.O., S. 12 f.
101 a.a.O., S. 13 f.
102 Wenger, E.: Unveröffentlichtes Manuskript. Würzburg 1996, S. 4
103 Fenichel, O.: Der Bereicherungstrieb. In: ders.: Aufsätze, Bd. II. Hg. v. K.Laermann. Olten/Freiburg i.Br. 1981, S. 100-121
104 a.a.O., S. 101
105 a.a.O., S. 107
106 a.a.O., S. 102
107 Süddeutsche Zeitung, 3./4.8.1996, S.4
108 Hesse, J. & Schrader, H.C.: Die Neurosen der Chefs. Frankfurt a.M. 1994
109 Schultz-Hencke, H.: Einführung in die Psychoanalyse (1927). Göttingen 1980, S. 24
110 Süddeutsche Zeitung, 22./23.6.96, S. 13
111 ebd.
112 Süddeutsche Zeitung, 22./23.6.96, S. 13
113 Gorz, A.: Kritik der ökonomischen Vernunft. A. d. Franz. v. O. Kallscheuer. Hamburg 1994
114 a.a.O.
115 Cardoso, F.H.: Humanisierung des Wachstums – durch mehr Gerechtigkeit. In: Human Development Report 1996 (UNDP). Dt. Ausgabe: Bericht über die menschliche Entwicklung 1996. Bonn 1996, S. 50
116 Stopp, K.: Wider die Raffgesellschaft. Wie der Sozialstaat noch zu retten ist. München 1994, S. 7
117 de Saint-Exupéry, A.: Wind, Sand und Sterne (1939). A. d. Franz. v. H. Becker. Düsseldorf 1962, S. 40 f.

An Ihren persönlichen Erfahrungen mit den Themen Lohn und Gehalt und der Gerechtigkeitsfrage in diesem Zusammenhang sind wir sehr interessiert. Wir freuen uns auf Ihre Zuschriften (Adresse siehe vorn im Buch).

Namens- und Stichwortverzeichnis

A
Ärzte 85 ff.
Abgeordnete 75, 165 ff., 176 ff.
– Diäten 75, 165, 167, 175 ff.
– Rentenanspruch 75, 167, 177, 182
Ackermann, Bruce A. 150
Air France 170
Aktienoptionen 114, 170 f., 173, 185 ff.
Aldi-Kassiererin 12
Albert Stoll Giroflex 125
Albrecht 68
Allianz 130
Alu-Chips 20
Angestellte 71 ff., 92
– Bank 85
– Einzelhandel 85
– Versicherungen 85
AOK 141
Arbeiter/in 84, 92
Arbeitgeber 49
Arbeitgeberverband Chemie 122
Arbeitgeberverband Gesamtmetall 143
Arbeitnehmer
– Zukunft 128 ff.
Arbeitslose 70, 93
Arbeitslosenhilfe 70
Arbeitslosigkeit 14, 54, 198
Arbeitszeit-Modelle 132 ff.
Arbeitszeitverkürzung 199
Arbeitszufriedenheit 59
Armut 20, 92 f., 160
Arnim, Hans Herbert von 76 f., 165, 167, 181 ff., 186
Arzthelferin 86
Avon-Beraterin 130
Aucoteam 118, 123
Audi 64, 89
Aufsichtsratsmandate 79
– Vergütungen 80 f.
Auszubildende 70
Außendienstler 83

B
Bäcker 83
Balschukat, Margrit 119
BASF 14, 135
Bauarbeiter 84

Bayer 81
Beamte 71 ff.
Beck, Kurt 78
Beckenbauer, Franz 88
Becker, Boris 88
Beisheim, Otto 164
Belegschaftsaktien 117
Belegschaftsanteile 122
Bennis, Warren 174
Bereicherungs-Trieb 194 ff.
Bereichsleiter 82
Bergner, Christoph 166
Bertelsmann 80, 123 f.
Biedenkopf, Kurt 78, 166, 183
Bischof 87
Blessing, Karl 12, 29
BMW 138, 172
Bonfinanz 130
Bosch, Robert 101
Bremer Vulkan 15, 61, 81, 119 f.
Briefträger 72
Bürgermeister 73
Bundesbürger
– Privatvermögen 92, 164
– Produktivvermögen 164
Bundeskanzler 76, 80
Bundesminister 76
Bundespräsident 76 f.
Bundestagspräsidentin 77, 166
Bundestagsvizepräsident 77
Busfahrer 72

C
Cannstatter Volksbank 135
Capital 190
Cardoso, Fernando Henrique 200
Carreras, José 89
Chefärzte 85 f.
Chefredakteure 91
Ciba-Geigy 116
Coca-Cola 185
Compaq 185
Commerzbank 14, 28

D
DAG 157
Dagobert 68

Namens- und Stichwortverzeichnis

Daimler-Benz 12, 80 f., 82, 105, 114 ff., 149, 154, 187, 189 ff.
- Aktienoptionspläne 114 ff., 187, 189
Daimler-Benz InterServices (debis) 172
Der Spiegel 15, 30, 64, 80, 165 f., 179, 183
Deutsche Bank 12, 28, 30, 80, 82, 115, 117, 154, 185 ff., 190 ff.
- Aktienoptionspläne 185 ff.
DGB 15, 137, 162
Diäten 165 ff., 175 ff.
- Skandal Bonn 165, 179 f., 182 ff.
- Skandal Hamburg 167
Die Woche 160
Die Zeit 161, 162, 181
Diener, Ed 46
Diepgen, Eberhard 78
Diplompsychologen 86
Disney 185
Domingo, Placido 89
Dostojewski, Fjodor 22
Duncan, Peter 171
3M 106 f., 117

E
Eichel, Hans 78
Einkommen (s.a. Gehalt, Lohn) 69 ff.
- Durchschnitt 69, 91 f.
- Geheimhaltung (s.a. Geld / Tabu) 69, 96
- variables 105 f.
- Verteilung 13, 93, 150 ff.
- Vorstandsvorsitzende 80, 170 ff.
- Offenlegung 170 ff.
- Zufriedenheit 58
Eishockeyspieler 136
Eisner, Michael 185
Elektriker 83 f.
Entlohnung (s.a. Gehalt, Lohn) 57, 95 ff.
Erhard, Ludwig 163 f.
Euro 23

F
Facharbeiter 82
Fachkräfte 82
FDP 122
Fenichel, Otto 31, 195 ff.
Fernsehjournalisten 91
Ferrari 88
Finanzbeamter 74
Fleischer 83
Flick, Friedrich 64, 168

Fokker 12, 154
Ford 64, 99, 124
Forsa Institut 127
Franchising 129
Frankfurter Allgemeine Zeitung 65, 89, 128
Frankfurter Flughafen 61, 65
Frankfurter Rundschau 184
Franklin, Benjamin 34
Frauen 50 ff., 70, 85, 132, 143 f., 157 ff.
- vgl. a. Geld
Freelancer 130
Freud, Sigmund 11, 18, 26, 49 f.
Fromm, Erich 27
Fußballer 88
Fußballtrainer 88

G
Gärtner 84
Galbraith, John Kenneth 12, 175
Gas- u. Wasserinstallateur 83 f.
Gault, Stanley 185
Gehalt
- Angestellte 102, 104
Gehaltsverhandlung 39 ff., 45 f., 203 ff.
Geld
- Angst 31
- Aggression 29 f., 32, 34
- anale Phase 18, 26 ff.
- Arbeitswelt 53 ff.
- Bibel 16 f., 56, 69, 97 f.
- depressive Persönlichkeit 40 f.
- Ersatzreligion 19
- Frauen 50 ff.
- Freiheit 21 f.
- Freundschaft 11
- Gewissen 61
- Glück 16, 42, 45 ff.
- hysterische Persönlichkeit 41
- Kindheit 42 ff., 55 f., 60
- Leistungsmotivation 56 ff., 106, 108 f., 124
- Liebe / Liebesersatz 18 f., 29, 33 f.
- Macht 11, 31, 68, 195, 197
- narzißtische Persönlichkeit 30 ff., 34, 38 f., 201
- Neid 43, 47 ff.
- orale Phase 26
- Partnerbeziehung 44 f.
- phallische Phase 28 f.
- Psychologie 25 ff.

241

– schizoide Persönlichkeit 42
– Selbstschädigung 32, 34
– Schulden 33
– Sparen 53
– Stabilität 22
– Tabu 54, 69, 96, 170 ff.
– zwanghafte Persönlichkeit 39 f.
Gellert, Otto 121
General Electric 185
General Motors 61
Gerechtigkeit 49 f., 57, 145 ff., 201
– Lohngerechtigkeit 112 ff., 152 ff., 169
– soziale 49
– Verteilungsgerechtigkeit 150 ff.
Gerstner, Louis 82, 185
Geschäftsführer 15, 58, 82
Gesundheitsberufe 85 ff.
Gewerkschaften 28, 112 f.
Götte, Klaus 81
Goth, Günter 110
Goldschmied 84
Goodyear 185
Gorz, André 199
Gottschalk, Thomas 153
Graf, Steffi 89
Grass, Günter 90
Greffrath, Matthias 198
Grünbeck 122
Grüner, Hans-Peter 164
Grundig 135
Guizeta, Robert 185

H
Habgier 16, 19, 27
Hamburger Abendblatt 167
Hannoversche Allgemeine Zeitung 166
Heilpraktiker 86
Hengsbach, Friedhelm 13, 159, 199
Hennemann, Friedrich 15, 33, 119 f.
Henzler, Herbert 197
Hermann, Hannelore 52
Hertie 158
Herzog, Roman 76 f., 161
Hettlage 117
Hettlage, Benno 117
Hewlett-Packard 123
Hirsch, Burkhard 179
Hitzfeld, Ottmar 88
Hobbes, Thomas 97
Hochleistungssportler 88

Hoechst 14, 107 f., 117
Höppner, Reinhard 79, 166
Hoff, Weidinger & Partner 133
Holzberg, Oskar 52
Homeyer, Josef 199
Horney, Karen 31
Hoteldirektor 84
Hotelfachfrau/mann 84
Huby, Felix 90
Hypo-Bank 81

I/J
IBM 82, 158, 185
IG-Metall 116, 118, 121, 149, 191
Industriemechaniker 84
Initiative Väteraufbruch 133
Issen, Roland 157
Job-Sharing 137
Journalisten 90 f.

K
Kaiser, Markus 125
Kapitalismus 128
Karstadt 135
Karwatzki, Irmgard 166
Katz, D. 59
Kaufhof 65
Keynes, John Maynard 22
KHD 81, 119
Kirche 14, 87, 164
Kleiber, Carlos 89
Kleist, Heinrich von 60
Klinsmann, Jürgen 88
Knoesel, Jochen 190
Koch 84
Kohl, Helmut 76, 88, 100, 132, 162
Kohn, Alfie 109
Klose, Hans-Ulrich 181, 183 f.
Knoll, Leonhard 80, 186 f., 189
Königswieser, Roswitha 52
Kopper, Hilmar 12, 30, 58, 80 f., 154, 186 f., 190 f., 193
Korruption 63 ff., 168, 176
Kraftfahrzeugmechaniker 83
Krankenhausärzte 86 f.
Krankenschwester 85, 153
Krüger, Günther 96
Krupp 172
Kunst 89 f.

Namens- und Stichwortverzeichnis

L
Lacassagne 62
Lackierer 83
Lafontaine, Oskar 79
Lambsdorff, Otto Graf 122
Lenz, Siegfried 90
Leistungsmotivation 56 ff., 106, 108 f., 124
Leistungszulage 104 ff.
Linde 81
Literatur 90
Lohn (s.a. Gehalt, Einkommen) 96 ff.
– Akkordlohn 103
– Arbeiter 101
– Bibel 97 f.
– Ecklohn 102
– Effektivlohn 108
– Fortzahlung / Krankheit 92
– Gerechtigkeit 112 ff., 152 ff.
– Geschichte 98 ff.
– Investivlohn 121 f.
– Leistungslohn 102 ff.
– Prämienlohn 103
– Stücklöhne 103
– Zeitlohn 102 ff.
Lokomotivführer 74
Lufthansa 81, 135
Luhmann, Niklas 19
Lyonnaise des Eaux 170

M
Männer 69, 133, 159 f.
Magura, Gunther 115
Mainzer, Jan 108
Maler 83
Malik, Fredmund 111, 115
Maly, Werner 109
Manager 62, 102, 104, 114 ff., 119, 156, 184
Manager Magazin 106, 114, 155, 158, 173
Mangold, Klaus 172
Mannesmann 15, 81
Martini, Eberhard 81
Matthäus, Lothar 88
McDonalds 130
Metallbauer 83
Metallgesellschaft 81
Metro 164
Mill, John Stuart 154
Milliardäre 93
Millionäre 93
Ministerpräsidenten 78 f.

Mitarbeiter-Beteiligung 114 ff.
– Verein 123
MLP 130
Möller, Andreas 88
Monod, Jérome 170
Montada, Leo 160 f.
Mora, Gonzalo Fernández de la 48
Morus, Thomas 29
Münch, Werner 166
Münchener Rück 81
Murmann, Klaus 106
Musiker 89
Myers, David G. 46

N
Neid 43, 47 ff., 185, 189
Nell-Breuning, Oswald von 19, 113
Neuberger, Oswald 174
Nike 124
Niveacreme 136
Nixdorf 65
Noppen, Rudi 121
Norvatis 116
Nullrunde 25, 112, 162, 165

O
Obdachlose 93
Oberstudiendirektor 72
Öffentlicher Dienst 71 ff.
Oetker 67
Ogger, Günter 155
Opel 172
Ostdeutschland 92, 161

P
Pavarotti, Luciano 89
Peyrelevade 170
Pfannkuche, Walter 151 f., 156
Pfarrer 87
Pfeiffer, Eckard 185
Piëch, Ferdinand 61
Pierer, Heinrich von 82
Pilot 83
Piper, Nikolaus 162
Pitschesrieder, Bernd 172
Politiker 75 ff.
– Privilegien 177, 180 ff.
Politikverdrossenheit 13, 168
Polizeihauptkommissar 73
Polizeiobermeister 73

Privatvermögen 92, 164
Professor 73

R
Raffgier 19, 33, 193
Rau, Johannes 78
Rawls, John 148
Redakteur/in 90
Reemtsma, Jan Phillip 67
Reichtum 31
Rentner/innen 52, 69 f., 159 f.
Ressortleiter 91
Reuter, Edzard 68, 154, 190
Riester, Walter 116
Rolling Stones 89
Rommel, Manfred 73
RWE 14, 80 f.

S
Sabbaticals 137
Sänger 89
Saint-Exupéry, Antoine de 201
Sammer, Matthias 88
Sandoz 116
SAP 123 f.
Sat 1 91
Schauspieler 89
Schaupensteiner, Wolfgang 64
Scherf, Henning 79
Schmiergeld 63 ff.
Schmiergeldverhandlung 65 ff.
Schneider, Hans Peter 178
Schneider, Jürgen 15, 33, 68, 82
Schopenhauer, Arthur 48
Schrempp, Jürgen 80, 114, 154, 190
Schriftsteller 90
Schröder, Gerhard 64, 78
Schulte, Dieter 15, 137, 162
Schumacher, Michael 88
Schumpeter, Joseph 22
Schutzgeld 67 f.
Schwarzarbeit 60
Schwarzgeld 62
Scitovsky, Tibor 57
Seite, Bernd 79
Selbstbedienungsmentalität 25, 175 ff., 197
Shareholder Value 116, 185 ff.
Shell 171
Siemens 14, 82, 106, 109 f., 164
Simonis, Heide 79

Simmel, Georg 21
Sinn, Hans-Werner 119
Sixt, Erich 17
Soziale Marktwirtschaft 163, 169
Sozialhilfeempfänger 70, 93
Späth, Lothar 64, 197
Sparkasse 14
Sparpläne 159 ff.
Spiegel Verlag 124
Sport 87 ff.
Sprenger, Reinhard 58
Springer Verlag 80
Staatssekretär 73, 76
Steinkühler, Franz 121, 149
Steuerhinterziehung 62 f.
Stewardess 83
Stock-Options 115, 170, 173, 185 ff.
Stoiber, Edmund 78, 183
Stolpe, Manfred 79
Strafgefangene 70
Streibl, Max 64
Studenten 70
Studienrat 72
Süddeutsche Zeitung 14, 117, 122, 196
Süssmuth, Rita 77, 166, 183 f.

T
Tänzer 89
Tamm, Peter 80
Tarifautonomie 105
Tauschringe 110 f.
Taxifahrer 130
Teilzeitarbeit 132 f.
Tesafilm 136
Teufel, Erwin 78
Tierpfleger 84
Tischler 83
Tupperware 130

U
U-Bahnfahrer 72
Ungerechtigkeit 145, 162, 169, 197 ff.
Unternehmer 128 ff.

V
Veba 81
Verein zur Förderung der Aktionärsdemokratie 190
Verkäuferin 83
Veterinärmediziner 86

Namens- und Stichwortverzeichnis

Viag 172
Vogel, Bernhard 79
Vogts, Berti 88
Vorgesetzte 55 f.
– Beurteilung 110
Vorstandsvorsitzende 80 ff., 170 ff., 184
– Frankreich 170
– Großbritannien 172 f.
– USA 82, 115, 172 ff., 185
Voscherau, Henning 79
VW 61, 64, 118, 140, 148, 199

W

Walser, Martin 90
Webasto 121
Wehrbeauftragte 166
Weichert 115
Weinmann, Heinz 108
Welch, John F. 185
Wenger, Ekkehard 186, 190 ff.
Winter, Stefan 187 ff.
Wirtschaft 80 ff.
Wirtschaftskriminalität 61
Wirtschaftswoche 18, 116, 122, 170, 189
Wissenschaftlicher Mitarbeiter 71
Wössner, Mark 80

Z

Zahnarzthelferin 86
Zahnärzte 86
Zentralheizungs- und Lüftungsbauer 83

Durchblick im Beruf mit Hesse / Schrader

Neue Bewerbungsstrategien für Hochschulabsolventen
Startklar für die Karriere.
ISBN 3-8218-1406-3
DM 29,80

Die Neurosen der Chefs
»Der Leser wird sich selbst wiedererkennen oder seinen Chef.« *Die Zeit*
ISBN 3-8218-0985-X
DM 36,–

Die überzeugende schriftliche Bewerbung
Bewerbungsanschreiben und Lebenslauf erfolgreich und optimal gestalten.
ISBN 3-8218-1269-9
DM 16,80

Das erfolgreiche Vorstellungsgespräch
Wie Sie beeindrucken, überzeugen und gewinnen.
ISBN 3-8218-1288-5
DM 20,–

Assessment Center
Worum es geht, worauf es ankommt, was Sie wissen müssen.
ISBN 3-8218-1268-0
DM 39,80

Das neue Test-Trainings-Programm
Mit vielen Originalfragen aus aktuellen Einstellungs- und Eignungstests.
ISBN 3-8218-1222-2
DM 29,80

Testaufgaben Das Übungsprogramm
Das erprobte Erfolgsprogramm gegen Test-Ängste.
ISBN 3-8218-1219-2
DM 19,80

Optimale Bewerbungsunterlagen: Strategien für die Karriere
in Positionen mit über 100.000 DM Jahresgehalt.
ISBN 3-8218-1294-x
DM 39,80

EICHBORN. Wir schicken Ihnen gern einen Verlagsprospekt:

KAISERSTRASSE 66 · 60329 FRANKFURT
TELEFON 069/25 60 03-0 · FAX 25 60 03-30